自治体議会の取扱説明書《トリセツ》

住民の代表として
議会に向き合うために

東京大学大学院法学政治学研究科教授
金井利之〔著〕

第一法規

カバーデザイン／篠　隆二

まえがき

自治体議会に関しては、様々な問題が指摘されている。いわゆる議会・議員不信論は、議員の姿が見えない、議員は多すぎる、議員報酬は高すぎる、という削減論につながることが多い。１９９０年代からの市場原理主義的な構造改革は、公的な仕事に価値を見いださず、「減らす」という処方箋しか描けず、また、そのような時流に乗ってポピュリスト的に、当の公的な仕事をするはずの自治体議員のなかにも、「減らす」ことを公的な仕事として位置付ける者が増えてきた。

ところで、実態として生じているのは、議員のなり手不足である。実際、立候補者数は定数ギリギリをようやく確保できることとか、引退しようと思うが後継者がいないので辞められないとか、様々な現象が発生している。こうなると、議員の数は多すぎるのか、少なすぎるのか、よく分からなくなってくる。定数が多すぎるから、立候補者数が足りない、ということなのかもしれない。あるいは、多すぎると思う背景は、公的な仕事に価値を見いだしにくいので、立候補する気が起きないのかもしれない。ともあれしばしば見られるのは、立候補者数の減少に合わせて定数削減をするという現場の実態であり、一見すると、議員不信論に答えたリストラ策のように見えて、何とか、定員割れを避けるという苦肉の対処だったりする。無投票が多くなっているが、欠員ではなくギリギリ無投票まで持って行ったということかもしれない。

しかも、自治体議員は、前期高齢者、男性、自営業者または年金生活者、という大きな偏りがある。もちろん、日本列島は少子高齢化しているので高齢者が多くなるのは自然かもしれないが、住民構成に比べてもあまりに高齢化している。女性活躍などといわれながら、男女共同参画の水準は、諸外国と比べて恥ずかしいばかりである。男女共同参画すらおぼつかないなかで、ＬＧＢＴＱが問題化されており、数周回遅れの絶望的な後進状態である。そもそも、構造改革と働き方改革のせいで終身雇用正規労働者＝被用者が議員になることはほとんど不可能である。被用者（サラリーマン）自体が消滅しつつある。非正規・ワーキングプアが増えているのにも関わらず、議員に参入する暇がないので、この面でも数周回遅れである。

このようななかで、住民個人が議員になろうと思うと、さまざまな壁が存在する。例えば、女性が議員になろうとすると、依然として「男尊女卑」あるいは性的役割分担を前提とした先例と慣習とセクハラに阻まれる。女性が表に出にくい、議員になっても男性社会のなかでの「母親」か「ホステス」の役割しかない、などであり、さらには、そうした慣習を拒絶すると「女傑」として排除される。

正規労働者も非正規労働者も、日々の経済活動で疲弊している。加えて、行政サービスの貧困さによって、アンペイドワークである家事・育児・介護に追われて、生活活動にも疲弊している。本来は、行政サービスの充実のために、これらの人々は生活上のニーズを自治体に伝えなければならないのであるが、行政サービスの必要な人は疲弊しすぎて、議員になる余力が残っていない。経営者も人手不足で悩んでおり、配下の労働者がそのような余力があるくらいならば、労働強化をしていく。また、自治体は、財政と人員のリストラのなかで、行政サービスを充実させるどころか削減して、地域住民による地域活動に転嫁する。こうして、わずかな余力は、自治体が「住民自治」として喧伝する地域奉仕活動によって、吸い尽くされる。

住民は疲弊し、議員になることすらできず、住民の声は自治体に伝わらず、実際に議員になった人は住民のニーズに鈍感になり、ますます議会・議員不信は増えるが、住民ニーズに即した行政サービスは提供されない。

このような苦境にあるのが、零落した自治の実態である。自治体議会の改善だけで、こうした難問は解けないが、自治体議会の改善も含めて、問題に取り組む必要がある。住民も住民代表としての議員も、自治体議会をどのように取り扱うのかが、問われている。自治体議会の取扱のためには、自治体議会の実態を冷静に見つめた上で、自治体議会の機能強化を目指していくしかない。

本書は、自治体議会の取扱を通じて、自治体の取扱を改善することを目指している。住民自治とは、住民が自治体行政を民主的統制して、必要充分な行政サービスを提供させることである。そのためには、首長と行政職員と議員を使いこなさなければならない。これらの公僕＝全体の奉仕者を住民と住民代表としての議員が使いこなす場が、《討議広場《フォーラム》としての議会》である。

２０１９年３月11日

著　者

自治体議会の取扱説明書
住民の代表として議会に向き合うために

目次

第3部　議会と人間

序章　議会の意義

第1節　不信の構造

はじめに

(1) 自治体議会・議員の責めは重い

自治とは、自治体の政策決定の適否によって、地域住民の生活や地域社会が左右されることである。自治を拡大する分権改革は、地域住民にとっては、画一的な国の政策によって制約されていた不便な生活を改善する好機でもある。しかし、失敗は、直ちに生活に直結する。分権型社会とは、好機でもあり危機でもある。それとともに、集権体制の下でも自治体の役割は小さくない。地域の実情に合わない国の画一的な、あるいは恣意的な政策を、変えさせる方向で声を上げられるのは、自治体の他にないからである。

自治体の政策決定を担うのは、もちろん最終的には地域住民であるが、代表民主制をとっている関係から、日常的には首長と議会である。分権型社会では、首長と議員の責めは重い。自治体議会改革が求められるのは、まさにこのような時代状況を反映している。本書では、今日の列島社会に求められる自治体議会・議員のあり方に関して、検討を加えていきたい。

(2)「地方」ではなく「自治体」

なお、本書では、通念的な「地方議会」という用語ではなく、「自治体議会」という用語を使用する。その心は、以下のとおりである。

①「中央」に対する場末・周縁としての「地方」ではない

これまでのイメージでは、基本的な政策決定をするのは中央政府としての国で、地方自治は、政策執行を主に担い、周辺的に政策を微修正する存在であった。つまり、「中央」ではない周縁の「地方」に存在する「地方」自治にすぎないということである。

しかし、本当の自治はそうではない。むしろ、政策決定の焦点は、国と自治体の双方に分割されるのである。かつての「地方自治」は、国というひとつの中心が存在していた「円形」であった。そうではなく、個々の地域住民や地域社会から見て、国と（当該地域の固有の）自治体の双方が中心となる「楕円形」である（図）。その意味で、「自治体議会」という用語を使う。

②集合体としての「地方」ではない

「地方制度」「地方財政」「地方六団体」「統一地方選挙」などという用語に見られるとおり、「地方」とは、数千の自治体を合算して集計したものに使われ

図　中央ー地方円形と国・自治体楕円形

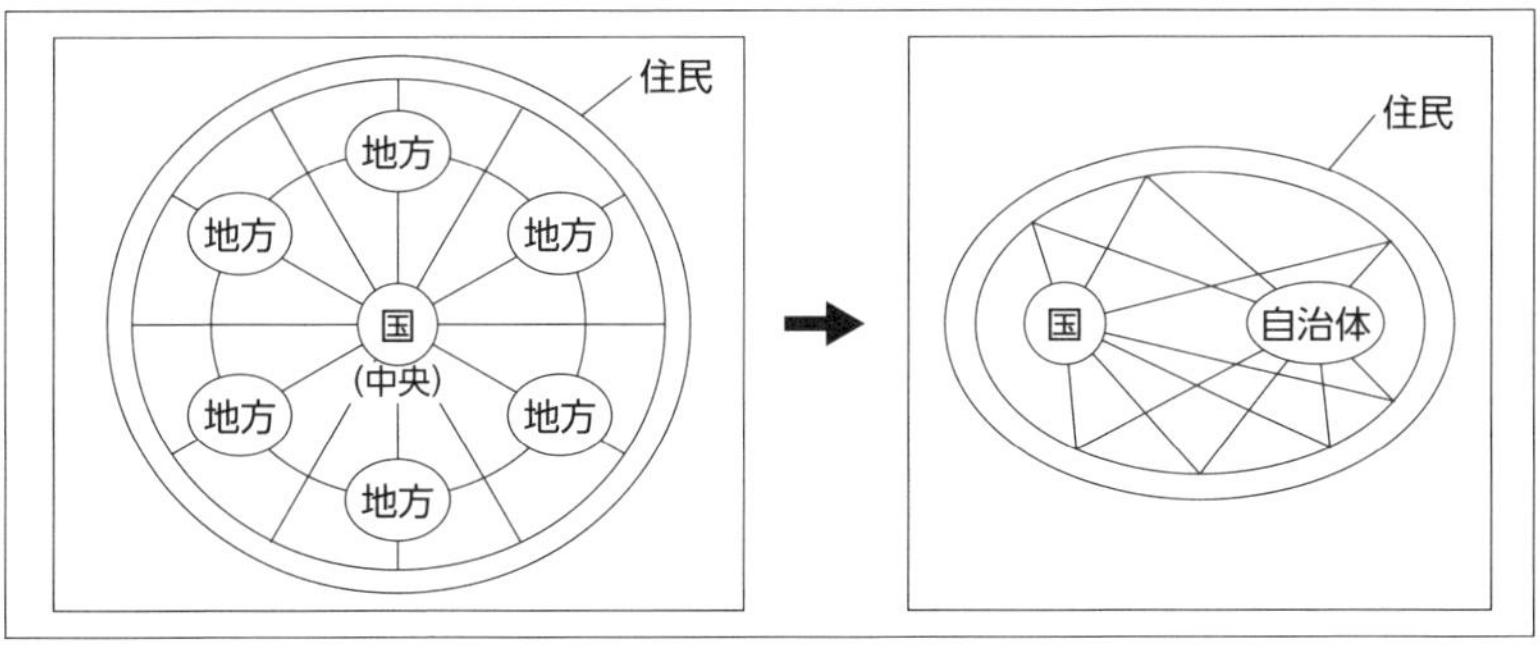

ることが多い。本書でも、「地方」という用語は、個別自治体（ミクロ）を集計した自治体セクター総体（マクロ）を指すものとして使いたい。

実際、自治体間・地域住民間の連携と協力は重要である。自治だからといって、閉鎖的なエゴイズムや偏狭な愛郷心を掲げて、自治体相互の対立や競争を過度に強調するのは適切ではない。しかし、地域住民にとっては、それぞれの自治体の政策決定が適切に行えるかどうかが、まず第一義的な問題である。その意味で、本書では、個々の自治体に注目する意味では、「地方議会」という用語を用いない。

1　議員と首長のどちらが重要か

(1) 議員＝代表の建前

第1部第1章で詳しく述べるように、戦後日本の自治制度は、首長と議員とのそれぞれが、住民から直接選挙される仕組を採用している。しかし、この仕組は、比較自治制度の観点からすれば、必ずしも一般的とは言えない。住民から直接選挙される回路が1本であることも多い。

選挙回路が1本のときに、通常は、議員を住民が直接選挙し、仮に行政の長が必要なときには、議会から間接的に選出する仕組が普通である。逆に、首長だけを直接公選して、議員を首長が任命する制度は、管見の限りない(1)。つまり、自治にとって、議員の選挙と首長の選挙と、どちらが根本的であるかを問われれば、議員の選挙である。自治体における代表民主主義の根幹は、首長への選挙ではなく、議員への選挙である。

このことは、現行憲法の規定にも反映されている。自治体には「法律の定めるところにより、その議事機関として議会を設置する」（憲法93条1項）とされ、議会のみが憲法指定の必置機関である。逆に、首長は、「住民が、直接これを選挙する」（憲法93条2項）とされるが、どのような機関・職として置かれるかは明らかではない。

(2) 首長に依拠した代表性

にもかかわらず、現在の列島社会の自治の実態を観察するに、首長に比して、議員への信頼も期待も低い。戦後日本の自治は、首長への直接選挙によって支えられてきたと言っても過言ではない。首長制とか、強市長制・大統領制と言われる所以である。

2　議会・議員イメージ

(1) 「悪い」イメージの流布

一般に、世間が自治体議会・議員を見る目は厳しいと言える。よくある議会・議員の通念的なイメージは、例えば、次のようなものである。

《議員というのは、基本的に住民のためには仕事をしていない。議員が仕事をしているのは、議会が開催される会期だけであり、定例会は年間4回しかない。その他の期間は遊んでいるか、自己利益の増進を図っている。大した仕事をしていない割には人数が多く、報酬は高く、しかも議会が開催されない月を含めて「月給」をもらってい

（1）議会というより、議会を廃止して、首長任命の審議会のみが存在するような制度である。

る。議会開催日は日当のような報酬が出るから、わざと深夜を過ぎるようにして、2日分の報酬をもらおうとする。そもそも、これらの報酬を決めているのは当の議員たち自身であり、「お手盛り」といっても過言ではない。各種の情報公開の成果やマスコミ報道でも明らかなように、政務活動費（短縮して「政活費《セイカツ》」）の使途はいい加減である。いや、使途がいい加減であることが判明するのは、領収書や支出明細が開示される「先進的」な自治体議会だからであり、そもそも使途を明らかにしない議会・議員もいる。セイカツ費を使って、政策の勉強など本当の「政務」をしている議員は少ない。むしろ、名目だけが異なるが、実質的には報酬と同じ「生活費」と理解しているようであり、いわゆる「つかみ金」という気分のようである。

わずかに開催される会期の議会で、積極的に活動しているのならまだしも、議会での発言は沈滞している。主として執行部への質問・要望に終始し、建設的な提案もなければ、議員同士の政策論議もない。その発言内容は、通常は執行部への陳情の域を出るものではなく、執行部を厳しく問い詰めて、行政運営に緊張感を持たせるような監視機能は果たしていない。財政状況が厳しいことが分かっていても、事業の休廃止などの「痛み」を伴うことは、執行部側にやらせようとする。議会は立法機関でもありながら、議員提案条例は極めて乏しい。そもそも条例や予算を立案・審議する能力もなければ、能力を構築しようという気も少ない。実態は、首長が提案する条例案・予算案に対して、「何でも適当にハンコを押すだけ」である。

議会がたまに「活躍」することはないわけではないが、そのようなときには、むしろ議会・議員の「愚かさ」や不見識さが目立つ。端的に言って、議員は不勉強である。したがって、「議会という装置」(2)は、ない方が住民にとっては望ましいくらいである。議員がハッスルするのは、つまらない「ためにする」ような論点で、首長をいじめるだけの「政局」的活動が中心である。例えば、「議会に提示する前に記者会見で公表したのは議会軽視でけしからん」「このようなどこの馬の骨とも分からない人物を副知事・副市区町村長にするのは気に入らない」などという、全く不可解な理由で、へそを曲げる。また、「あの首長は気に入らない」という好き嫌い程度の反応で、行動が決まる。そのようなつまらないことに限って、議員は積極的に仕事をする。

あるいは、首長の進めようとしている進取の政策を妨害するだけの「抵抗勢力」になっている。例えば、既得権益を固守し、情報公開に抵抗する。あるいは、議会の意に沿わない首長を交代させようとして、別の首長候補を選挙で担ぎ出すことに「暗躍」するのが落ちである。

議員は、自分たちのみが住民の代表であるとし、首長が住民から直接に声を聞くのをいやがる。議員は代表を「僭称」し、結果的には一般住民の声を聞かない。聞くのは、せいぜい後援会や支持者・支持団体の声だけである。議員は自分が住民の代表であると「錯覚」しているから、住民から声を聞くまでもないと感じるのである。したがって、首長・行政組織では当たり前になっている住民参加や住民との協働に、極めて消極的である。一般住民の声を議会で聴くことにも消極的である。さらに、住民投票には総じて敵対的である。

議員は一般住民の感覚からは乖離している。一種の特権「身分」である。したがって、住民のことを理解できない。これを如実に表現するのが、「議会人」という言葉である。議員は「議会人」であり、一般の日本人とは別の存在のようである。別の人々であるから、当然、住民を代表できるはずもない。議会という「異国・別世界」の文化や慣習に慣れた別の人々が、「議会人」である。したがって、世襲も多い。「議会人」は一般住民とは違うから、女性、サラリーマン、若年層は少ないなど、一般住民を反映した構成にはなっていない。議員は、しばしば脂ぎっ

（2）高崎啓子『議会という装置―神戸空港住民投票臨時市議会記録』（長征社、1999年）

て声は大きく、態度も大きく、常識的な小市民にとっては、面と向かって会いたくない人々である。
感覚的に言って議員は、一般住民の利益に背を向け、最小の自らのコストで最大の自らの福祉を得ようとする特権的な既得権益集団であり、大して働かずに大きな対価を得ようとし、トラブルに絡んで「ひと儲け」をねらっている》、と。

(2) いろいろな勘違い

① 住民は議員の実態を知らない

以上のような「通念」は、筆者の個人的見解ではない。この点だけは、勘違いをしてほしくはない。筆者がこれまでに聴査した情報を、総合して住民の発話風に再構成したものである。数量的ではなく、質的なものである。あえてイメージの例証を出すならば、フジテレビ系列ドラマ『民衆の敵』（篠原涼子主演、黒沢久子脚本、２０１７年10月〜12月放映）の「犬崎派」（犬崎和久議員役は古田新太）である。

一般住民は議会・議員活動の実態をよく知らない。そもそも、日常的に議員と会って話す住民は、極めて例外的である。そのような住民は、もはや一般住民ではない。したがって、一般住民の持つこのようなイメージは、よく知らない「外国人」に対する「偏見」に近い場合もあろう。

例えば「議員の数は多いと思うか」と一般住民に質問すると、「多い」という答えが返ってきたりする。では「議員は何人いるのか」と聞くと、「知らない」という答えになることが大半である。つまり、印象として「多い」と思っていても、情報として議会・議員のことをよく知っているわけではない、ということがある。

②　議員は住民に実態を知らせていない

議会・議員側には、「それは偏見だ」「実態は全く違っている」「議員はもっとまじめに忙しく住民の声を聞いている」「議員といっても『議会人』のような別世界の存在ではなく、普通の住民と同じである」という反論もあろう。ちなみに、筆者が聴査した範囲では、上記テレビドラマ『民衆の敵』は、保守系自治体議員からは、極めて評判が悪かった。自身が「犬崎派議員」のように思われていると、受け取ってしまうからのようである。

では、議員の側は、議会や議員の実態について、住民に知らせてきたかというと、必ずしも充分ではない(3)。活動実態を公開することに関しては、極めて消極的、限定的である。そういう意味で建前論的に言えば、議員の側も1年365日、1日24時間、どのような活動をしているのかをオープンにする必要があるし、住民の側も、それを充分に理解した上で議会・議員に対する印象を持つ努力が必要であろう。

③　議員に接触する住民は、一般住民ではない

実際、議員は多数の住民と接触しているが、住民から直接に、前述のようなイメージをぶつけられることは少ないだろう。当たり前である。多少でも社会常識のある住民であれば、議員に対して面罵するはずはない。社交辞令で議員とも話す。あるいは、議員に会うのは何かを頼みに行くときであり、ものを頼む人が直接に相手方に悪く言うはずはない。議員は、このような日常的接触から、自分は住民から信頼され期待されていると思う。

しかし、議会・議員が、一般住民に実態を理解してもらっていないことは明らかである。あるいは、理解しても

(3) もちろん、かなりの議員は、報告会、活動報告ビラ、ブログ、メールマガジン、ホームページ、ツイッター、フェイスブック、インスタグラムなど、情報発信に尽力していることは間違いない。しかし、それが住民に実効的に伝わるかといえば、情報氾濫のなかで容易ではない。

らう活動が欠けていた。また、議会・議員は一般住民のイメージを充分に体感しているとも言い難い。議会・議員と一般住民との間ではミス・コミュニケーションが起きており、不幸な関係となっている。

3　悪循環の構図

(1) 建前と本音の乖離

以上のように、議員のイメージは、全般的に言えば極めて悪い。しかし、比較自治制度の常識からも明らかなように、「議会を廃止して首長だけにする」という制度改革論議が登場することはまずない。むしろ、制度論（建前論）としては、「議会活性化」を否定する声は少ない。理念・制度としての議会・議員には肯定的であるが、実在の議会・議員には否定的である。つまり、期待と実態認識に、建前と本音に、大きな乖離がある。

これは、一見して議会・議員に明るい展望を与えるようでありながら、実態は、議会・議員を貶める方向で機能してきた。つまり、議会・議員への期待水準は高く設定され、そのような水準と比較して現実の議会・議員の実態はあまりに低水準であるとして、現実の議会・議員に低い評価がなされ、ひいては議会・議員不信を促進してきた。「議会活性化論」は、しばしば現実の議会・議員不信を助長する機能を果たす。

もちろん、近現代国家の制度論は、基本的には性悪説を前提にしており、むしろ、当然のことかもしれない。議会不信・議員不信という発想は、むしろ社会の健全な認識能力と態度を示していよう。しかし、性悪説の制度設計とは、「悪い」ことをしがちである議員が、実際にも、仮に「悪い」方向へ誘惑されたとしても、その弊害を最小化するように制度を構築するというものである。

しかし、日本列島では、議員個人が「性悪」であることを前提にした制度構築論が未成熟であった。むしろ、徳治主義に立って、「性善」が期待された。期待水準が高いがゆえに、現実の議会・議員への不信は大きくなる。不信が高まれば、猜疑心で議会・議員の活動を見る「通念」が発生する。そして、そのような「眼鏡」の下で議会・議員の実際の行動を見ると、ますます「通念」を強化する。人は見たいようにしかものを見ない。

(2) 改善の可能性は暗い

このような悪条件・悪環境の下で、自治体議会・議員の制度・運用改善は可能であろうか。見通しは暗い。「議会・議員＝性悪説」に立つから、自由闊達な形での議会・議員の強化はあり得ない。しかし、自ら監視して、選挙で議員の政治責任を問うという手間暇をかけようとする住民は少ない。こういう住民は、むしろ「マニアックな方々」と呼ばれてしまう。一般住民は、議員不信を持ちながら、これに代わる新たな議員候補集団にも、議員を監視する意識高い系の一部住民にも不信を持ち、結果的には、不信感を受けている当の議員たちを当選させる。そこでお手軽な方法として、議会・議員に対する法令による縛りをきつくすることを期待する。監視するのは、国・自治体の官僚・行政職員であり、警察官であり、裁判官である。こうして、住民による「自治」は減り、「官」による規制という「官治」が広がる。官の規制が強ければ、それだけ議会・議員活動はやりにくくなり、また、規制を破る危険も増える。規制違反が発覚すれば、ますます「議会・議員＝性悪説」が強化される。

このような悪循環の下で、これまでの議会・議員側は、活動の実態を情報開示して、様々な議会・議員活動に住民の直接参加を求め、一般住民の理解を得ようとする努力などは、放棄してきた。むしろ、議会・議員は「一般住民＝性悪説」に立って、「どうせ住民は理解してくれない」と初めから諦めている。住民代表のはずの議会・議員が、一般住民を信頼していないのは、誠に自己矛盾である。

そこで、議会・議員（あるいは議会団体）は、既得権益集団＝圧力団体として執行部や国に要求をしてきた。「地方議員」という与党国会議員を末端で支える公選職政治家という数の力で、政府与党に圧力陳情をし、総務省などと「団体」交渉をして、便宜を勝ち取る。一般住民に対して直接に理解を求めるのではなく、国の法制によって権益を獲得しようとしてきた。こうして、議会・議員も「官」の規制と支援を求めてきた。

住民ではなく、「官」によって支えられる議会・議員が現状である。獲得した権限・処遇水準の現状に比べて、住民からの納得・信頼・尊敬は低い。なぜなら、一般住民の理解を通じて得たものではないからである。そして、「官」によって支えられる議員は、「官」の方針変更によって、いとも容易に瓦解する。例えば、国が進めた平成の大合併によって、極めて多数の町村議員がリストラをされた。住民代表のはずの町村議員が大幅に消滅することに対して、一般町村民が特段の抵抗も示さなかったことに、「官」に支えられる議員の実態が伺えよう。

小括

自治体の最も「自治」的な側面を担うべき議会・議員に関して、一般住民も当の議会・議員も、これまでは「官治」を求めてきた。情勢は極めて深刻である。

第2節　議会廃止論

はじめに──議会廃止への空気

自治体議会・議員不信は、現状への批判という意味では、自治にとって健全な反応でもあり得る。議会・議員に対して、住民が自由な批判を表明できず、ただ存在しているがゆえに、あるいは権力を持っているがゆえに、追認するならば、住民自治は成り立たない。

そして、現状に満足すべき点がないならば、不断に改善を目指すべきである。しかし、改革実践によって、自治体議会・議員が改善されるとは限らない。改革論の理想が高いほど、あるいは期待する側の意見が多様であるほど、現実の壁に大きくぶつかる。欲求不満と幻滅が蓄積されれば、議会改革への期待は減少していく。改革できないのであれば、廃止するしかない、と。議会廃止論は、自治体議会・議員不信の究極形態である。

1　町村総会

(1) 憲法上の必置機関？

現代日本において、自治体議会の廃止論が公然と主張されることは、高知県大川村が課題として提起するまでは、まずなかった。現行憲法93条1項において、自治体には議会の必置が明記されているからである。もっとも、こうした憲法依存的思考停止をしている限り、自治体議会・議員への不信は払拭できない。

大川村が言及したように、現行自治制度上は、自治体議会は実は必置ではない。町村総会（地方自治法94条）が開催されれば、町村議会を置かないことはできる。町村総会は、議会の規定が準用される（地方自治法95条）ことから、議会の機能を代替する。議会機能の廃止ではない。したがって、「町村総会という議会」が置かれるのであって、憲法的な意味での議会廃止ではない。要するに憲法は、現在の自治体議会の存立にとって、根拠にはならない。

(2) 住民総会の限界

しかし、常識的には、住民による選挙によって住民の一部が選出される議会と、住民がそのまま全員が審議・議決に参加する住民総会とは異なる。したがって、町村議会と町村総会とは、異なるものである。

一般的に、市町村の住民は人数が多いから、現実的には会議が成り立つものではない。町村にのみ町村総会が認められる自治制度になっているのは、町村住民が極めて少数の場合には、全住民の総会によって事実上の議会として機能し得る場合があるという常識判断がある。逆に言えば、人口の多い市で「市総会」なるものが認められていないのは、「実質的に会議が成立する合議体」が憲法上必要、という判断があるのだろう。人数がやたらに多ければ、実効的な有意味の会議が成立しないから、憲法上の議会ではないとも言える(4)。議会定数上限制は、憲法上の要請とも言える。

2　住民投票

(1) 住民投票という部分的議会停止

住民投票は、首長・議会による意思決定に任せないで、住民自らの投票行動によって、自治体の意思決定をしようというものである。当初は、原子力発電所・産業廃棄物処分場・基地などの迷惑施設の立地をめぐる争点のものが多かったが、平成の大合併期には、市町村合併の是非をめぐって大いに活用された。2000年ごろには、「民主主義の誤作動」などとして、一部には住民投票アレルギーは存在していた。しかし、今日ではこうした疑念は、ほぼ消滅し、自治体の意思決定のひとつの回路として認知されている。

しかし、自治体議会・議員が、住民を代表していれば住民投票は不要という見地に立てば、住民投票それ自体が、その案件に限っては議会廃止を求めているのと同じことである。住民投票が是認されているという空気は、議会・議員不信を背景にしている。

市町村合併に住民投票が多用されたのは実に示唆的である。合併とは既存の自治体をなくすことであり、当然に既存自治体の議会をなくすことでもある。いわば、議会廃止の是非を、議会以外の回路によって住民が直接に決める。住民投票が、部分的ではあれ、議会廃止あるいは議会機能停止を求めるものならば、議会・議員は「既得権者」として「組織防衛」に走り、住民投票に消極的になることも、合利的(5)な観点からは理解しやすい。

---

(4) もっとも、会議として機能しなくなる人数とは何人かは、必ずしも明らかではない。

(5) 「合利的」とは、ある当事者（ここでは議会・議員）にとって、利害損得勘定から判断して有利ということである。「合理的」とは、「理由」に適っているということで、ある当事者にとっての利害得失とは関係ない。

(2) 議会と住民投票の共存

もっとも、現実の住民投票は、議会廃止の空気を反映しただけ、とは言えない。現実の住民投票は、基本的には、各自治体議会での住民投票条例の制定によって行われているのであり、自治体議会の了承の下に行われている(6)。いわば、現行制度では、住民投票と自治体議会は両立するように設計されている。

仮に、自治体議会の了承なく住民投票が実施できる住民投票法が成立されれば、住民投票と自治体議会は反目する可能性もあるが(7)、現状はそうではない。さらに、住民投票の可能性の存在は、議会・議員に住民の意向は何であるかを常に把握し、住民を説得する、あるいは、住民の意向に沿うように自らのスタンスを変えるインセンティブを与える。つまり、自治体議会・議員の機能停止を図るどころか、機能向上に資することもある。

さらには、首長側がプレビシット・ポピュリスト的に活用することで議会を圧伏するために活用するかもしれないが、効果は限られる。自治体全域での最大得票傾向を明らかにする住民投票は、首長に対しては、従わざるを得ないという強い政治的インパクトを持つが、部分的集票によって当選する議員にとっては、住民投票で示された全般的傾向は、強いインパクトをもたらさない。住民投票は、再選動機に基づく投票力学的には、首長にとってこそ脅威である。こうしてみると、住民投票の機能と思惑も多様である。住民投票は、住民の意向から逸脱する首長に対する牽制を果たすのであって、議会・議員が首長を牽制するつもりならば、住民投票は議会の立場を強化する(8)。

3　定数・議員報酬などの削減

(1) 削減論

自治体議会・議員の効果を高めるのではなく、費用を減らすことで、費用対効果を向上させるのも一つの「改革」である。このためには、議員定数を削減し、議会・議員にかかる諸費用、特に議員報酬、政務活動費を削減することが、最も手っ取り早い。しばしば、自治体議会改革を住民が要求し、あるいは議員自身が「改革」をアピールするときに、定数・議員報酬の削減が採り上げられる(9)。こうした費用対効果の向上策としての削減は、削減しても議会・議員の機能が低下しないことが前提である。

例えば、多様な民意の反映には20人程度いればよいならば、それ以上の数の議員を削減しても問題ない。それどころか、数が多ければ多いほど会議が機能しなくなるから、定数削減は議会の機能向上に資する。あるいは、定数が多ければ、大して能力のない人物でも当選し得るが、定数が絞られれば、優秀な人物しか議員に選ばれなくなるので、機能が高まるという考え方もある。このような削減論は、むしろ議会・議員の機能向上を目指す改革である。

(6)「平成の大合併」期には、合併協議会の設置に係る住民投票は法制的に強制されたが、今日では存在しない。現在では、大都市地域における特別区の設置に関する法律（以下、「大都市区域特別区設置法」という）に基づく住民投票のみが、法律によって強制される住民投票である。

(7) なお、仮に住民投票法が制定されるとしても、自治体議会による間接民主主義と、住民投票による直接民主主義との、立法段階で、両者の法益の両立を図るような内容になるであろう。その意味で、議会と住民投票の共存を目指すように設計するはずである。

(8) 但し、住民投票で示される住民の意思と、議会選挙で示される住民の位置が異なるがゆえに、議会にとって住民投票は脅威にはならないということは、それゆえに、議会・議員は住民の民意を代表していないという批判を招き得る。特に、住民投票の意思と首長の意思が近接するプレビシット（翼賛型住民投票）の場合には、その危険が高まる。

(9) もっとも、全く別の行政改革の文脈で、削減の「改革」がなされることもある。つまり、執行部側でも行政職員の定員削減や民間委託などの「痛みを伴う改革」をするのであれば、「並行」して、議会も「痛みを伴う改革」をすべき、などというバランス論である。

(2) 議会のデフレ・スパイラル

議員の定数が削減されれば、マンパワーが少なくなるのであって、議員活動の総量は低下する。議員報酬が削減されれば、本業で稼がなくてはならないから、一人当たり議員活動の総量は低下する。削減は常識的には機能を低下させる。このように活動が停滞した議会・議員は、ますます住民からの不信を買う。「議会・議員の姿が見えない」「役に立っていない」と。こうして、さらに「無駄」な費用を削減するために定数・報酬を削減する要望が発生する。それが繰り返されると、デフレ・スパイラル的に議会・議員機能は低下していく。

もちろん、定数削減を繰り返しても、それだけでは議会廃止には至らない。だから「無駄」な存在である議会・議員への不信は増幅される。しかも、実質的には機能停止状態に陥っていく。

4 議会の機能停止への手技

(1) 条例・予算・専決・決算・議会事務局人事・法令統制

戦後日本の自治制度では、首長側に有利な制度・運用がなされてきた（第1部第1章第1節・第2節）。例えば、しばしば指摘されているのは、条例制定は大半が首長提案であることである（第2部第2章）。また、首長提案であっても、制度的には議会は否決・修正は可能であるが、現実には困難であった。結果的に、自主立法機関としての議会の機能は、著しく低かったと言われる。

このように、主に首長との関係で、議会の機能停止が事実上促進されるような、様々な制度・運用・慣行が存在してきた（第1部第2章第4節）。予算編成は首長しかできず、議会による修正は首長の予算提出権を侵してはいけない。地方税条例をはじめとして、首長による専決処分が恒常的になされてきた。しかも、専決処分をしたものは、後に議会の承認が得られなくとも対外的な効力に影響しない。議会による決算不認定も、道義的・政治的な効果にとどまる。議会事務局職員も、実質的には首長の人事権の下で異動しているため、議会の支援に徹しきれない。首長の行政執行は国の法令・処理基準（かつての機関委任事務では通達）などに縛られるため、議会が何を議決しようと影響を及ぼせない、などなどである。

(2) オール「与党」・住民参加・不招集・解散・不公布・不執行・代役人事

議会の機能停止を実質的に進める手技と便法が、戦後日本の首長制に蔓延してきた。議会に対して「根回し」をし、オール「与党」の無風議会を形成する。また、行政や首長が住民参加の会議体等を開催して、住民の意見を聴いて反映させた計画や条例案を策定して、議会機能をバイパスする。審議会・私的諮問機関で、民意を反映したスタイルをとる。

さらに、議会を招集しないウラ技まで登場している。議会招集権を首長が持っていれば、首長は議会の不招集で、議会を機能停止できる。あるいは、議会を「懲罰的解散」することで、議会に機能停止を迫る。現状の自治制度では首長側にフリーハンドでの解散権はない。しかし、リコール署名集めを首長が主導して行うことや、茶番的に首長不信任決議を可決させることは、可能である。

また、議会が制定した条例も、首長が公布をしなければ、効力を発しない。とするならば、自主立法機関としての議会の機能は、簡単に機能停止に追い込まれる(10)。もっと言えば、仮に議会が予算・条例を議決したとしても、首長が執行しないことも可能である。また、副知事・副市区町村長・教育長などの議会同意人事が否決されても、

「参与」「代理」等のような形で代役を任用してしまえば、首長は実質的には困らない。

再議などというオモテ技によって議会に対抗しなくても、不招集・不公布・不執行・代役人事によって、議会は容易に機能を阻害される。もちろん、こうしたウラ技を、多くの場合、首長側は自制してきた。しかし、議会・議員への不信が増し、議会廃止への空気が潜在的に広がれば、ウラ技が行使しやすい政治環境が形成される。

小括

現代日本の自治体においては、自治体議会を廃止しても、直接公選される首長が存在しているので、代表民主主義が直ちに破壊されるわけではない、かもしれない（第1部第1章）。とするならば、自治体において、なお、議会が廃止されてはならないかどうかを考えることは、議会関係者だけではなく、住民にとっても重要な課題である。しかし、首長より議会が、住民自治にとってより根本的な存在であるとは、現代日本では了解されていないようである。

その意味では、自治体議会・議員は、常に廃止論あるいは機能停止の手技にさらされる脆弱な存在である。脆弱であるがゆえに、法制を盾にするという、守りの論議が横行しやすい。しかし、住民から公選される議会は、住民代表そのものであって、守りの論議をするべき存在ではない。議会・議員の存在意義は何か、そして、現実に議会・議員不信があるときにどのように対処すべきか、不断に問い直さなくてはならないのである。

第3節　議会の必要性——自治体議会がなかったなら何が起こるのか

はじめに

議会・議員不信は、議会改革論ではなく、議会廃止論にもつながり得る。改めて、「自治体議会は必要か？」という問いが発生する。そこで一種の思考実験として、「もし自治体議会がなかったなら何が起こるのか」という方向から検討してみよう。

1　議会・議員不信の価値

(1) 自由主義的民主主義と為政者不信

議会・議員不信を解消し、住民から信頼される議会・議員を構築することが、建前論である。とはいえ、住民に存在する議会・議員不信は、肯定的にも理解できる。一定程度の議会・議員不信は、健全な自由主義的民主主義のための必要なコストである。自由主義的民主主義にとって重要なことは、「為政者を必ずしも信用しない」ことである。これは、議員を含む為政者を、自分たちも「しもべ」と思いきれるかどうか、でもある。

議員が立派なことをしていると、住民の皆が思うようでは、かえって危険である。議員信頼が強まれば、住民個々人の自由主義的な側面は消え、住民の為政者への帰依・追従・隷従が発生する。議会・議員不信とは、住民が

---

(10) 2012年の地方自治法改正により、首長は、条例の送付を受けた日から20日以内に、再議に付すなどの措置を講じる場合を除き、条例を公布することが義務付けられた（16条2項）。もっとも、不公布が違法となっても、公布を議長などが代行することはできない。

「議会・議員は住民の意向に従っていない」と住民が意思する自由を確保していることを意味している。現代日本において、議会・議員不信が広く行き渡っていることは、行き過ぎでなければ、むしろ健全だとも言える。

(2) 議会・議員不信のために議会・議員は存在する必要

議会・議員に対して不信を持ち、「仕事をしていない」と思って、議会を廃止・縮小するのは得策ではない。むしろ、住民が、理念的な意味のプリンシパル＝主人公として、エージェント＝公僕である議員に対峙するためには、議員たちが存在し、かつ議員たちを常に批判できる自由社会でなければならない。議員不信は常にあり続けるべきである。議員が名望家・有力者で、住民から声望と羨望を集めている伝統的地域社会は、閉塞する不自由社会である。「議会は不信を受ければ受けるほど、あるいは、不信を受ける受け皿として、必要である」といえる。

議会・議員に対して過度な期待をして、その反動として失望するのは、生産的ではない。議員は、所詮、住民を映す鏡である。もちろん「正しい鏡になっているのか」という批判はあり得るが、ともかく、ある選挙制度を通じて住民の姿を議員は映し出している。鏡に映る自らの姿が醜いからといって、鏡を壊すことに意味はない。醜い自らの姿を映す鏡を直視する覚悟を持つのが、住民としての基本的なスタンスである。

2　阿久根市市長暴走事件

(1) 阿久根市長・竹原信一

① 議会不信から暴走市長へ

議会の存在を邪魔だと思っている人が首長になったらどうなるのかを示したのが、阿久根市である(11)。阿久根市市長暴走(12)事件の主人公は、竹原信一市長である。竹原は、もともと市議会議員であったが、市議会多数派が市長と「談合」する、いわゆるオール「与党」体制に直面した。市議会の多数派から干された竹原は、そのような議会であれば全く意味がない、存在するだけ無駄だ、という信念を固めた。そこで、市長選挙に出馬して当選した。そこから市長暴走が始まった。

竹原市長はブログを使って――そのブログは「住民至上主義」という題名を掲げているが――極めてポピュリスト的な行動をとった。但し、いわゆる「プレビシット」的に市民投票によって市民意思を確認するスタンスはとっていない。

② 暴走の中身

第1に、議会無視である。通常、予算・条例は議会議決が必要である。潜在的には、多くの首長や行政職員は、

---

(11) 平井一臣『首長の暴走――あくね問題の政治学』(法律文化社、2011年)

(12) 田村秀も「暴走」という用語を利用している。同『暴走する地方自治』(ちくま新書、2012年)。「劇場型」の一種とも言える。有馬晋作『劇場型首長の戦略と功罪―地方分権時代に問われる議会』(ミネルヴァ書房、2011年)、同『劇場型ポピュリズムの劇場と変貌する地方政治』(ミネルヴァ書房、2017年)。なお、竹原本人は「独裁者」と、出版社の要請かもしれないが、自称している。竹原信一『独裁者〝ブログ市長〟の革命』(扶桑社、2010年)。

条例は避けたい、予算審議は面倒だという意識を持っているが、それを露骨に実行するのが暴走である。国が作った制度では、「専決処分」という議会議決を回避して首長単独で決定できる抜け穴がある。それを竹原市長はウラ技的に活用した。制度が不信を招く原因を作っている。

第2は、職員抑圧である。人事権を使って、意に沿わない職員を左遷し、気に入った職員だけを「抜擢」した。

第3に、マスコミの選別を行い、気に入った報道をするマスコミ・出版関係者の取材にだけ、選別的に応じた。為政者が「独裁者」になると、マスコミなどの選別を始める。

(2) 暴走阻止のメカニズム

結局、首長が暴走したときに、それを止められるのは誰なのか。少なくとも阿久根市の例を見る限り、裁判所と住民であった。

第1に、県は役に立たない。鹿児島県知事が地方自治法に基づいて、議会を招集するようにと是正勧告を行ったが、無視された。もっとも、分権の観点からすれば、都道府県と市区町村は上下関係ではないので、むしろ、当然かつ望ましいと言えよう。

第2に、国の存在は微妙である。そもそも、専決処分・首長議会招集権など、市長暴走を可能にする制度を作ったのは国である。また、分権の観点からも、国は制度整備に留まるべきで、個別事件に介入すべきではない。

第3に、裁判所は一定のブレーキを果たした。例えば、人事権の濫用及び組合に対する不当な扱いに関しては、裁判所で辛うじて制約が掛かった(13)。

第4に、最終的に市長暴走を止めたのは市民である。市長リコール署名運動・解職投票と、市長選挙における対抗馬の擁立である。２０１１年1月の市長選挙で竹原は敗北した。その後、２０１４年12月の市長選挙に出馬したが、やはり敗退した。リコール制度を整備したのは国であるが、それを活用できるかは市民次第である。

(3) 議会の役割

① 議会の限界

議会・議員は市長の暴走に対しては、結果的には、ほとんど無力であった。もっとも、議会回避を市長が画策したのは、議会が最大の暴走への障害物であったことの裏返しである。とはいえ、市議会が市民から期待を集めていたわけではない。市長の解職・選挙に続き、竹原派議員が主導した結果、議会解散のリコールも成立している。そもそも、暴走市長は、それなりに市民の間で人気があった。市民の支持があれば、ある程度の暴走は可能である。首長直接公選制とは、そういう仕組である。阿久根市問題が明らかにしたのは、議会を無視しても、実は相当なことができることである。少なくとも、5年も政権を維持できた。議会があっても、首長の暴走が止まるわけではない。その意味では、議会は、信用も信頼もされていないとしても、強化しなければならないと言えよう。

---

(13) 最高裁長官・判事は、国会同意人事でさえもなく、内閣が人事権を持っているから、国の暴走を国の最高裁判所には止める能力は実はないことが、制度的に推定される。自治体は、裁判官に対する人事権を持たないので、裁判所によって自治体の暴走が止められる一定の可能性がある。これは、分権改革が必要な理由のひとつである。司法統制を機能させるためには、国が行政権限を持っていては困難である。自治体が行政権限を持っていれば、国の裁判所が自治体の暴走を止められる。もっとも、裁判所・官も国・官の一種であるならば、司法統制は官治・中央集権の一種である。

② 議会・議員の可能性

阿久根市政において、壮大な「実験」が行われた。議会が暴走首長と全面対決・全面衝突すると、専決処分に加えて、議会の不招集により、議会は機能停止に追い込まれる。首長優位である。確かに歴史的にも、議会が抵抗すると、国王が議会を招集しない、あるいは議会を解散――懲罰的解散――するのは、絶対王制・専制君主制において見られた。絶対王政下のフランスでは、国王は三部会（身分制議会）を招集せず、議会を停止させていた。現代でも、議会の不招集あるいは解散はあり得る。クーデターとか憲法停止とかは、そのような非常事態である(14)。

しかし、議会・議員の存在は、暴走首長に対して、政治的な意味での抵抗の砦になったのも事実である。フランス革命も、国王が招集した三部会ではなく、第三身分が独自に国民議会（Assemblée Nationale）を作ったことが、反国王の拠点になった。実際に議会が招集されているかどうかとは別に、政治的な意味で、議会・議員は、可能性として暴走に対する歯止めになり得る。もちろん、竹原派から見れば、議会はまさに既得権・守旧勢力の巣窟と位置付けられる。したがって、見る立場によって、描かれ方が変わってくる。制度設計では、どちらの視点にも立った上で検討する必要がある。

③ 議会事務局の可能性

もうひとつ意味があったのは、市議会事務局の職員が、実は行政職員集団の拠り所になっていたことである。暴走首長は、行政職員を支配するためには、首長は人事権を濫用する。しかし、議会事務局の職員は――平常時には無用の長物とか、首長人事の一環であるとか、執行部側ばかりを見て仕事をしているとか、いろいろと言われている場合もあるが――少なくとも法制的には、首長の人事権が及ばない領域である。

したがって、議会事務局が、首長部局の職員集団も含めて、あくまで面従腹背ではあるが、実質的な抵抗運動の拠点になっていた。議会事務局の人事権を議長が持っていることは、通常は大した意味がないと思われているが、最後の最後には、法的権限が意味を持ってくる。

もっとも、竹原派からすれば、議会と行政職員が、住民多数派の信任を得た首長に抵抗できる制度自体が、問題である。しかし、二元代表制論の民主的統制に立てば、首長部局の行政職員は首長に服すべきで抵抗することは許されないが、議会事務局の行政職員は議会・議長に服すべきであって、結果的に首長に抵抗することは、その限りで妥当となる。とはいえ、職員集団全体の抵抗拠点に議会事務局がなるとすれば、行きすぎと言われよう。また、本書の討議広場代表制論（詳しくは、第1部第1章第3節）に立てば、議会事務局職員も、執行部局の行政職員も、討議広場《フォーラム》全体に服するべきであって、首長または議長という単体の機関に服すべきではない。しかし、討議広場《フォーラム》が機能不全になっているならば、機能回復のために職員集団は行動すべきとなろう。

3　暴走の技法（1）——議会支配

(1) 首長による議会の「取り込み」——一体になって「暴走」

① 首長暴走は「自治体一体暴走」を防ぐ

阿久根市事件は特異な事例であり、竹原市長があえて、議会などとの全面衝突を選択したがゆえに、首長暴走を

(14) 非常事態・緊急事態と称して、議会権限を停止して、執政部に権限を移行するのも、同様な現象である。

止めることができた。逆に言えば、もっと巧みな戦術を採用すれば、首長暴走政権を長期に維持できる。議会を恫喝と妥協によって、取り込んでいけばよい。

実際、通常の首長と議会の関係は、「議会対策」として、首長による議会の「取り込み（cooptation）」をする。結果的に議会はオール「与党」化して、自治体全体の暴走は止められない。首長は暴走していないが、首長は議会と一体になって暴走する。両者が同じ速度で暴走すれば、相対的速度関係からすれば、首長暴走が知覚されないだけである。首長の単独暴走の状態と、首長と議会が一体暴走の状態とでは、どちらも住民のためにならないことはあろう。議会のオール「与党」化を、竹原は市議時代から批判していた。竹原が市長在任中は、少なくとも市議会と対決していたので、逆説的ではあるが「オール阿久根」の暴走はなかった。

② 原発政策

オール「与党」化の例として、阿久根市の隣の薩摩川内市がある。薩摩川内市は、市長と市議会が一体となって、川内原子力発電所の再稼働に賛成した。これを「暴走」と呼ぶか呼ばないかは、価値判断の問題である。少なくとも事実としては、議会と首長は一体であり、その決定が妥当でなければ、現世・後世から「暴走」と呼ばれるかもしれない。阿久根市も、市議会では再稼働賛成派が多数を占めていた。竹原市議が批判していたオール「与党」体制時代の議会は、原子炉の増設を求めていた。ちなみに、竹原市長は脱原発派であった。

ここで問うのは政策決定の中身ではなく政策過程のあり方である。多くの自治体では首長と議会が一体となって、異論を封じ込められる。果たして、原発政策に関して、首長と議会が一体となって「暴走」する政策過程と、首長が暴走して議会と対決している政策過程と、どちらがいいのか、なかなか難しい問題である。

③ 経済政策

阿久根市の場合、経済政策でも市長と市議会多数派とでは異なっていた。市議会多数派の経済政策は、国・県から事業予算を取ってくる、旧式の陳情である。地域経済のパイを大きくする政策である。他方、竹原市長は、市議の報酬と市職員の給料を減らして、市民に保育などのサービスとして分配するという、市域内再分配モデルを提示していた。市議や市職員の所得に比べて市民の平均所得水準があまりに低く、不均衡であると指摘した。もちろん、根拠データが正しくないという批判は、かなりある。データはかなり歪んでおり、市議や市職員の給料を不当に高く見せるデータを使っていたという。とはいえ、「では、実際は同じぐらいなのか」と問われると、市議会多数派も職員組合も、充分に論証できなかった。

つまり、重要なことは、経済論戦が闘わされる政策過程の余地が、竹原市長時代にはあったことである。オール「与党」体制では政策論争は起きようがない。ただ残念ながら、議会を招集せず、論戦もしないまま、市長は自分の見解の正当性を主張するばかりだったので、せっかくの政策論争の機会が失われていった。

⑵ 首長政党

暴走指向の「独裁」的な首長が、竹原のように議会との正面衝突はしないとなれば、議会の支配を目指そうとする。これは、橋下徹・大阪府知事（当初、のち大阪市長）と大阪維新の会が目指した方法である。つまり、首長政党をつくって、首長政党が議会の単独過半数を掌握できれば、結果的に首長の暴走にはならない。自治体として「暴走」する。

維新の会は、大阪府議会では、小選挙区が多いため単独過半数を取った（２０１１年４月選挙。なお、２０１９

年4月にも同じ現象が橋本抜きで再現している)。しかし、大阪市会では、中選挙区制のため、単独過半数を取れなかった。つまり、大阪府議会、大阪府知事、大阪市長、大阪市会という4つの機関のうち、大阪市会を除く3つの機関を維新の会が取り、あとは大阪市会で単独過半数を取れば完全に「暴走」できる状態だった。より正確に言えば、「暴走」という政治的認識が起きなくなる事態を作ることができた。結果的には、大阪市会が維新の会の単独過半数を阻止し、その結果、「野党」自民党と橋下の意向の異なる論点については、橋下の暴走があぶり出された(「野党」自民党と橋下の意向の一致する論点での「暴走」は覆い隠された)。

つまり、通常のオール「与党」化した議会や、首長政党支配の議会は、首長暴走=自治体「暴走」は止められない。結果的に、自治体全体として「暴走」してきたのが、戦後日本の多くの自治体であるとも言える。

4 暴走の技法(2)――プレビシット(人民投票主義)――

(1) 2つのプレビシット

暴走市長は、次のようなプレビシット(人民投票主義)を採ることもある。暴走首長が、議会を無視しようとする場合には、「民意の支持がある」ことを盾に取る。そして、「文句があるならば選挙に対立候補を出せ」と対応する。

第1は、突然辞職して出直し選挙を行うタイプである。例えば、2014年1月に大阪市会の抵抗で大阪都構想が頓挫していたとき、橋下市長は辞職して出直し選挙をした。2019年4月の大阪府知事・市長のダブル辞職とクロス立候補も同様である。

第2は、住民投票による正当化である。例えば、2015年5月に大阪都構想をめぐる市民投票が行われた。しかもこの市民投票は、これまでの多くの住民投票と違い、法定の根拠がある法定・拘束型住民投票である。

(2) 非議会制民主主義

プレビシットは、議会を飛ばして、「住民が住民投票で賛成したのだから」として押しきるものである。この動きは、暴走首長だけに限った現象ではなく、かなり根が深い問題である。自治制度官庁は、国策としての市町村合併推進のために法定住民投票という技を使った。

出直し選挙や、非法定・非拘束型住民投票であれば、議会が頑張りさえすれば暴走は止められる。なぜなら、出直し選挙で同じ首長が選ばれても、議会の構成は全然変わらないから無視できる。非法定の住民投票も同様である。しかし、法定住民投票はそうではなく、議会が首長の暴走を止めるのは決して簡単ではない。

小括

(1) 暴走の果て

議会がなかったら、首長暴走は起きやすくなる。議会があっても、首長はかなり暴走できる。また、首長は議会と一体になって、「暴走」できる。議会があってもなくても、あまり変わらないと言えるかもしれない。しかし、議会がなければ、首長はもっと暴走できる。あるいは、議会（特に、首長「野党」議員）がなければ、首長暴走の事態さえ、認識されない。議会が存在することで、様々な政治的摩擦が存在し得ること自体に意味がある。

議会が存在せず、議会での質疑がなければ、首長は嫌な質問に答える必要はない。嫌な質問に答えなければならないことは、答責性《アカウンタビリティ》の基本である。「余計な質問をするな」と、非常に鋭い質問をする市民派議員を、多数派「与党」系議員が排除することがあるが、そもそも、議会がなければ、そうした可能性すらない。

行政職員は首長の人事権に戦々恐々として、唯々諾々と服従する。議会がなければ、首長に対抗できる基盤を持った政治家・公選職は存在しないから、職員には抵抗の余地もない。民間経済団体、マスコミ、研究者も、為政者の権力を恐れて擦り寄る。住民にとっては、政治的な選択肢が消滅するので、「独裁者」を選挙で倒すことも困難になる。首長選挙だけで代表民主主義を維持するのは、大いなる机上論である。

(2) 理想と現実

現実の議会には、問題が多々ある。現実の議会がきちんと首長暴走を止められるのか、疑問は大きい。むしろ、首長に取り込まれる存在であり、首長を厳しくチェックする少数派「野党」議員や住民をあえて集団で抑圧することも、多々見られる。しかし、仮に議会がなかったならば、事態はますます深刻なものになるだろう。

結論的に言えば、「自治体議会は必要である」。しかし、議会の実態は大したものではない。しかし、住民から不信を受けることにも意義がある。そして、議員の姿は我々住民自らの姿であって、自分自身を反省する機会である。自治体議会は我々の鏡――我々の姿を実際よりもやや醜く映していると思いたいが――であり、我々はそういうものとして議会を温かくかつ厳しく見守り、その醜い姿から目を逸らさずに直視する必要がある。

第4節　信頼される議員に向けて

はじめに

住民の自治体議員を見る目は厳しい。しかし、そのような事態に対して、議員に「変わってもらう」ことを期待することは、現実的な方策に関する分析がなければ、単なる精神論になるにすぎない。あるいは、「住民がきちんと選挙で選ぶべきだ」と主張するのも、同様に精神論である。

具体的な方策もなく、ただ、議員に改善・改革を求めるのは、一見すると正しいように見えて、実は、現状の議員不信を助長するだけの効果しか持たない。国の官僚や政治家、自治体の行政職員、首長が、このような空疎な精神論を掲げるのは、短期的には合利的である。なぜなら、議員を相対的に貶めることで、自らの権力基盤を強化できるからである。同様に、議会をバイパスして、首長・行政職員との直接的な「協働」によって、自らの目的を達成しようとする住民・利益団体も、議員への不信を高めることは、相対的に議員の抵抗を排除することができる点で、短期的には合利的である。しかし、代表民主主義において、中長期的には、住民にとって望ましい事態とは言えない。

いわゆる議員への批判は、それ自体が妥当な批判を含んでいたとしても、また、当人にはそのような意図はなくとも、結果的には、議員不信を再生産し、他の勢力の利益を増進する効果も持つ。したがって、議員への批判は、《住民に信頼される議会》へ至る建設的かつ現実的な方策を伴っていなければならない。

1　なぜ、議員は信頼されないのか？

(1) 利害打算関係

住民が議員に期待していることは、端的に言って、自らの役に立ってもらうことである。住民からの要求は多様で、相互に矛盾することもある。住民の要求は、行政資源の限界から、実現できないものもある。そして、住民は、常に行政の施策を必要としているわけではなく、困ったときにのみ期待する。住民とは基本的に身勝手である。

他方、議員が住民に期待していることは、端的に言って、票である。だから、議員は選挙の直前には一生懸命に活動するようであるが、それ以外の時期にはあまり姿が見えない。このように、住民と議員という身勝手なもの同士である以上、住民と議員を結び付けるのは、利害打算関係であって、それを超えるものではない。

(2) 相互利益による信頼

しかし、利害打算関係だからと言って、信頼が構築できないというわけではない。例えば、企業と消費者の関係は、もちろん、利害打算関係であるが、信頼できる商品・サービスを提供することで、消費者の信頼を勝ち得る企業もある。利害打算関係であっても、相互にプラスになる「ウィン・ウィン関係」を目指せばよい。

議員が住民からの信頼を勝ち得ていないのは「ともに勝つ《ウィン・ウィン》」状況ではないからである。議員が住民にとって、役に立っていないからである。実際、「議員のお陰」が実感できなければ、議員への信頼は生じないであろう。

2　「議員のお陰」とは何か

(1) 個別利益供与

議員は「議員のお陰」をアピールすることに腐心してきた。これが、「どぶ板」活動など、様々な「口利き」によって、個々の住民の利益を実現し、それによって「議員のお陰」をアピールしてきた。もっとも原始的には選挙運動中の供応・現金授受などであるが、これはあまりに陳腐であり、普通は、行政サービスの箇所付け・配分などの利益誘導によって行ってきた。その見返りとして、後援会を組織して、集票を行っていた。

(2) 利益供与範囲の狭さ

現実には、大多数の住民は、このようなシステムで「議員のお陰」を実感することができないので、利害打算関係に基づく信頼を議員に対して持たない。そもそも、行政を握っている首長といえども政治家であるから、首長自身も議員と同様に、「首長のお陰」をアピールしたい。そのような強大なライバルの前に、「議員のお陰」の余地が大して残されていないことは明白である。

利害打算的な議員は、自らの当選に必要な票数だけ集めればよく、それ以上の便宜を、幅広い住民に供与するインセンティブはない。議員は、企業と同様に「効率的」に行動するから、最小限の「口利き」で最大限の集票や声望を目指す。勢い、「常連客」である後援会や友好団体の意向を重視する。困ったときに頼みに来るだけの「一見さん」の一般住民は、しかも、「団体客」でなければ、議員にとって魅力は乏しい。

そして、議員に「口利き」を頼むことに不慣れな一般住民は、上手に議員に依頼を持ち込むこともできない。商品を買うときと同様であり、馴れない買い物は失敗しやすい。こうして、仮に意を決して議員に「口利き」を依頼しても、満足いく結果は得られず、不満が残る。通常は、そもそも、どの議員に頼みに行ってよいかも分からず、途方に暮れているのが実態であろう。そして、巧く議員に取り入って「旨い汁」を吸っている一部の既得権集団が妬ましく思われ、また、そのような住民・集団にのみ便宜供与を行っている議員への不信が高まる。

3　議員にサービスさせるには？

(1) 選挙における競争

利害打算で動く議員に、公共性や「住民全体の奉仕者性」などを期待することは難しい。議員に、最大限のサービスをさせるには、住民への利益供与をしなければ議員が損をするような仕掛けがなければ無理である。企業を消費者の利益のために行動させる基本は、市場競争である。議員に関しても同様である。競争が乏しければ、議員は住民の意向を真摯に実現しようとする気は起こらない。少なくとも、現状で議員が住民の信頼を得ていないとすれば、それは、選挙における競争性が不足しているからである。

しかし、具体的対策は難しい。選挙への参入障壁の高さと、落選リスクの大きさが、競争性を制限している要因である。したがって、立候補しやすく、落選しても打撃が少ないような、社会的な仕組が求められていよう。それは、選挙制度改革ではなく、社会的環境の変容である。それゆえに容易ではない。

(2) 実績報酬

また、企業が消費者のために行動するのは、行動しただけ見返りがあるからである。議員も、住民に「口利き」

をすればするほど、基本的には票は増える。しかし、4年に1回の一括事後支払で、しかも、本当に支払ったかどうか分からない。それでは、過小供給になるのは当然である。

議員報酬は、通常は固定給のような月額報酬であるし、費用弁償も住民へのサービスの出来高とは無関係である。議員は、住民と接触すればするほど、見返りが多くなるような仕組でなければならない。議員報酬は、住民の意向を聴取・反映した時間や、情報収集や政策調査などに従って、バウチャーで支払われる方がよいのだろう。

小括

利害打算で動く議員像は、高尚な民主主義を信奉し、公共性を唱道する観点からすれば、およそ信頼に値するものとは言えない。しかし、自治は人間が行うものであり、聖人君子や仙人が行うものではない。もちろん、現実の人間は、利害打算だけで動くわけではないが、利害打算を抜きで動くわけでもない。

住民の利害の代弁者である議員が、住民の意向を実現するには、他の議員や住民や行政を説得する必要があり、自己・個別利益を赤裸々に主張するだけでは、相手の協力を得ることはできない。したがって、利害打算の観点からも、公共性（＝他人を含めた一般的な利害打算）にも配慮せざるを得ない。したがって、利害打算に基づいて信頼関係を構築すること自体は、公共性・公益性を否定することではない。

一見すると高尚な建前論は、翻って、現実を汚く見せることで、不信を増長する効果を持つ。そのような、高尚な議員像が、かえって、政治を萎縮させ、住民と議員の距離を遠くし、相互不信を助長し、議員定数・報酬を削減することを促して、ますます住民から議員を遠くし、結果的に、首長と国・自治体の官僚制を喜ばせている。

第1部 議会と首長

第1章　二元代表制論を越えて

第1節　二元代表制論と首長制論

はじめに

(1) 代表民主制のひとつとしての二元代表制

憲法学の通説においても、地方自治(1)の本旨のひとつは住民自治と言われる。自治体は、地域レベルの民主主義に基づいている。自治体レベルの民主主義を制度化するには、住民が直接に意思決定に関わる直接民主制と、住民が選挙によって代表者を選出して間接的に意思決定に関わる間接民主制とがある。間接民主制は、選挙によって代表者を選出することが重要なので、代表民主制とも呼ばれる。現代日本の現行制度にも、両者の側面があるが、日常的・中心的に考えられているのは、後者の間接民主制／代表民主制である。

さて、代表民主制の自治体政治制度では、住民が選挙によって代表を選出することが重要である。「政治家は選挙に落ちればただの人」（大野伴睦）とか「選挙に勝てばいい民主主義」（佐々木毅）とか「選挙しかない政治家」（新藤宗幸）などと揶揄されることもあるが、選挙で代表たる人間を選出する。このうち、住民から選挙＝代表できるルートが1本のものを一元代表制と呼び、選挙＝代表のルートが2本のものを二元代表制と呼ぶことがある

（図1―1）。戦後日本の自治体は、首長と議会議員という代表が、それぞれ別個に、住民から直接に選挙されるために、二元代表制に位置付けることが通説となってきた。首長も議員も、それぞれが住民から選挙で選ばれ、それゆえに民主的正統性を有するから、その観点では両者は対等の存在である。このような対等性を含意するものとして、「二元代表制」という用語が用いられることも多い。

(2) 首長制の実態

① 首長優位

しかし、実際の自治体政治は、首長を中心に動いていることが普通である。つまり、首長と議会が、それぞれ対等な政治権力であるとは見なされていない。圧倒的に首長が強い(2)。また、端的に、首長制と呼ばれることも多い。

首長と議会が対等な権力関係を持つことは、権力分立に基づく抑制均衡《チェック・アンド・バランス》の観点からは望ましいとも言えるが、現実として、安定した運営を実現することを難しくする。同等の力を持つ議会

図1―1　一元代表制と二元代表制

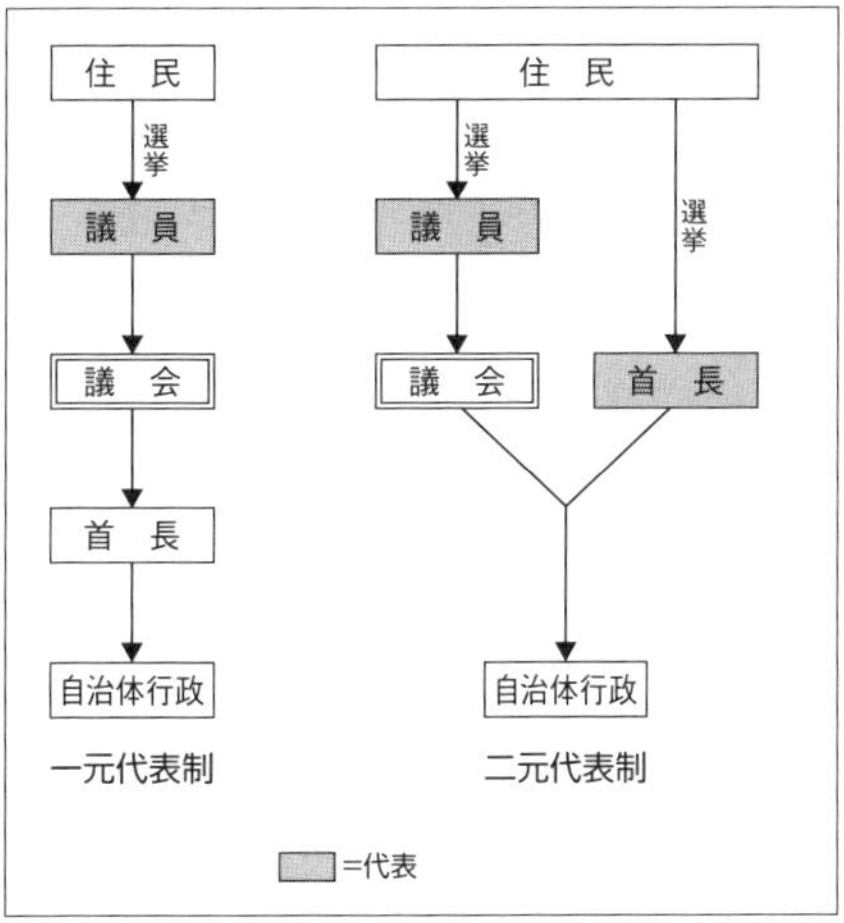

（1）憲法学は、国家中心の統治機構のイメージが強いので、「地方」自治という表現を用いている。本書では、個別自治体の集合体として「地方」と総称するとき以外には、単に「自治」と表現することは、序章で触れたとおりである。

（2）自民党と社会党による、戦後国政のいわゆる「55年体制」も、「二大政党制」の触れ込みの下で、しかし、実態においては、社会党は自民党の半分程度（以下）の勢力であったため、「一と二分の一政党制」などと呼ばれたこともある。「二元代表制」も、建前としての対等性の触れ込みはともかく、実態は首長優位ということを示すならば、「一と二分の一元代表制」と呼ぶべきであろう。

と首長では、衝突したときに膠着状態になるからである。このような場合には、どちらかが強い跛行的な権力関係となるか、両者を通じる事実上の非公式の統合・調整主体が登場する。後者の機能を担う典型的なものが政党である。日本の自治体の場合には、首長優位の確立によって、対処が図られてきた(3)。

②議会は、その他大勢のなかの、脇役（あるいは悪役・敵役）

つまり、自治体には、首長と議会という2つの対等の政治権力が存在するのではなく、首長という主役の周辺に、多数の脇役が存在している。議会・議員は、自治体官僚制（幹部・所管部局など）、各種集団（商工会・商店会、農協、社協・民生委員、有力企業、有力金融機関、業界団体、医師会、（連合）町内会、地主・地着き有力者・名家、職員組合・地区労働組合、教育団体・ＰＴＡ、住民活動集団・ＮＰＯ、寺社・宗教団体など）、政党組織、マスコミ・ミニコミ、首長ブレーン、専門家などと並んで、脇役のひとつを務めるにすぎない。首長は、これらの多数の関係者から、いろいろな意向を吸収し、それらの間の利害を調整し、その上で総合的判断を下しているのであり、議会・議員の意向に常に沿うとは限らないのである。

もちろん、予算や条例の議決の権限などを持つ議会は、脇役のなかでは有力な存在である。しかし、議会・議員は世間の評判は極めて悪く、議会の「強さ」は、脇役どころか悪役・敵役の要素である。悪役・敵役は、主役を途中まで苦しめる程度には「強く」、しかし、最後は主役に「負ける」のでなければ劇場にならない。

１　「代表性」をめぐる争い

⑴　議員の代表性

沿革的に見れば、二元代表制という用語は、首長を強化する意図から登場した。二元代表制論が登場する以前は、住民代表とは議員のみを指すものであった。歴史的にも国際比較的にも、国民あるいは住民の代表と言えば、まずは議員である。代表民主制をとる場合には、行政の長（国・連邦レベルの大統領や自治体レベルの首長）を住民から直接に選挙しないことはあっても、議員を直接選挙しないことはない。つまり、代表制の核心は、首長側ではなく、議員側にある。《議員＝住民代表》なのであった。

議員は、「自分たちこそが住民の代表である」という意識と意気込みで、首長に対していろいろな要求や意見をぶつけることができる。代表民主制の下では、住民代表であるということが政治的正統性を持つのであり、これこそが、首長に対する議会・議員側の主張の政治的資源であった。

（３）「自民党」という名称を名乗るかどうかはともかく、多くの自治体では、首長も議会多数派も自民党または自民党系・保守系無所属または会派という、実質的には「自民党的なるもの」によって、首長と議会との調整が図られることが多かったので、決して政党が無意味であったわけではないどころか、基底的には遍在的に機能していたと言える。あまりに遍在しているがゆえに、「自民党的なるもの」という政党が首長と議会の調整の役になっていないように見えただけである。とはいえ、「自民党的なるもの」の共通基盤のなかで、しかし、どちらが主導権を持つかと言うと、多くの場合には首長側である。また、「大阪維新の会」のような、実質的には首長を指導者として、議会多数派を掌握することによって、首長と議会の調整を図る政治団体が、いわゆる「地域政党」であるが、実質的には、首長主導なので「首長政党」である。

(2) 首長側からの疑念

① 首長と議会多数派の意向の乖離

首長が議会・議員の意向を受容して運営を行う場合には、どちらが代表なのかは、あまり問題にはならない。しかし、首長にとって、議会・議員の意向に沿いきれないとき、あるいは納得いかないときに、議会・議員の自称する代表性に大きな疑念が生まれる。つまり、「本当に議会・議員だけが住民を代表しているのか」である。

通常の推定では、首長と議会・議員が同じ住民集団から選挙されているのであるから、両者の政策的意向や党派的指向性は、基本的には同じになるはずである(4)。しかし、現実にはそうではないことがある。こうした状態は、「分割政府」「ねじれ」「少数与党」「与小野大」などと言われ、国・自治体あるいは国内外でも見られる(5)。

戦後日本の自治体で最も典型的に現れたのは、いわゆる革新自治体期である。議会は保守系＝自民党系が多数であるが、首長は革新系＝非自民党系という場合である。それ以外にも、タレント首長や改革派・無党派首長などに見られるように、特段の党派的基盤がなくとも、広く住民の漠然とした利害関心に訴えかけ、個人的魅力で当選する場合などは、議会多数派と首長の意向が一致するとは限らない。

② 首長こそ住民代表という気持ち

首長もまた住民から直接選挙で選ばれている以上、住民の多数派の意思を反映していないはずはない。いや、むしろ、一般的な民意の選択がより直截に反映されるのが、首長選挙なのである。実感から言って、首長も当然に住民の代表となってきた。二元代表制とは、議員だけではなく、首長もまた住民の代表であり、それゆえに、同様の民主的正統性を持つこと、議員だけに「自分たちこそが住民の代表である」とは言わせないこと、を意味している。

さらに言えば、「本当は議会・議員は広く住民全体を代表していない、本当に代表しているのは、首長だけだ」となる。

(3) 住民参加と二元代表制論

① 首長が住民の声を聴く住民参加

このような代表性をめぐる争いは、いわゆる住民参加のときに、より鮮明に現れる。端的に言って、首長から見て住民参加が必要かつ有用なのは、議会・議員だけでは住民の意向をとらええきれないからである。首長から見て議員とは、一方で住民一般の広範な利害関心に疎く、他方で住民の本当の声なき声を掬い上げない。議員とは、特定の有力かつ組織化された利害集団を代弁しているだけ、に見えるのである。

したがって、首長側は、直接に住民参加によって、住民の意見を集めたり、住民行政間や住民相互間の合意形成を促進したり、住民の自発的意欲を活用したりすることになる。一方では、議会に代弁されがちな既得権益の抵抗を抑えて、住民一般の漠然とした民意に沿うためである。他方では、議会では代弁されないような、本当の力のな

(4) 党派的指向性が同じであっても、選挙制度の違いによって、依拠する利益が異なることはある。つまり、全域小選挙区制の首長選挙の場合、住民の漠然とした広範な利益を代弁する。これに対して、全域からの大選挙区制の市区町村議会選挙の場合、住民の個別利益を代弁する。また、選挙区に分割した都道府県議会議員選挙の場合、伝統的には選挙区などの地域利益を代弁する。さらに、都道府県議会議員選挙の選挙区は、小選挙区のこともあれば中・大選挙区のこともあるので、地域の漠然とした広範な利益を代弁することもあれば、地域内のさらに個別利益を代弁することもある。つまり、同じ「自民党的なるもの」が党派的に圧倒的に代表されるにせよ、首長と議会では、漠然指向か個別指向かで代弁する利益に差異が生じ得る。

(5) 首長と議会・議員選挙を別個に行うことに意味があるのは、両者の選挙結果が異なることがあり得るからである。常に、首長と議会多数派が同じ意向を持つのであれば、それぞれ別個に選挙を行うのは無駄である。

い少数派の住民に耳を傾けるためである。

②　議会に聴けば住民の声を聴けるはず？

こうした住民参加は、議会・議員側から見れば、「議会バイパス」として、不満なことが多かった。「議員が住民代表なのであるから、議会から意向を聴けば充分なはずである」というのが、議会・議員側の主張である。したがって、首長と住民が直接に結び付くことを阻止しようとしてきた。

これに対して、首長側から言えば、「議員も首長も同じく住民代表であり、住民そのものではないのであるから、必要があれば、住民から直接に意向を聞くのは当たり前である」となる。二元代表制論とは、首長が議会の声を聴かないでも、住民の代表として、住民の声を直接に聴けば足りる、という主張にもなる。

現在の自治体では、行政に対する住民参加は、当たり前である。その論拠のひとつが、「首長も住民代表である」というものである。二元代表制論とは、「首長も住民代表である」ところから出発する。実は、首長と議員の「代表性」をめぐる争いから、首長側の立場を強化する方向で生み出されてきた主張なのである。

(4)　今日的な「二元代表制」論の意義

①　住民参加と首長優位

議員が、「議員だけが住民代表である」という立場に固執することは、今日では有効性を失ってしまった。むしろ、「住民参加によって住民の意見を聴いている」と首長側から主張されたときに、議員側の反論の論拠が乏しくなる現象が生じている。首長側から、「住民との参加・協働を踏まえて、住民の意見を充分に反映した事業や条例案の内容をまとめた」と言われた場合、議会としては、審議して、修正や否決を求めることが困難な空気が存在する。なぜならば、議員の「強み」は、「住民代表として住民の声を聴いている」ことだから、執行部側で、「住民の意向をすでに充分に反映した」と言われてしまっては、ケチの付けようがない。

こうなると、議員といえども、その声を執行部側に反映させるには、住民と一緒になって、参加・協働の舞台に加わっていかないとならない。旧来型の議員にとっては「屈辱的」であろう。

②　二元代表制論を逆手にとる「二元代表制」論

さて、このような首長優位の状況の下で、「二元代表制」論は、議会・議員側に新たな意味を持ち始めた。第1に、実態として首長が優位する首長制に対して、議会・議員側の力を、首長とより対等に近づける主張である。首長と議会・議員は、「同じ」代表だから、「同じ」くらいの権力を持つべき、と主張する。また、第2に、首長側が進めている住民参加による住民との直結に対抗する主張である。住民の意向を踏まえて作成した首長の事業・政策・条例案であっても、議会・議員側は、住民の声をバックにすれば、審議し、批判し、修正できる。

前述のように、二元代表制論は、もともと首長側を強化する論拠であったわけだが、今日では、「二元代表制」論は、むしろ議会・議員側の復権のための論拠になりつつある。議会・議員が「二元代表制」論を旗幟にして、自らの役割を再構築し、首長に対してバランスを回復しようとすることは、充分に合利的かつ有意味である。

2　住民直結型議会は可能か

(1)　議会・議員の立ち位置

「猿は木から落ちても猿だが、議員は選挙に落ちればただの人」（大野伴睦）という「格言（?・）」がある。この格言の意味するところは、結構、含蓄が深い。第1に、議員の正統性は選挙で当選したことにある。第2に、当選した議員は、「ただの人」とは異なる。この側面を重視すると、議員は「ただの人」と違う「偉い人《エリート》」になり、「議会人」という「特権」身分になる。第3に、結局は「ただの人」と同じである。この側面を重視すると、議員と住民との同質性が強調される。「ただの人」だから、住民と相互・対等に意見交換をするのは当たり前である。

旧来型の議員は、4年に1回の選挙のときだけまじめに、毎朝、駅前・街頭などに立って頑張るし、住民とにこやかに接触しようとするが、当選すると「議会人」という「偉い人《エリート》」になってしまい、住民とは接触しなくなる。第1点、第2点を自意識しすぎである。しかし、第3点を強調すれば、日常的に住民と接触して意見交換することを重視し、住民参加にも好意的になる。また、第1点も、4年間の日常的な住民との接触が選挙運動そのものであることが、体感されるようになる。「二元代表制」論を掲げて首長に対抗するには、住民と直結する首長以上に、議員自らが住民と直結できなければならないのである。

(2)　住民直結の意味

①　一部支持住民との接触

旧来型の議員も、後援会や支持者団体との接触は頻繁である。新年会、冠婚葬祭、運動会、卒業式・入学式などの場面で住民と接触するのは普通である。また、住民からの様々な要望・意向を取り次ぐ陳情・口利きは、当たり前の仕事であった。こうした実感こそが、「議員こそが住民代表である」という「代表観」を支えてきた。

しかしながら、このような昔ながらの住民直結では、「二元代表制」論の下での住民直結にはならない。支持者・支援者という限られた「身内」にだけ接しているのでは、住民「全体」を代表できない。むしろ、個別利益をゴリ押しする存在となり、かえって、住民全体の一般的利益（＝公益）を主張する首長に対して、立場を弱めてしまう。また、冠婚葬祭などで社交や親睦を深めても、住民を代表したことにはならないことも多い(6)。

そもそも非公式の接触では、公開性・公平性もなければ、公正性も公共性も確保されない。したがって、議員が、「二元代表制」の一翼を担う代表となるためには、ただ手近な一部住民と直結すればよいというのではなく、公開性・公平性のある舞台装置が必要である。一番単純には、首長（執行部）側が行っているように、議会・議員が公式に主催する住民参加の会議体を構成することが、肝要である。

小括

現実には、議会が住民参加の装置を設けることは、極めて困難である。その困難にはそれなりの理由がある。しかし、住民との直結した舞台をつくれない限りは、議会・議員は、首長という主役に対しての単なる脇役あるいは悪役・敵役のひとりにすぎない事態は変化しないだろう。個別議員（あるいは政党）と後援会・支持者との関係を

(6) もちろん、地域の祭りが、自治体運営にとって大きな政策的争点になることもある。オリンピック・万国博覧会などのイベントや見本市《メッセ》などは、祝祭の様相を帯びる。また、祭りは、コミュニティ意識の醸成という点からも、観光資源という点からも、行政運営の関心事になることも多い。2018年には、徳島市が阿波踊り運営の累積赤字をめぐって、大きな市政の争点になった。

超えて、議会として住民との直接的な関係を構築する動きもないわけではない。議会・議員が全体としての住民との直結を回復するときに、「二元代表制」論は実体を伴うことになろう。

第２節　首長・議会間の力学

はじめに――名古屋市・阿久根市の事象から

２０００年代には、自治体レベルでは首長と議会が衝突する事象が耳目を集めた。その代表例が、名古屋市と阿久根市である。前者では、実質的に河村市長が主導する議会解散の直接請求がなされ、２０１１年2月6日の住民投票の結果、名古屋市議会は解散に追い込まれた。同日の市長出直し選挙でも、河村市長は圧倒的な強さを見せた。２０１１年3月13日の市議会議員選挙では、首長政党「減税日本」が、過半数には達しなかったものの第1党となった。その意味では、市長側有利に情勢が進んだ。

後者では、竹原市長と市議会が不信任議決、選挙という動きを繰り返しながら、市長と市議会多数派がしばらくの間、それぞれに権力を保った（序章第3節）。しかし、市長解職の直接請求が提起され、市長は解職投票で解職に追い込まれ、さらに、２０１１年1月16日の出直し選挙でも現職・竹原市長が敗れた。その意味では、２０１１年2月20日に市議会解散の住民投票は成立したとはいえ、市議会側有利に情勢が進んだ。

首長と議会が睨み合えば、相互に決着を付ける方法はない。そして、両者が妥協できなければ、首長側が勝つか、議会側が勝つか、選挙で決着を付けるしかない。もちろん、有権者が首長・議会多数派を、それぞれを勝たせることで、膠着状態を続けることもできる。しかし、ある段階で、住民がどちらかを勝たせるという投票行動をすることで、対立は解消されることもある。戦後日本の自治体制度は、このような政治の運用を生じさせ得る。

1　衝突の例外性――なぜ、普通の自治体では、首長と議会はあまり衝突しないのか――

(1) 総説

現代日本では、首長と議員とが、それぞれ住民から別次元で選挙される二次元的公選職制を採用している（本章第3節で詳述）。別々に選挙されているからといって、首長と議会という2つの代表機関が当然のように成立するわけではないので、二元代表制とは言えないと本書では考えている。ともあれ、首長も議員も、それぞれが住民から支持されればよいのであって、相手方の言うことを聞く必要は全くない。そのため、首長と議会とは本質的には衝突し得る制度である。むしろ、今まで、名古屋市や阿久根市のような派手な衝突が起きなかったことの方が、不思議である。それどころか、オール「与党」の首長の下で、首長と議会の馴れ合いによる議会審議の停滞や首長選挙の無風状態が、長らく宿痾として指摘されていた。

二次元的公選職制で選出される議員からなる議会と首長が、あまり衝突をしなかった理由は、いくつか考えられる。

(2) 有権者・住民の同一性

第1に、同じ有権者集団から選挙される以上、首長と議会多数派の発想は基本的には似ることが多い。もっとも、完全に常に同じならば、首長選挙と議会選挙を別個に行うことは無意味である。とはいえ、多少の偏差はあるから、全体は同じ方向を向きつつも、ときには衝突を生みつつ、大勢としてはあまり衝突にはならない。

(3) 和の政治文化？

第2に、日本社会の和を尊ぶコンセンサス政治文化がある。つまり、日本人、特に、伝統的なコミュニティ社会では、明白な対立は嫌われ、なるべく協調と融和に努めるという文化があると考えられている。

(4) 協調と衝突の損得計算

第3は、首長と議員（より正確には議会多数派）の損得から説明する。協調した方が衝突するよりも、両者にとって有利だからというものである。これは、ゲーム論的に説明されることが多い。首長・議会多数派は、それぞれに協調戦略・対決戦略を採るとして、その利得のあり方によって、首長・議会関係が決まる。

例えば、表1－1のような状況だとしよう。首長も議会も対決戦略を採ると、デッドロックの衝突状態になり、何も決められない。だから、両者ともに何も得られない（0，0）。首長が対決姿勢をとり、議会がそれに屈服して協調を選ぶと、首長主導状態になる。首長はやりたいことが全部できるが、事業が実施されるので、議会にも多少のおこぼれはあり得るので（10，2）の利得になる。反対に議会が対決姿勢をとり、首長

表1－1　協調戦略を生む状況

		議員（議会多数派）の戦略	
		対決	協調
首長の戦略	対決	衝　　突（0，0）	首長主導（10，2）
	協調	議会主導（2，10）	融　　和（8，8） ま た は（8，5）

がそれに屈服して協調を選ぶと、議会はやりたいことが全部できる議会主導状態になる。ただ、事業は実施されるので、首長にも多少のおこぼれはあり得るので（2，10）の利得となる。両者が協調すると融和状態になる。両者ともにやりたいことが全部できるわけではないが、妥協によって（8，8）などの利得になる。実際には首長側有利なことが多いので、（8，5）くらいかもしれない。

このような情勢予測（「利得行列」という）のとき、首長と議会多数派は、損得計算する。首長としては、対決戦略を選ぶと10を得られるかもしれないが、0かもしれない。協調戦略のときには、2かもしれないが8かもしれない。最悪の事態（＝0）を避けたいならば、協調戦略を選ぶ。議会多数派も同様の損得計算をする。最悪の事態（＝0）を避けたいならば、協調戦略を選ぶ。両者がともに協調戦略を選ぶから、結局、融和状態が生じる。

(5) 最悪回避の政治文化

なぜ、最悪の状態を回避する発想を採るのかは、それぞれの性格とか好みである。それが、首長と議員で共通する場合には、政治文化と言えよう。しかし首長も議会多数派も、最悪の事態を回避するという発想ではなく、最高の事態に賭ける発想で行動をするかもしれない。改革志向の起業家的人物は、リスクを厭わない。そもそも、政治家などは選挙という危険な賭に挑戦する性格の人物である。そのときには両者ともに10の可能性のある対決戦略を選び、結局のところ衝突状態になって、0しか得られない。

ただ、首長と議会多数派は4年間、同じメンバーで付き合うので、繰り返しゲームとなる。そうすると、（0，0）よりは（8，8）または（8，5）がマシであることは、時間が経つうちに見えてくる。したがって、融和状態が、ウィン・ウィンであるということに気付く。だから、選挙直後には衝突状態になっても、そのうち融和状態に変遷していく。最高の状態を目指すとしても、自分だけに都合のよい（２，10）または（10，２）は政治的に安定しない以上、現実的な最高状態は８である。ならば、相互に裏切らないように話を付けて、協調戦略を互いに採るのが合利的なのである。ときの経過とともに、最悪回避の政治文化が形成される。

２　首長と議会の衝突

(1) 抑制均衡の理念と分割投票

二次元的公選職制の下で衝突が起きるのは、２の反対の推論によって、説明が可能である。

第１に、わざわざ２つの機関を独立させて設置している以上、むしろ、権力分立の抑制均衡《チェック・アンド・バランス》を期待している。有権者・住民は、このような制度理念に基づいて、あえて異なる投票行動をする（分割投票）。その結果、衝突と対立が起きるのも、想定の範囲内であり、好都合である。

(2) 政治文化の変容

第２に、政治文化の変容が見られるのかもしれない。すなわち、協調と融和を好む人間は減少し、対立と衝突を好むようになった。また、ゲーム論からすれば、安定志向で最悪を回避するという発想から、最善に賭ける賭博志向の人が増えたのである。１９９０年代半ば以降、「失われた20年」は、人々の賭博志向を刺激した。そこでは、戦国時代や幕末維新のアナロジーで、改革派対守旧派、政治主導、官邸対抵抗勢力、政権選択、「決められる政治」「一強」などのように、衝突を厭わず決断を志向することが、拍手喝采を得るようになった。

(3) 協調と衝突の損得計算

第3に、社会経済・政治行政状況の変化から、利得行列の状況が変わったと見ることもできる。例えば、表1－2のような状態を想定できる。

ポピュリスト首長は、議会が守旧している既得権益に切り込もうとしているとしよう。議会と融和したらある程度の既得権益を守る（8または7）ことになるので、利得は非常に悪く0（または1）である。もちろん、議会主導になったら最悪（－2）である。議会を屈服できれば既得権益の解体ができるので、利得が10見込める。しかし、議会と衝突してしまえば行政改革は進まず現状維持になるので、利得は0である。このようなときに、首長は最悪（－2）を避けようとしたら対決戦略を採るしかない。また、最善(10)を目指しても、対決戦略になる。議会多数派は、最悪（－2）を避けようと思えば対決戦略を選び、最善(10)を目指しても対決戦略を選ぶ。こうして、結局、両者は対決戦略を選ぶので、衝突状態が生じる。

しかも、繰り返しゲームでも、衝突状態は変化しない。なぜならば、衝突状態では行革が進まず現状維持になるが、融和状態でも行革が進まず現状維持になるので、結局のところ、違いがない。つまり、融和状態でも衝突状態でも、結局、両者ともに利得が変わらないのである。むしろ、自分だけが協調に転じて、相手方が対決戦略のままだと大きな損失を生みかねない。このようなメリットの期待できない危険は冒さない方が、合利的である。こうして、衝突状態が、結構、長期的に持続されるのである。

表1－2　対決戦略を生む状況

		議員（議会多数派）の戦略	
		対決	協調
首長の戦略	対決	衝　　突（0，8）	首長主導（10，－2）
	協調	議会主導（－2，10）	融　　和（0，8） ま た は（1，7）

戦後日本の首長優位を前提とすれば、表１―３のようかもしれない。首長は議会と衝突をしても、人事異動・予算削減や専決処分によって、ある程度の行政改革が可能である（４）。融和したら全く行革はできない（０）である。ならば、最悪（－２）を避ける発想でも、最善（10）を目指す発想でも、首長は対決戦略を選択する。議会も同様であるので、結局は衝突状態になる。長期的にも首長は融和状態より衝突状態がよいので、首長は議会との対立を煽る。

３　制度万能論の限界

(1)　制度で解消？

このように、二次元的公選職制という同一の制度であっても、有権者の行動、政治文化、首長・議員の損得計算、損得計算に影響する社会経済行政的状況などによって、生じる現象は異なる。したがって、首長と議会が衝突状態になったとしても、それが、制度が原因であるとは直ちにはならないし、制度改革で解消できるとは限らない。

首長と議会の衝突を制度的に排除するのは簡単である。首長または議会を廃止すればよい。前者は、例えば、シティマネージャー制度である。議会が選任するマネジメントのプロをシティマネージャーとして雇い、それに日常的行政運営をさせればよい。気に入らなければ、議会はマネージャーを解任する。後者は、過激な制度論に聞こえるだろう。しか

表１―３　首長優位の対決戦略を生む状況

		議員（議会多数派）の戦略	
		対決	協調
首長の戦略	対決	衝　突（４，４）	首長主導（10，－２）
	協調	議会主導（－２，10）	融　和（０，８）

し、首長選挙と同時に議会選挙を行い、首長派が議会で常に多数を獲得できるようにボーナス議席を付与すれば、常に、首長は議会を掌握できる。こうなれば、議会は廃止されたのも同然である。

(2) 政治状況と利害対立

しかし、制度改革をしても、衝突を生むような政治状況が消えるわけではない。また、消えることが望ましいとも言えない。重要なことは、どのような質の衝突が生じ、どのようなメリット・デメリットが住民生活に生じているかを明らかにすることである。例えば、衝突の結果、違法な処理が横行するとすれば、それは適切とは言えない。しかし、衝突の過程で、これまでは明らかにされてこなかった様々な利権構造が、住民に情報開示され、住民の議論の対象になるのであれば、それは望ましい。しかし、衝突が、一部の悪者を仕立てたり、かなり怪しいデマとフェイクとプロパガンダの応酬となるのであれば、地域民主主義の質を害している。

最終的には、首長と議会の衝突を解消し得るのは選挙である。首長派が首長政党を組織し、議会過半数の獲得を目指す。あるいは、議会多数派が擁立する首長候補が、現首長に勝利することを目指す。こうなれば、表面的には衝突は投票行動によって解消される。ただ、その過程が、ポピュリスト選挙と翼賛体制を生み地域民主主義の質を害するのか、首長派対議会多数派の政治競争を促して地域民主主義の質を高めるのか、予断は許さない。

4　首長と議会の衝突・対立

(1)「対立」の出現

首長がいろいろな「改革」を進めようとするとき、議会との「対立」が発生し、しばしば、それが尖鋭化する。こうした「対立」が生じると、しばしば、「対立」それ自体が悪いという判断に傾きがちである。あるいは、「改革」派である首長の足を引っ張る議会は、抵抗勢力の悪役として、非難の対象となりやすい。

しかし、自治体制度で予定されている「対立」とは、権力分立的な抑制均衡《チェック・アンド・バランス》である。首長意思と議会意思という形で、複数の民意が自治体において「見える化」される仕組は、単一の多数派民意による暴走を防ぐ意味もある。その意味で、「対立」の出現は、むしろ望ましい事態なのである。

(2)「対立」の鑑別

首長・議会関係は、協調していれば「馴れ合い」「擦り寄り」と批判され、対立すれば「停滞」「不毛な争い」と批判される。それゆえ、真に重要なことは、表面的に発生している「対立」は、よい対立なのか、悪い対立なのか、鑑別することである。さらに、悪い対立の場合には、首長に非があるのか、議会に非があるのか、両者に非があるのか、制度に非があるのか、鑑別することが必要である。このような鑑別をせずに、「対立」を全て悪いものとしてしまっては、自治体の健全な運営は望めない。

(3)鑑別基準

こうした鑑別基準は、今日まで具体的に明示されることは少ないが、通常の実践活動のなかで、暗黙のうちに持

たれていることが普通である。筆者の観察するところ、例えば、

○「対立」があったとしても、予算は必ず執行できる状態でなければならない。暫定予算であっても、とにかく予算が成立していないという日があってはならない。

○「対立」は、首長と議員たちの面子や人格的な嫌悪から生じるものであってはならない。もちろん、最終的な信頼関係を左右するのは面子や人格であるとしても、少なくとも、公式の議論では、別個の、政策的あるいは手続的な理由からの議論で正当化されなくてはならない。

○「対立」しているからといって、違法行為をしてはいけない。「対立」はあくまでルールの下になければならない。もちろん、合法性・違法性の解釈に関して「対立」が起きることは避けられない。しかし、そのような法的解釈の「対立」は、係争処理機関や裁判所によって決着が付けられたならば、両者はそれに従う責務がある。

○「対立」は政治的に決着を付けるべきものである。すなわち、両者で徹底的に話し合うのが基本である。そして、最終的には有権者の選挙によって決せられるべきものである。国・県などの「上部」団体に「助け」を求めてはならない。ましてや、制度改革を自分に有利なように求めることがあってはならない。

などであろう。

(4)「対立」と制度改革の可能性

自治制度改革を検討するには、最低でも以下のような段階的鑑別が必要である。

第1に、悪い対立かの鑑別が前提である。第2に、悪い対立が発生しているとしても、多数の自治体で発生していないとすれば、一国の自治制度として、許容できるかどうかの鑑別が必要である。第3に、悪い対立は、①制度

が原因か、②別の要因が作用しているのか、を鑑別する必要がある。

第4に、制度が原因であるならば、制度の弊害を除去するように、制度改革を立案する。第5に、別の要因ならば、その要因を除去すべく、解決策として寄与する新たな制度の立案が求められる。第6に、その際に、新たな制度によって、よい対立までなくしてしまう副作用が生じないか、冷静に衡量されなくてはならない。

第7に、制度改革は、一国全体で一律になされるべきか、悪い対立を生じさせている特定自治体にのみ適用すれば済むものか、鑑別が必要である。第8に、特定自治体での特注制度が必要だとして、当該自治体の条例による個別制度とするのか、国が特定自治体にのみ実質的に適用するのか、という区別も必要となる。

段階的鑑別を経ることで、制度改革議論が、首長と議会の表面的な「対立」という政局から解放され、合理的かつ公平なものとなろう。そもそも、制度改革論議自体が、「対立」状況のなかでは政治的・政局的に提唱され得る。自己に有利なようにルールを変えようとするのは、政治では当たり前である。そのような「対立」を奇貨として、国政政治家や自治制度官僚が政局的に制度改革論議を始めることもある。こうした事態を回避すべきである。

小括

首長と議会の「対立」が尖鋭化したとしても、そこから直ちに制度改革論議に移行するのは、論理の飛躍である。もちろん、尖鋭化している「対立」のうち、悪い対立が発生している可能性もあろう。その意味で、個別自治体の政治行政状況に関して、それぞれの是非の鑑別こそがまず重要である。自治制度改革論議は、「およそ自治体では…」という一般論にとどまってはならないし、単なる、「最近、多くの自治体では△△という望ましくない対立事態が各地で頻発しており…」という事例（悪例）論に基づくものにとどまってもならない。個別自治体の「対立」状況には、それぞれの事実観察に基づいた分析と鑑別が求められている。

第3節　二元代表制論批判——討議広場代表制論

はじめに

今日では、二元代表制という用語または標語は通説となっており、自治体議会改革などの実践でも広く使われている。しかし、二元代表制の定義は必ずしも唯一ではない。言葉を使う人間によって、学問上あるいは実践上・運動上で、適宜なされているにすぎない。

言葉が人口に膾炙してくると、当初は、その言葉にいろいろ意味や理念を込めて使われてきたものが、徐々に無批判あるいは無前提に使われる枕詞となってくる。そこで、今一度、慎重にこの言葉を批判的に吟味する必要があると思われる。

1　二元代表制の意味内容

(1) 二元代表制と一元代表制

戦後日本の自治体制度が二元代表制であると言われるのは、首長と議会議員をそれぞれ別個に住民が直接選挙で選出することに着目している（二次元的公選職制）。

二元代表制に対置されるのが一元代表制である。これは、議会議員を住民が直接選挙で選出し、その議会によって首長が選出される制度である。「首長間接公選制」とも言う。これは、戦前の市制・町村制の基本的なパターンである。この場合、住民は首長を直接選挙で選出できず、議会選挙を通じて、間接的に選出する。

(2) 大統領制と議院内閣制

二元代表制という記述用語が発明されるまでは、「大統領制」とか「アメリカ型大統領制」などと呼ばれることもあった。この意味での「大統領制」に対比される用語が、イギリスを典型とする「議院内閣制」である。議院内閣制では、国民は下院選挙では直接に議員を選挙するが、首相あるいは内閣を直接に選挙することはできない。下院選挙での多数派が、首班指名を経て内閣を組織する。ちなみに、戦後日本の国政制度は議院内閣制とされている。つまり、二元代表制・一元代表制とは、諸外国の国政比較における大統領制・議院内閣制を、戦後日本の自治体レベルに適用するための言い換えという面がある。

ところが、現実の各国の国政制度も、結構、多様である。国民から直接選出される大統領制といっても、議会下院の信任に依拠する首相・内閣を組織するフランス（第五共和制）型もある。あるいは、大統領が議会下院選挙とは別途に選出されているとしても、大統領には実質的な行政権がないために、実態は議会下院によって選出される議院内閣制となっている、ドイツ・イタリアなどのような国もある。というわけで、単純な大統領制・議院内閣制という用語では、内容が混乱しやすい。

一元代表制・二元代表制という用語は、特定の国をイメージする大統領制・議院内閣制という用語に比べて、記述のポイントが明確である。住民・国民からの直接選挙が、議会選挙のみの1回路か、議会選挙・首長選挙の2回路か、という点が区分の基準である。その意味で、単純明快な記述概念なのである。しかし、その単純さのゆえに、いろいろと記述上の問題も孕んでいる。

2　国政制度の記述上の疑義――二院制について――

(1) 議院内閣制＝一元代表制？

通常の理解では、戦後日本の国政制度は「議院内閣制」であるが、それは一元代表制と呼べるであろうか。確かに、首相や内閣を国民は直接に選挙することはできない。その意味では、二元代表制ではない。

しかし、国民からの直接選挙の回路は、２つないしは３つである。なぜなら、衆議院と参議院の二院制であり、選挙の回路は２つである。さらに、参議院は半数改選制であるから、国民の直近の多数派民意が示される選挙の回路は３つである。衆議院の多数派と参議院の多数派とは異なり得る。これが「ねじれ国会」である。

(2) 国も自治体も二元代表制？

二院制の場合、下院が優越することで、首班指名・内閣構成・大臣問責や予算議決・条約批准での支障が生じないようにすることがあり、戦後日本の国政制度もそうである。衆議院と内閣の関係は、一元代表制である。とはいえ、二院制が厳然たる憲法上の制度である以上、そして選挙の回路は２つないし３つある以上、国政制度を一元代表制と言いきれない。

では、国政制度は二元代表制と言えるのか。確かに、衆議院多数派＝内閣と参議院という２つの直接選挙の回路があるという意味で、二元代表制的でもある。その意味では、戦後日本は、国・自治体を通じて、二元代表制という共通制度を持っていると言えるかもしれない。

しかし、自治体における首長直接公選制を含意した二元代表制と、二院制の議院内閣制である国政とを、同じ用語で呼びにくい。国政の最大の特徴は、衆議院多数派つまり与党が、首相を交代できることである。二元代表制とは、首長を住民の直接選挙を経ずに交代させられないものならば、国政制度は二元代表制ではない。戦後日本の国政制度は、一元代表制とも二元代表制とも、何とも表現しにくい。

3　自治体制度の記述上の疑義（1）――首長二元的信任制について――

(1)　首長の不信任議決制について

教科書的な自治体制度の解説では、「議院内閣制的な要素が加味されている」とされることが普通である。自治体議会は4分の3の特別多数によって、首長の不信任を議決できる。不信任議決を受けたら、首長は辞職するか、議会を解散する（辞職も解散もしなければ単に失職する）。この制度設計は、議院内閣制的である。つまり、首長は、議会の4分の1強からの信任がなければ、その職にとどまれない。解散後の議会選挙の結果、再び議会が不信任を議決すれば、首長は失職する。つまり、議会選挙によっても、首長の信任が争われる。この点も議院内閣制的である。

⑵　議会と住民の双方からの信任

もっとも、議会は首長を失職させることはできても、自ら積極的に首長を選出できない。したがって、議会多数派が首長や内閣を選出できる議院内閣制とは同じではない。

首長の地位は、住民からの直接選挙で信任を得ることと、議会議員からの最低限４分の１以上の信任を得ることと、《二重の信任》に支えられている。いかに住民からの直接選挙で勝とうとも、４分の１以上の与党的な議員勢力を構成できなければ、その地位は持続できない。つまり、制度的に与党を必要とする。本当にオール野党では、首長の地位は保てない。このことを、本書では「首長二元的信任制」と呼んでおこう。

首長二元的信任制と二元代表制は、一見すると似ている。どちらも、首長は住民からの直接選挙によって選出される。しかし、重要な違いもあり得る。二元代表制とは、首長は住民代表として、住民からの直接選挙による民主的正統性を得ているので、議会からの信任を必要としない、という含意を持つ。首長二元的信任制とは、首長は住民と議会の双方からの信任を必要とする。首長二元的信任制でもある現行制度を、二元代表制と表現することは、議会の不信任議決の余地を狭く理解する意図が込められうる。

4　自治体制度の記述上の疑義（２）——首長二元的信任制と予算について——

⑴　弱い首長二元的信任制

首長二元的信任制とはいえ、議会の過半数の信任を必要とするわけではないから、大した信任は必要とはしていない。不信任を積極的に議決しようとする確信的な野党＝反首長派議員が、４分の３に達するほどいなければよい。

4分の1の議員が、必ずしも積極的な与党＝首長派議員である必要はない。つまり、首長二元的信任制でも、強い信任を議会から求められているわけではない。

(2) 予算という二元的信任制

① 国政における予算

前述のように、選挙の回路が複数なので、多数派民意が異なる可能性が常にある。国政で言えば「ねじれ国会」であり、自治体で言えば「少数与党議会」「オール野党議会」である。執行部側と野党が合意できなければ、政治は沈滞する可能性がある。そこで、国政制度では、予算は衆議院のみの議決で成立する。「ねじれ国会」でも予算だけは、必ず可決できる。

② 二元代表制論に基づく自治体における予算

では、自治体制度はどうであるか。首長と議会多数派が深刻な対立をしたときに、議会が予算を否決したら、あるいは議決自体をしなかったら、首長は予算を専決処分できるべきであろうか。この点は、いわゆる「阿久根市問題」とも絡む非常に難しい問題である。しかし、ものの考え方は単純である。

二元代表制論の側面を重視するのであれば、住民生活への支障を避ける観点から、かつ、首長はそれ自体として住民代表として負託を受けていて、充分な民主的正統性があるから、首長が単独で予算を決定できるべき、と考えることになる。その制度設計は、いろいろな方法がある(7)。

例えば、第1に、議会が予算を否決した場合などには、首長に原案執行権を付与する。第2に、暫定予算執行権を付与する。第3には、首長に予算の専決処分権を認める。第4に、予算否決などは首長への不信任議決と見なして、議会を解散する。議会解散中には、議会は審議できないから、首長は予算を専決処分する。もっとも、この第4の制度設計だと、議会の過半数で不信任議決と扱われるから、首長二元的信任制の要素も強化される。

③　首長二元的信任制論に基づく自治体における予算①——予算再議と再議決

首長二元的信任制の側面を重視すると、首長は単独では予算を決定できない。首長は、あくまで議会過半数からも信任を得なければならず、議会議決を得ない予算は執行できない。つまり、予算の原案執行や専決処分はあり得ない。

予算は、予算編成（調製・提案）権が首長に専属しているから首長が納得しているとともに、議会の議決を得ている。つまり、首長からも議会からも同意されている。また、そのような予算を編成した首長は、直接選挙した住民からだけではなく、予算編成の結果として、議会多数派からも信任に値する人物だとされたことになる。その意味で、議会過半数の信任という、強い首長二元的信任制になる。

(7)　首長には義務的予算執行権を付与するという制度設計もある。自治体に法的に義務付けられている仕事をすることは首長の義務であり、議会はそのための予算を議決する義務がある。つまり、首長も議会も法令上、義務的予算の編成・議決・執行の義務があり、それに反することはできないと考える制度設計である。もっとも、この制度設計は、自治体の法的義務という観点からの正当化であり、首長が住民代表として信任を得ていることに依拠するものではない。官選首長であっても、この理屈では正当化可能であるし、むしろ、国の法令の執行義務という観点からは、官選首長の場合の方が、義務的予算執行権を認めやすいだろう。なお、条例に基づく義務的予算執行権にまで拡張すれば、自治体議会自体が承認した条例に基づく義務を首長が執行するのは、議会の意思を前提にしているので、議会が住民代表である点を根拠にすることになる。この場合も、首長が住民代表という点に依拠するのではない。

その制度設計にも、いろいろなオプションは考えられる。例えば、第1に、議会が予算を否決・修正などしたら、首長に再議に付す権限を与える。もっとも、再議の後どうなるのか、という問題はある。首長二元的信任制を重視するならば、議会の特別多数であっても議決はできず、両者が合意するまで予算は決定できない。

現行制度では、予算の過半数議決に異議があるときに首長は再議に付す一般的再議権が認められているが、議会は3分の2以上の特別多数で確定的な議決ができる。つまり、議会の3分の2以上の多数派は、首長の意思に反して予算議決を一方的に確定できる。これは一見すると、首長二元的信任制的でも二元代表制的でもなく、一元代表制的ですらある。しかし、そうとも言いきれない。確定した予算議決は歳出権限を首長に付与するものであり、歳出義務を首長に課すものではない。首長として納得できない確定予算部分は、首長判断で予算執行しない。となると、結局は特別多数議決でも首長に予算執行を強要できず、議会と首長の両者の意思の合致が予算執行には必要である。その意味で、依然として首長二元的信任制的である。

④ 首長二元的信任制論に基づく自治体における予算②――減額修正と増額修正

第2に、予算の減額修正は認める。要は、首長が編成した予算には、議会が信任できる部分と信任できない部分があるので、信任できない部分は減額修正する。すると、減額修正後の予算は、首長と議会の双方が認めた内容となる。一方当事者だけの信任しかない予算は認めない。

第3は、予算の増額修正は実態としては認められない。この理由も同じである。議会が増額修正した部分は、首長が予算編成時には認めなかった部分である。したがって、首長二元的信任制の観点から言えば、増額修正部分を議会だけの意思で首長に執行を求めることはできない。

制度的に議会による増額修正権を否定する必要はない。なぜならば、首長が納得できない増額部分は、首長判断で予算執行しないだけである。また、議会の増額修正を受けて首長が考えを改め、納得して執行するかもしれない。その意味では、制度的には議会による予算の増額修正権があった方が、首長二元的信任制に適合する。

5　自治体制度の記述上の疑義（3）――副首長二元的信任制――

(1) 副知事・副市区町村長

都道府県の場合には副知事が、市区町村の場合には副市区町村長（かつては助役）が、それぞれ置かれている。副知事・副市区町村長を総称して、本書では副首長と呼んでおこう。副首長は、首長の補助機関ではあるが、他の首長部局の組織・職員とは異なり、自治体の政権中枢を構成する機関であり、別格である。

制度的にも、一般職とは異なる特別職として扱われており、一般職のような資格任用制的な能力実証による任用は想定されておらず、むしろ政治任用に服する。４年の任期制なので、選任時期によっては首長任期との乖離が生じるが、基本的には首長と命運をともにする関係にある。首長は副首長をいつでも解任できる。また、事務と政務の接点とも言えるが、実態上も、政務職的ポストとして運用されている。内部昇進職員が就くにせよ、出向職員が就くにせよ、単なる事務職ではなく、政務的な動きをせざるを得ない。政務である以上、広い意味での民意の信託を受けた代表として行動しなければならない。

(2) 副首長の議会同意人事の意味

① 参与・顧問・特別秘書と副首長の違い

副首長は、首長が議会の同意を得て選任する。副首長は、首長の最も直近の部下であり、政務職的な補助機関であるが、首長が自分の一存で自由に政治任用できない。二元代表制論のもと、首長の政権幹部として、首長の腹心になることが期待されているならば、現行制度には大きな不備がある。

実際、しばしば首長が自らの腹心の人間を外部から政治任用しようとすると、議会から同意を得られないことがある。議会からすればある意味で当然で、首長と議会の権力バランスを抑制均衡させるためには、副首長に首長腹心の強力な人物を据えるわけにはいかない。

結果として、首長は腹心を政権に入れるためには、首長が一存で任命あるいは委嘱できるような、参与・顧問・特別秘書のような制度を使わざるを得ない（図1—2）。副首長と異なって、参与・顧問・特別秘書は、あくまで首長のブレーン・スタッフであるから、部局長以下各部局への指揮命令のラインには組み込みにくい。したがって、参与・顧問・特別秘書に首長腹心を据えたとしても、副首長に据えられた場合に比べれば、はるかに影響力は限定される。にもかかわらず、参与・顧問・特別秘書が辣腕を揮おうとすれば、指揮命令系統が混乱するなどの批判が生じ、一定の摩擦が発生する。

図1—2　共通集合としての副首長

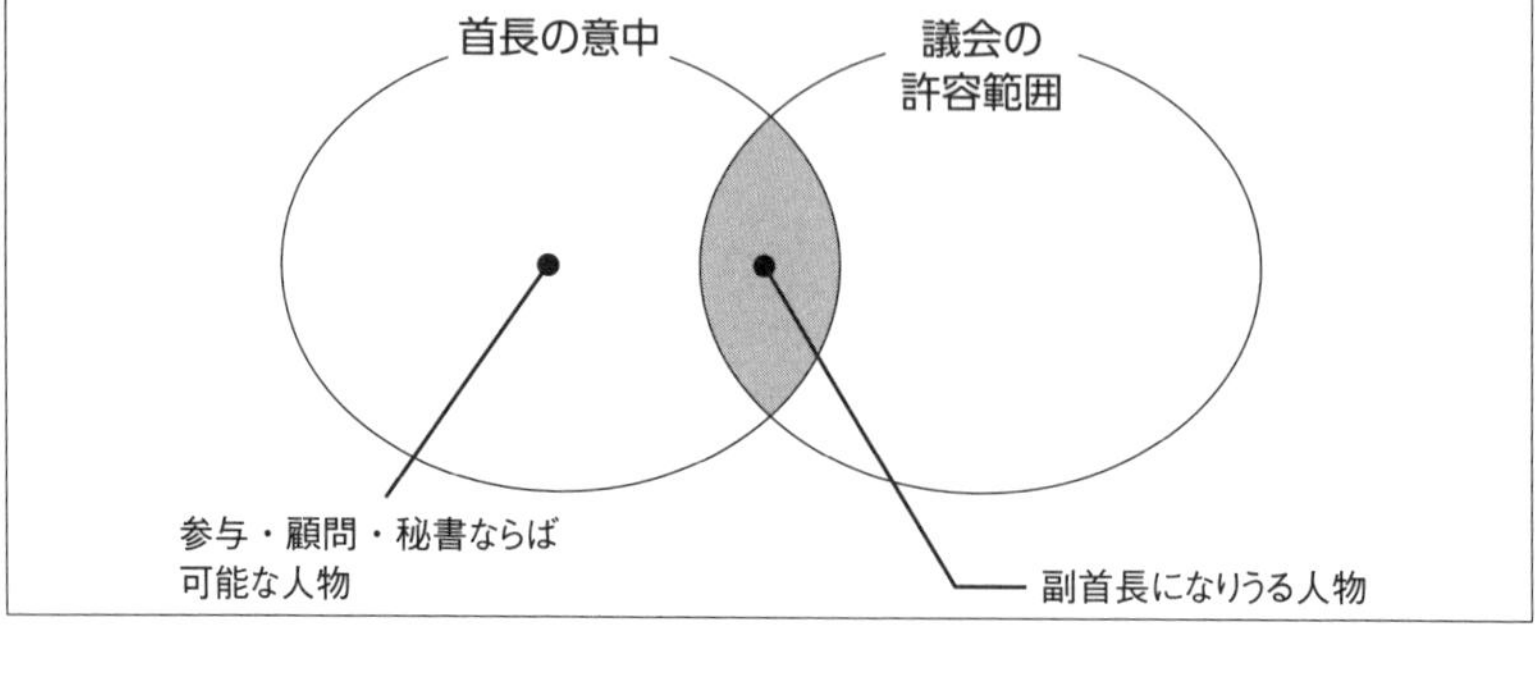

② 「コアビタシオン」の否定

副首長は、首長が選任するから、首長の意に沿わない人物が登用されることはあり得ない。議会多数派が、特に反首長的スタンスをとる議会「野党」多数派が、首長を押さえ込むために、首長の気に入らない人物を副首長に押し付けることもできない。その意味では、フランス第五共和制で見られる「コアビタシオン」（大統領が議会多数派＝野党系首相と共生せざるを得ない状態、日本の自治体の文脈で言えば、首長が議会多数＝「野党」系副首長と共生せざるを得ない状態）は生じない。コアビタシオンとは、少なくとも、副首長までは議会からの一元代表制が採られているときに限る（図１－３）。

日本の自治体の場合には、副首長が空席のままでも運営できる。議会多数派に媚びを売ってまで、意に沿わない副首長を提案する必要は、首長にはない。首長は副首長をいつでも解任できるので、反首長派の議会多数派が副首長を押し付けても、いつでも解任されてしまう。戦後日本の副首長制度は、「コアビタシオン」を期待してはいない。

③ 副首長二元的信任制

結局のところ、政務職的な特別職である副首長は、首長及び議会の双方から信任されなければならない。これを「副首長二元的信任制」と呼んでおこ

図１－３　コアビタシオン

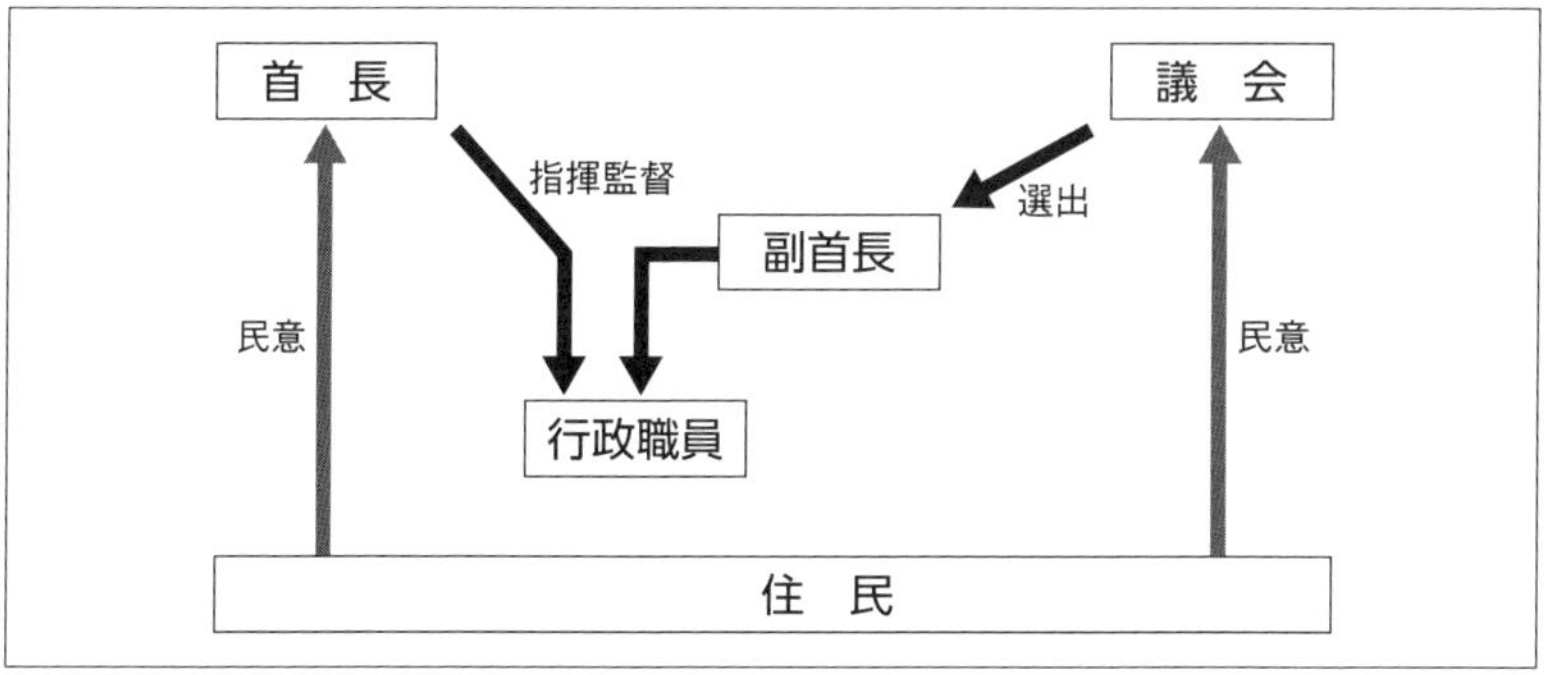

う（図1－4）。戦後日本の自治体制度は、弱い首長二元的信任制の上に、予算にも二元的信任制が組み込まれているが、それに加えて、副首長段階でも強い二元的信任制が重畳されている。異なる選挙という回路で、いったんは2つに分かれて示された民意が、副首長制度によって、不断に再統合を確認される仕組となっている。

しばしば、首長選挙によって、議会多数派が推す候補を破って新首長が当選すると、副首長選任をめぐって首長と議会の衝突が発生する。

新首長は、信頼できる人物を副首長に選任しようとするだろう。首長選挙で激突した議会多数派は、反首長色すなわち「野党」色を強め、新首長とは対決姿勢を示す。新首長の思いどおりには政権運営はさせまいとして、副首長候補が「首長色」が強い人物であれば、副首長選任同意議案を否決する。新首長が議会側と対決姿勢を続けるのであれば、副首長の選任ができないまま、いわゆる「片肺飛行」を余儀なくされる。

しかし、しばしば、首長は、議会が承認するような「無色」の人物を提案する。例えば「中立」的でそつがない仕事ぶりで出世街道を駆け上がってきた能吏を内部昇進させたり、全然しがらみのない出向官僚を呼んできたりするのは、そのためである。こうして、2つに分かれた民意は、「政無色」を装う政務職たる副首長で、何とか再統合が果たされる。

図1－4　副首長二元的信任制

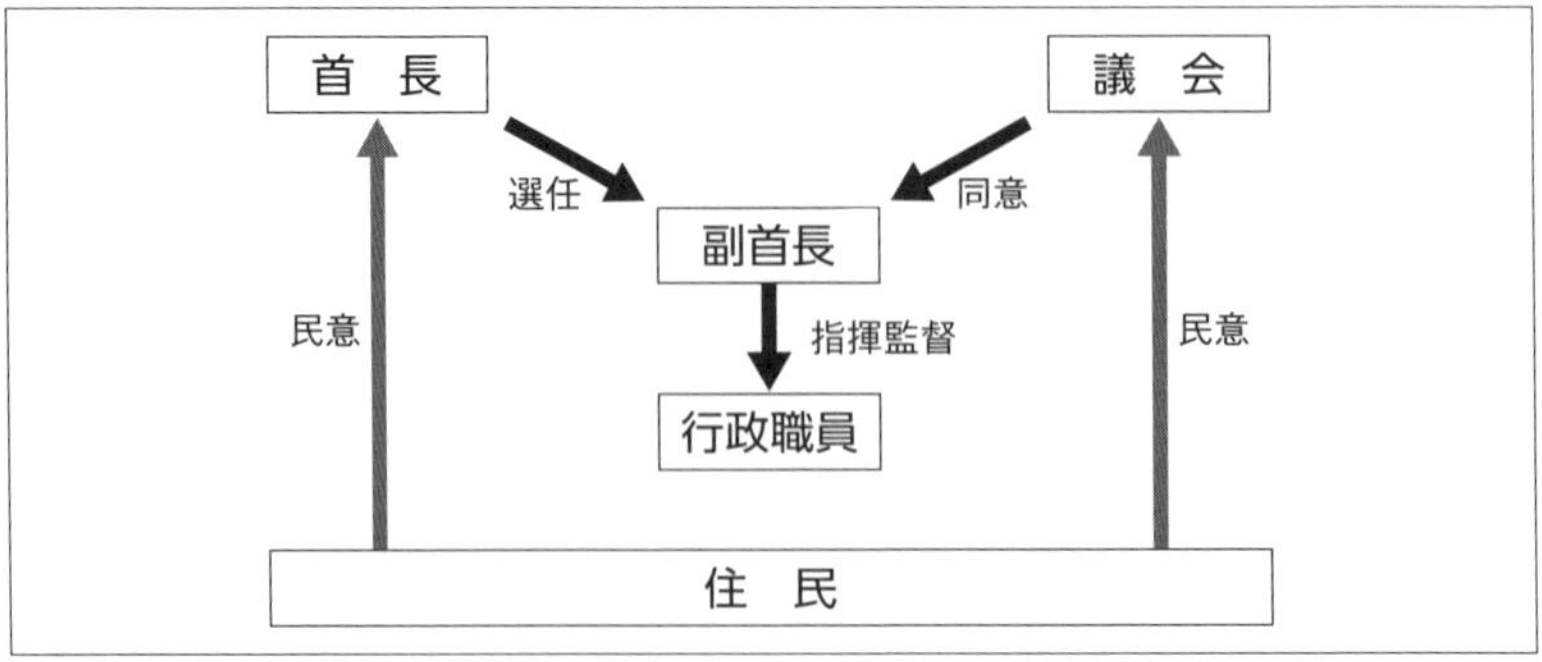

6　代表機関と代表＝公選職の相違

(1)　選挙されれば公選職ではある

二元代表制論は、首長と議員が別回路の選挙で選出されていることを重視する。それぞれが住民から選挙されたという意味で、首長と議会・議員とのどちらかが先験的に上位ということではない。二元代表制論は、議会のみが住民代表であり、首長は住民代表である議会の意向を聞くべきという、一元代表制論を批判する。

確かに、首長は住民から直接選挙で選ばれている民主的正統性を有している。しかし、この意味では、首長は議員と同じく代表＝公選職である、というのにすぎない。公選職とは、読んで字のごとく、選挙で選ばれる職である。選挙で争われる以上、政治色を帯びざるを得ないので、通常は政務職でもある。

公選職は、他者からの任命によって選ばれる任命職と対比される。任命職は、政治色に従って任命する政務職のこともあれば、能力実証・資格・成績主義によって任命される事務職のこともある。任命職ではあっても、政治任用であれば、選挙による民意は間接的に及ぶことになり、その意味で住民代表の機能を分担し得る。しかし、資格任用される任命職は、住民代表を主張しにくい。

(2)　公選職個人は、代表機関ではない

首長は公選職であり、議員と同じく民主的正統性を主張し得る。しかし、首長個人のみでは、住民代表性を主張できない。一個人で、多数で多種多様な住民の民意を代表できるとは、想定されていない。首長が選挙で当選するのは、全住民の相対多数の得票を得たからであるが、全住民から信任を受けたわけではない。その意味では、部分を代表しているだけである。したがって、首長単身の執行機関は代表機関ではない。

議員個人も同様であり、部分を代表しているだけである。首長も議員も、自身がひとりで住民の全部を代表しているとは主張できない。個々の議員が住民全部を代表しているとは言えなくても、全議員を合わせた議会全体としては、住民全体の代表機関と言えるかもしれない。しかし、個々の議員も、それらの集合体である議会も、やはり相対多数の得票で選出されただけである。その意味で、個々の議員は言うまでもなく、議員全員も首長も議会も、それだけでは住民全体の代表機関とは言えない。つまり、首長と議員は代表＝公選職ではあるが、個人一人では代表機関とはならない。したがって、代表機関が2つあるわけではないので、その意味では、二元代表制ではない。選挙の回路が2次元であるという意味での二次元的公選職制というだけである。

7　討議広場代表制論

(1)　議会も首長も代表機関ではない

①　個別の公選職から住民全体の代表へ

選挙された公選職は、確かに民主的正統性を有しているが、公選職個人は、常に代表としては不充分である。議事機関としての議会も執行機関としての首長も、常に代表としては不完全である。しかし、制度的には他の公選職・機関がなければ、結果的には、現に存在する公選職・機関によって、住民全体の代表機能を作っていくしかない。さらに、新たな公選職が現れれば、その公選職に代表されている住民部分を組み込んで、住民全体の代表機能をより拡張するしかない。あるいは、直接参政する住民をも組み込んで、住民代表機能を強化することになる。

②自治体は二元代表制ではない

戦後日本の自治体制度では、首長と議員という2種類の代表＝公選職が存在している。しかし、議員だけが集まった議会は、住民代表機能を主張できない。他に首長という代表がいるから、それを排除しては代表機能を果たせない。同様に、執行機関としての首長も、公選職としての首長個人も、単独では住民代表機能を主張できない。したがって、議会も首長も単独の機関としては住民代表機関ではない。したがって、２つの代表機関があるという意味では、二元代表制論も成り立たない。

議会が唯一の住民代表機関であることを否定した点では、二元代表制論には首肯すべき点がある。しかし、議会も首長もともに住民代表機関として位置付けたならば、二元代表制論の行きすぎがある。正しくは、２種類の代表＝公選職を設定している二次元的公選職制の自治体では、議会も首長も住民代表機関ではない。

⑵自治体の代表機関／機能

しかし、代表民主制である以上、自治体に代表機能は必要である。代表機能を果たす代表機関は、完全な意味では住民全体を代表できるわけではないが、現実的には、どこかでの制度設計上の割りきりが必要である。その割りきりは、現実に制度的に設定された代表＝公選職を全て包含する仕組ということになる。住民代表機能は、首長と議員の相互作用の総体のなかに存在する。その相互作用は、本節で触れてきたように、首長二元的信任制、予算制度、副首長二元的信任制などの首長・議員たちの相互関係のなかに宿っている。あえて代表機関を探すとすれば、首長・議員・副首長から構成される相互作用の討議広場《フォーラム》、または舞台《アリーナ》である。

動態的／機能的に見れば、議会での提案・質疑・答弁・反問・討論・採決・意見聴取・公述などという一連の活動である。静態的／制度的に見れば、議会という場である。議員だけで構成される《機関としての議会》ではなく、首長・議員・副首長が登場する《討議広場《フォーラム》としての議会》である。住民代表機能は、登場するアクター（行為者・登場人物）それ自体ではなく、アクターの活躍がなされる舞台《アリーナ》に存在する（図１―５）。

さらに言えば、現に存在する首長・議員という公選職の相互作用だけでは、住民全体を代表しきれない。《討議広場《フォーラム》としての議会》の代表性は、常に不完全である。したがって、より広く登場人物を求め、場を開放していくことが、代表性を高めるためには不可欠の営みである。住民が直接に《討議広場《フォーラム》としての議会》に登壇する住民参加には、大きな意味がある。

小括――首長単身は住民代表機関ではない――

(1) 二元代表制論の歴史的意義と限界

二元代表制論は、《機関としての議会》が住民代表の地位を独占し、首長に対して掣肘をするという営みを否定した点で、歴史的な意義があった。実際にも、革新・改革を唱える新首長に対して、反首長派＝「野党」的なスタンスを強めた議会多数派が様々な妨害を行うことで、自治体運営を阻害した

図１―５　討議広場《フォーラム》としての議会（討議の相互作用）

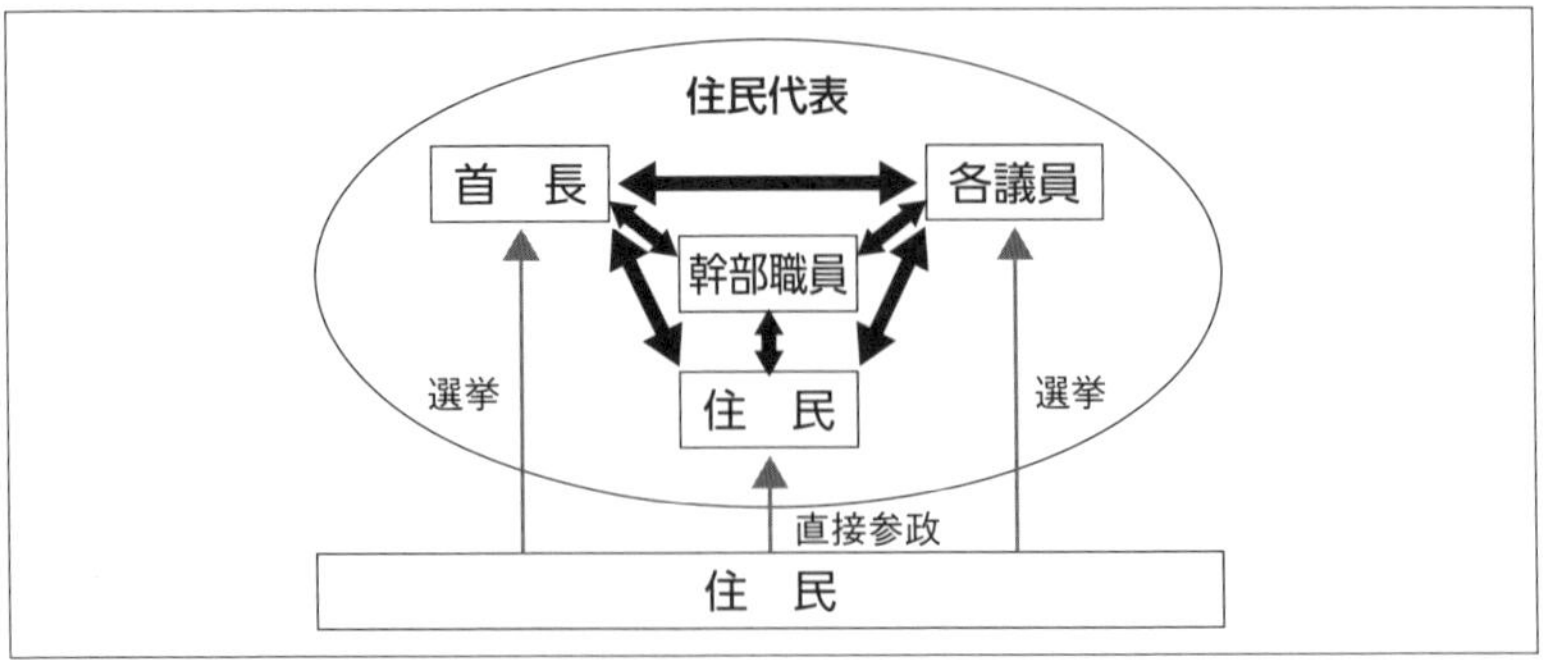

ことはあった。頑迷固陋な議会に対抗するには、首長単独でも住民代表機能を有すると言わざるを得なかった面が、歴史的あるいは戦術的には、あったのである。

しかし、戦後日本の自治体制度は、首長という執行機関が、配下の行政部局組織や職員人事・予算を握ることで、相対的には議会に対して権力を持ち得る首長制でもあった。その首長が、単独で住民代表機関を標榜できるようになると、首長の権力はさらに強まる。代表＝公選職である首長は、常に「すでに民意の信任を得た」「私が政策判断したことが住民の意思である」「文句があるならば、首長選挙に出ればよい」と居直りかねない。

独任制執行機関または公選職としての首長が、単身で住民全体の代表機関となるとき、二元代表制は「首長独裁」と同義になり、首長暴走には抑えが効かなくなる。二元代表制論には、首長単身からなる執行機関をも住民代表機能を有するとして正統化することによって、結果的には首長暴走を促進する逆機能もあった。

(2) 要約

戦後日本の自治体制度には、首長と議員という2種類の代表＝公選職がある（二次元的公選職制）。公選職は民主的正統性を持っているが、住民の一部分の代表にすぎないので、住民全体の代表性を主張できない。議員全員が集まっても同様である。不完全な代表から構成される機関、すなわち議事機関としての議会及び執行機関としての首長も、それ自体では代表機関とは呼べない。その意味では二元代表制でもない。

したがって、現実に制度化された公選職から、可能な限り住民代表機能を高める工夫をするしかない。それが、首長・議員・副首長などが寄り合って議論をする《討議広場《フォーラム》としての議会》である。強いて住民代表機関を求めるとすれば、この《討議広場《フォーラム》としての議会》である。《討議広場《フォーラム》としての議会》において、公選職である首長や議員の相互作用が生じ、民意としての合意形成がなされることが重要である。相互作用を促進させる仕掛けとして、首長職・副首長職・予算編成などに、二元的信任制が埋め込まれている。

個別の公選職である議員たちが、ただ集まって、算術的に多数派形成や採決をしても、住民代表機関にはなり得ない。あくまで、議会における議員たちの審議のなかに、代表機能は発生する。公選職間の議論を打ちきるゆえ、議会の代表性は採決の瞬間に消滅する。そして、首長という執行機関には、公選職間の議論が存在しない点で、代表性は発生しない。もちろん、部下である副首長や行政職員との自由闊達な議論がなされることはある。しかし、最終的には首長の決裁という独任制である以上、代表性は持ち得ない。

そして、首長という公選職が存在しなければ、議会のなかでの議員たちの議論のなかに代表性は発生する。その意味で、議会が代表機関になり得る。しかし、首長という公選職が存在する以上、議会のなかでの議員たちの議論のみでは、代表機能は成立しない。首長と多数の議員たちが議論することのなかに、現代日本の自治体の代表性は存在する。首長のみの決定は代表性を持ち得ない。同時に、首長抜きの議会審議も、代表性を持ち得ない。

第4節　議会内閣制論

はじめに

橋下徹大阪府知事は、2010年1月の地域主権戦略会議において「『地域主権』確立のための改革提案」を提出した。そのなかに、「議会内閣制」として、首長が議会の推薦を受けた議員を内閣構成員に任命する案を提示した。首長と議会が協働する政治主導の自治体運営を目指すと言う。運営に当たる「取締役」の人数を補うことも、ねらいのひとつのようである。

この提案は、各方面に様々な波紋を投げかけた。その後、国の地方行財政検討会議でも検討が始まったが、成案を見ないままで終わった。そのうち、橋下知事は「大阪都構想」に制度改革の関心を変えた。また、首長政党「大阪維新の会」を組織して府議会の多数派工作に乗り出して、首長と議会の協調体制が確立した。そのため、議会内閣制論は忘却されていった。しかし、議会内閣制論で提起された問題は、消えたわけではない。

1　議会主導型議会内閣制のイメージ

(1) 内閣構成員

内閣構成員を議員から選任するのが、議会内閣制である。二元的信任制とするためには、首長が、議会多数派からの支援を得た議員を、内閣構成員に選任する必要がある。政治の実際において可能かどうかはともかく、ひとつの考え方ではある。

政治的二元信任のある人物は、首長と議会という二元的に分立した２つの機関を、政治的に媒介する。双方からの信任を得なければならないという立場こそが、両者の妥協と調整を図るためのインセンティブを保証する。双方から信任される案を構築して合意形成を図れないのであれば、内閣構成員は、その任を果たし得ない。要は、議会対策と首長・議会関係の調整の要に内閣構成員を位置付けるのである。

首長と議会多数派の信任する内閣構成員の間で、いろいろ軋轢はあり得る。しかし、それを乗り越えない限り、どうしようもない。首長が自党派で固めた内閣では、議会で立ち往生する。

(2) 議会に内閣構成員を選任する能力はあるか

フランス第五共和制のコアビタシオンでは、政党政治によって、国民議会多数派が明確に首相・内閣を構成し得る。日本の自治体の場合には、政党政治が必ずしも明確ではないので、議会が主導して、内閣構成員を選任できるかは疑問も多い。正副議長でたらい回しをし、特別区長を区議会が選任していた時期にも区長を選任できずに、空白期を長く生んできた実態がある。その意味で、議会から内閣構成員を選任して送り出すことは難しい。しかし、逆に言えば、議会内閣制によって、議会の政党政治及びリーダーシップが、鍛えられるかもしれない。

(3) 議会内閣制における議員の可能性

議会が、政党政治によって強固な多数派を形成し、かつ、それによって選出されたリーダーを盛り立てていくならば、議会は議会内閣制において主導権をとれる。予算案・条例案の策定段階から、内閣構成員として議員は関われる。内閣構成員となる有力議員は担任事務を持てば、所管政策領域の実質的な政治トップ（大臣相当）となる。

人事・財政・企画のどれかを預かる筆頭内閣構成員は、まさに首相に相当する。

議員出身の内閣構成員は、執行部側に口利きをするだけの貧弱な立場ではなく、執行権を握り、相当な力を持ち得る。そして、「首相・大臣」の立場は、議会多数派＝与党のヒラ議員の信任にも支えられる。ならば、ヒラ議員も、これまで以上にいろいろな要望・提案を伝えやすくなる。こうして、全体として議会多数派の影響力は格段に高まろう。この多数派は、首長と同じ党派でもよいし、異なる党派でもよい。

(4) 首長と内閣構成員の閣内紛議

首長と内閣構成員との権限・権力配分の問題が、非常に大きくなろう。例えば、予算査定を誰がするのかである。多くの自治体の現行手続で言えば、財務部局の事務方の査定の後は、首長等の三役の査定になる。今までは首長が明確なトップであり、副首長はその部下であるから、最後は首長の判断が優先する。しかし、首長と、議会多数派から信任を得た財政担当内閣構成員とは、そう簡単に折り合えないだろう。

財政担当内閣構成員は、自分が納得できないものは議会で否決されると主張するだろう。首長は、予算編成権は自身にあり、最終的な決断者は自分と主張するだろう。その意味で、三役の理事者会合は、政治的に緊張する。首長と議会多数派の政治的選好が違うということは、そういうことである。予算案を首長が一元的に調製した上で、議会で衝突・調整するべきか、予算案の作成段階で衝突をした上で首長と議会多数派の調整をすべきか。どちらの衝突・調整モードを重視するかという制度選択である。

2　首長主導型議会内閣制のイメージ

(1) 議会の弱さ

議会内閣制は、首長主導でも構想できる。前述の橋下大阪府知事のイメージである。実際、議会関係者の多くが、議会内閣制案に慎重だったのは、議会主導型は実現できないと推論しているからであろう。確かに、多数会派が分裂する議会では、議会主導型議会内閣制に必要な多数派を安定的に生み出すことは難しい。ならば、議会という「聖域」をつくり、「二元代表制」論を標榜して、議会権限を死守することが望ましい。

直接公選される首長の政治的正統性は強い。したがって、単純に内閣構成員を議会多数派から信任される議員を充てたとしても、その内閣構成員は、充分に力を発揮できない可能性がある。安定した議会多数派がなければ、内閣構成員は首長に対して力を揮えない。

(2) 内閣構成員は議会からの「人質」

首長は選挙に示される住民からの信任を武器に、唯一の人格として行動するので、ブレが生じない。このような圧倒的な存在感を前に、内閣構成員となった議員が相対すれば、結局は、首長の意向をのまざるを得なくなる。ましてや、現行制度の副首長が首長の補助機関すなわち部下であるように、内閣構成員も内閣の首長の部下になるならば、最後は首長の意見に従わざるを得ない。

執行部原案に、議会多数派の信任を得ている内閣構成員が了解を与えていれば、議会多数派は執行部原案を修正・否決できない。修正・否決するならば、まず、内閣構成員を不信任せざるを得ないが、なかなか踏みきれないだろう。こうなると、議会多数派は、内閣構成員を「人質」としてとられ、政治的責任を共有させられる。

議会内閣制では、議会として、自由な立場で質疑・審議し、執行機関にチェックを働かすことは困難になる。そもそも、首長の部下となって、首長の指揮監督を受ける内閣構成員は、独立の議員として行動することは困難である。首長主導型議会内閣制論とは、議会に首長の責任を分有させる方策なのである。

3　審議会への議会選出委員

(1) 議会の取り込み策

実際、首長主導型議会内閣制のような政治的意図を持った実践は、すでに多く見られる。これは、首長の附属機関である審議会に、議員を委員として入れる慣行である。附属機関は、執行機関の計画や条例案その他の政策案の審議に関わる。例えば、総合計画審議会に議員が委員として、他の民間団体代表、有識者、公募委員などとともに加わる。ときには、審議会会長が議員のこともある。

審議会の議を経て執行部案がまとめられて、議会に提案されたとき、すでに議会の意向は充分に聞いたはず、となる。しかも、審議会の答申は、通常は全会一致であるから、委員たる議員も賛成している。さらに、審議会の委員は、議会の各会派から比例的に割り当てられることも多く、多数「与党」会派だけではなく少数「野党」会派まで取り込まれている。こうして、審議会を実質的には議会の取り込みに使う。それゆえに、「二元代表制」論の立場から、あるいは、議会の「聖域」死守する本音から、議員は審議会委員にならない自治体もある。

(2)《討議広場《フォーラム》としての審議会》の可能性

多くの審議会は、「行政の隠れ蓑」で、首長主導型である。しかし、論理的には、議会主導型審議会も可能である。執行部側原案を作成する前の早い段階から、議員は審議会委員として意向を伝え、要求できる。議員として納得できない案には反対できる。審議会は全会一致が原則である以上、相当な強硬反対も可能である。議員の納得できない審議会の結論は、議会で徹底追及され、否決される。

議会主導型審議会も、理論的には可能ではある。二次元的公選職制の場合、代表機能は首長と議員という公選職間の闊達な議論の場に存在する。それは第一義的には《討議広場《フォーラム》としての議会》であるが、審議会でも、首長の意向を受けた行政職員と議員が、団体代表や一般住民の審議会委員とも交わりながら、議論を展開できる。

議会主導型審議会は、《討議広場《フォーラム》としての議会》の前捌きである《討議広場《フォーラム》としての審議会》として、機能し得る。しかし、それには、議員個人の見識と、議会の政党政治とリーダーシップと合意形成が求められる。

小括

議会内閣制には、議会主導型と首長主導型の両方の運用があり得る。これは制度で決めきれず、各自治体の運用実践、特に、議会における政党政治の実態に大きく左右される。そして、議会の多数派形成が脆弱であれば、議会内閣制は、首長による議員へのポスト配分という便宜供与となり、首長主導を強化しよう。

その場合には、議員たちは、内閣構成員に抜擢されようと期待して、首長の寵愛を争う。しかし、ある寵愛が嫉妬を生み、議会運営は荒れるかもしれない。首長主導型議会内閣制では、首長には議員間の嫉妬を巧く采配できる才覚がなければならない。首長が下手に議会内閣制を運用すると、大混乱になる。

第2章　議会と首長の相互作用

第1節　与党と野党

はじめに

国会を想定すれば、与党と野党に対立することが、議会政治の常道のように思われる。しばしば、自治体議会でも、制度が異なる国会を単純にまねて、「与党」と「野党」が現れることも多い。明示しなくとも、首長提案に賛成ばかりする会派・議員と、反対ばかりする会派・議員とに分化するのは、ある意味で自然なことである。

とはいえ、自治体議会では、必ずしも明確な政党による勢力分布が成立するとも限らない。また、自民党系＝保守系議員が圧倒的多数であって、議会内が与野党で割れるというよりは、事実上の一党制または無党制になっていることもある。他方で、保守系議員も、党派色はほとんど温度差がないにもかかわらず、様々な会派に分裂していることも多い。さらに、小規模議会では、そもそも会派・党派的な集団さえ形成されていないこともある。

自治体議会は、このように多様なのであるが、それを与党・野党という枠組で分析するとどうなるのであろうか。それが本節のテーマである。

1　議院内閣制（及び首長間接公選制）と首長直接公選制の違い

(1) 安定多数与党の必要性

議院内閣制では、議会多数派が政権を選出し、いつでも不信任できる。それゆえ、常に信任し続けることで、政権を支える必要がある。実際、戦後日本の国会では与党・野党の対立が前提である。政権が安定するためには、安定的な多数派の存在が必要であり、これが通常、与党と呼ばれる。政権を信任しない側が野党と呼ばれる。

少数派政権を選出することは、議院内閣制・首長間接公選制でも不可能ではない。野党がまとまらなければ、少数派が与党となって政権担当者を選出することはあり得るからである。しかし、野党が議会多数派であれば、常に政権への不信任を可決できるから、政権は不安定になる。したがって、原則的に言えば、与党は多数派でなければならない。また、与党が多数派であっても、それが是々非々で政権の意向に賛否を示すとすれば、政権運営は極めて不安定になる。したがって、原則的に言えば、多数与党は安定していなければならない。

(2) 安定多数与党の不要性

戦後日本の自治体の場合には、首長は議会とは別に直接に公選される制度（首長直接公選制・二次元的公選職制）を採用しているので、自治体議会は首長政権を支える必要は全くない。したがって、自治体議会には、議院内閣制（あるいは首長間接公選制）的な意味での安定多数与党という勢力は不要である。つまり、議会のなかで、多数派が与党を形成して首長政権を支え、少数派の野党議員に対抗する必要はない。

2　二元代表制論における与野党対抗批判論

(1) 議会一体の意思決定

通説的な二元代表制論や機関対立主義では、首長と議会は権力分立の仕組であり、議会全体として首長への抑制均衡を目指すことが制度の趣旨とされる。そこでは、首長政権に対抗して、議会が一体として意思決定することが期待される。つまり、そこには与党と野党という対抗はないはずである。

議会として、議員同士で議論して審議をし、政策を形成し、条例を制定し、政策サイクルを主導し、あるいは、首長政権を監視することが期待される。あえて言えば、議会はそれ自体が首長に対抗するという意味で「野党的」であり、「制度的野党」と呼ばれることもある。しかし、政策サイクルを担うという意味では、政権そのものでもある(1)。自治体議会では「与野党」という立場は不要である。

それどころか、明示的な「与党」は、有害でさえもある。首長を不信任する権限のない「与党」議員は、政権を一方的に支えるだけである。不信任の力を背景に、首長を諫めることができない。このような「与党」の存在は、議会としての意思決定を阻害し、首長政権への対抗力を弱め、結果的には翼賛的な議会をつくってしまいかねない。

(2) 実態としての「与野党」色分け

現実の自治体議会では、議員・会派は、首長政権との関係で「与野党」に分かれていると解されることが普通である。もちろん、首班指名のように、明確に与野党の立場を表明させる機会はないが、通常は色分けがされる。

議員本人たちも自分で色分けをするし、首長他執行機関の職員や報道機関も、区分して見るようになる。また実際に、首長・議会選挙での相互応援関係や、議会内の採決での行動、あるいは質問その他での問責の厳しさ、さらには政策的距離などから、こうした色分けは便利であり、有益でもある。このため、国政をまねて自治体議会でも「与野党」に分かれる実態が、制度の建前から批判されることもしばしばである。

3　首長優位の二元代表制論という立場——議会強化への抵抗勢力——

(1) 2つの民意

二元代表制論では、多数派意思として代表される民意が2つあって、両者が一致するとは限らない。そこで、二元代表制論に「与野党」という概念を持ち込むと、議会は少数「与党」＝多数「野党」で構成される可能性がある。本当に対等な2つの代表機関が異なる民意を反映した場合には、両者の間の調整は至極困難である。相手方と妥協することは、それぞれが選挙で負託を受けた民意に対する裏切りになりかねないからである。しかし、両者が衝突したまま、自治体として意思決定ができなければ、政策が沈滞することは避けられず、自治体政府全体として住民の負託に応えられない。

(1) 国政の比喩で言えば、首長は内閣など「政府」であり、政策サイクルを主導する議会は、いわゆる「党」である。「党」の政務調査会や事前審査を公式化したのが、議会である。その意味では「政府」と「与党」しか存在しない、「野党」不在の議会イメージである。なお、国会の場合、与党は野党に対して内閣提出議案を守る国会運営をするので、国会では与党は政策サイクルを担えず、非公式の「党」を舞台とする。

(2) 首長優位の必要性

日本の自治体の場合には、首長優位の跛行的な制度（首長制）を構築することで、「与野党」概念が持込まれ、首長が少数「与党」になっても、実際には立ち往生する場面はほとんどないようにしている。

建前としての議会強化論はあっても、本当に議会が強化されると自治体運営が膠着状態になりかねないので、議会の権限強化には限界がある、というのが、制度設計上の暗黙の了解である。あえて逆説的に言えば、議会が機能すると自治体が機能不全に陥るのであり、自治体が機能するには議会を機能不全な状態に置いておかなければならない。このような立場をとる限り、「二元代表制」論における議会強化とは、永遠に見果てぬ夢である。

4　安定的「与野党」の否定

(1) 是々非々主義の「ゆ」党

二元代表制論の下では問題なのは、常に議会が首長政権と衝突を起こして硬直する状態である。つまり、安定した多数「野党」が存在する状態が危険である。議会の各議員が是々非々で流動的に首長政権への賛否を示せば、常にデッドロックを起こすということにはならない。その場その場で各議員の合意を取り付ければ、首長として自治体運営は可能になる。これが、「与野党」対抗批判論のエッセンスである。状況によって「や」党にも「よ」党にもなる「ゆ」（油・諭・癒など）党議員・会派が多くなるべきということである。

(2) 議会内党派の不安定性

実際、「与野党」に分かれていても、「与野党」が不安定的に構成されることは、次のように、実はしばしば見られる。

第1に、全体としては多数を占めることが多い保守系会派が、しばしば国会議員・県議系列や選挙戦でのしこりや個人的感情対立や地域対立や議長等ポストをめぐる争いなどを含む各種要因から、複数に複雑に分裂している。一般に、これらは、保守系政治家によく見られる低次元の派閥争いと思われがちであるが、結果的には、安定した多数「与党」を形成させないという意味で、二元代表制論を健全に機能させる方向に作用し得る。

第2に、公明党・共産党を含め、非自民系諸会派は、長らく多党化状況を呈してきた。

第3に、1990年代以来の国政党派の離合集散を反映して、自治体議会でもいろいろな亀裂が反映しやすい。

第4に、市町村レベルでは全域一区が選挙区のことが多く、少数の大政党に収斂する小選挙区制度の作用はない。

第5に、市町村レベルでは無所属議員も依然として多い。あるいは、地域政党も存在している。

第6に、首長政権を支える必要がないため、多数「与党」として凝集する意味が乏しく、会派も分裂しやすい。

(3) 議会対策と交渉

多数を占める安定した「与野党」が存在しない場合には、首長政権が案件ごとに多数派を形成すれば済む。いわゆる「部分連合」である。これは、議会内の各会派・各議員が、首長・執行部側から分割統治されている状態である。したがって、議会側に不利な状況でもある。しかし、同時に、各会派・各議員が、それぞれ多数派を形成する切り札を握る状態でもある。その交渉の局面では、首長側に「恩を売る」ことができる。

各会派・各議員が、首長政権に影響力を行使するためには、安定した多数「与党」を形成してはいけない。安定した多数「与党」があれば、首長側は安心してしまい、譲歩をしない。安定した多数「野党」を形成しても、両者間の妥協の余地がないので首長政権に影響力を行使できない。要は、不安定に多数派が構築できる状態をつくり続けることが、議会側の知恵である。

「与野党」対抗批判論は、建前論としては議会としての意思決定を重視するように見えて、実は個別案件ごとに流動する首長と各会派・各議員の多角的交渉を想定している。議会が本当に議会として確固とした政策形成をしてしまっては、首長政権と衝突してしまうからである。各議員の意思決定が、首長との個別交渉のなかで集積されて、結果としての自治体の意思決定になっていく。その意味では、「二元代表制」論は否定される。

5　多数「与党」の形成という作戦——相乗りから馴れ合いへ——

⑴　首長と議会多数派の意思の一致

二元代表制でも二元的信任制であっても、首長と議会多数派の意思が一致すれば、首長の政権運営上は便利である。つまり、議会に多数「与党」を形成することは、首長にとっては意味がある。しかしながら、二次元的公選職制である以上、制度上は首長と議会多数派の意思は一致しない可能性もある。そのため、多数「与党」を安定的に形成する方法がある。

(2) 意思の一致のための方法

第1は、相乗りである。首長選挙の際に多くの政党・会派から支援を得ておけば、首長選挙自体でも優位に戦えるが、当選した後にも、多数「与党」が形成できることが見込まれる。もっとも、相乗り候補が負けることがあるのが、首長直接公選制のおもしろいところである。

第2は、首長選挙後の多数「与党」形成である。明確に政策協定を結ぶことも可能であるが、そこまでしなくとも、「与党」的立場の会派・議員によって多数派を形成するように議会対策をする。会派・議員は首長・執行部側に影響力を行使する見返りとして、「与党」的立場をとる。したがって、首長政権が多数「与党」を形成することは、実は困難なことではない。会派・議員側としては、不安定状況下で「部分連合」の交渉をする方が望ましいのか、安定した多数「与党」を形成してそれに加わる方が有利なのかは、微妙な判断である。そのため、あるときには多数「与党」が形成され、あるときには、不安定状況下での「部分連合」の交渉が中心となる。

(3) 「与党」議員の旨味

いずれにせよ、議員を「与党」に組み込むためには、「与党」である方が議員にとって有利である必要がある。つまり、首長政権側は、「与党」議員・会派に対する対応と、「野党」議員・会派に対する対応とを差別化し、「与党」である方が旨味がある状態にする。ここに、議員による「口利き」が発生する余地が生まれる。

しかし、議員が首長側からの「おこぼれ」をめぐって競争するとき、首長政権は議員・会派を「買い叩く」こともできる。首長側としては、いかに「安く」多数「与党」を形成するかが重要であり、議会側としては、多数「与党」をいかに「高く」売れるかが重要になる。議会多数「与党」が形成されれば、当然に、首長政権と議会との協調性は高まり、自治体運営はスムースになるが、首長を頂点とする利権配分の馴れ合い議会になる。

小括

首長直接公選制の下で、制度的には、首長優位によって、多数「野党」議会でも首長が立ち往生しないように担保されている。それと同時に、首長への不信任議決や副知事・副市区町村長の議会同意という制度によって、与野党関係を議会に実質的に持ち込み、また、実際の政権運営の便宜からも、政権に与する多数派を「部分連合」あるいは安定「与党」として形成する。これが、自治体議会における「与党」と「野党」の実際である。

とはいえ、近年では、議会自体が、首長政権とは別個に政策決定を独自に行う動きも見られる。この場合には、議会が首長政権を抑制するという意味で「制度的野党」にはならない。自らも積極的に政策を担うという意味で、「二重政権」を目指す。しかし、このような「二元代表制」論が機能するには、いくつか乗り越えなければならないハードルもある。

外的なハードルは、首長と異なる政策を議会が形成した場合に、どのように調整するのかである。調整の場も手続も基準も明確ではない。少なくとも、現行制度は、議会が政策を独自に担うことを想定していない。

内的なハードルは、首長政権から提示される「与党」の旨味という餌の前に議員が雪崩を打って「与党」化する事態を回避し、首長政権とは別個の政策形成できる議会の意思決定能力である。議会内での相当のリーダーシップが必要である。しかし、対等な議員の集合体であるため、議会として行動することは難しい。

第2節　オール「与党」からオール「野党」まで

はじめに

高度成長期からバブル期にかけて、日本の自治体議会はオール「与党」の「無風状態」が普通であった。ところが、バブル崩壊以降２０００年代にかけては、「改革派」あるいは「タレント」「独断派」首長が登場し、しばしば議会全体と首長が対立する事態も生まれた。いわば、世紀転換期日本の自治体議会の特徴的現象は、オール「野党」の「暴風状態」だった。しかし、状況も一段落し、近年では再び「凪の状態」に戻りつつある。

暴風自治体は、全国の自治体の平均的な姿ではないにせよ、ときには現れる。そして、今まで無風自治体であっても、いつ暴風自治体に変化しないとも限らない。そもそも、議会がオール「与党」状態とは、議会と首長が馴れ合った談合状態でもある。機関対立主義の観点からは、暴風圏に入ることは一概に悪いことではない。同じ自治制度でありながら、無風から暴風まで幅広いバリエーションがあるというのは、驚くべきことでもある。そこで、オール「与党」からオール「野党」までの変化の幅について、考察をしてみたい。

1　戦後高度成長期の無風状態

(1)　保守支配

戦後の高度成長期当初は、「草の根保守」支配によって、自治体政治では国政以上に保守支配が確立していた。そして、都道府県や政令指定都市・特別区とは違って、一般市町村レベルでは「無所属」の看板で選挙が闘われることも多く、自治体議会議員の大半は保守系無所属であった。保守系無所属の首長に、保守系無所属が圧倒的多数を占める自治体議会、というのが戦後日本の自治体におけるオール「与党」体制である。

(2) 保守系のなかの分裂・政争

もっとも、保守系支配でも、特定の首長に対する議会多数派の対応が、常に無風であるということを、必ずしも意味しない。そもそも首長選挙は、保守系無所属同士で、様々な対立軸に従って闘われることもある。その対立軸は、当該自治体にとっては重要な違いである。それは、旧町村・大字あるいは地形的差異かもしれないし、人脈・縁戚・学閥かもしれないし、名望家秩序と新興層との違いという社会経済階層が影響しているかもしれないし、経済利益・職業職種の違いが反映しているのかもしれない。工業・土建開発か農林漁業重視かなどの自治体の将来構想の差異かもしれない。ダム・発電所・工業団地などの特定の開発プロジェクトへの賛成・反対かもしれない。

自治体を二分する争点があれば、無風であり続けることは困難である。首長選挙が激しく争われれば、議員も旗幟鮮明にすることを迫られる。首長選挙は、勝者の「総取り」であり、勝者＝首長側はその後の自治体運営を握る。首長によっては、自分の味方の議員・団体・職員に有利な行政運営に乗り出し、敗者側には「冷や飯」を食わせることもある。それは、さらにしこりを再強化する。また、敗者側に付いた議員も、選挙が終わったら簡単に首長派に「寝返る」「擦り寄る」ことはできないこともある。そうして、たまたま敗者側の議員が議会多数のときには、新首長選出後の議会は、保守系「野党」主導となり、首長は議会運営に苦慮することとなろう。

(3) 対立修復

しかし、保守系オール「野党」の議会はほとんど生じない。なぜならば、当選首長は、それなりの議員たちの支持を集めているのが普通だからである。さらに、新首長は、権力の安定のためには、反対派議員を手なずける。また、反対派議員も、いつまでも「野党」として「冷や飯」を食わされるよりは、首長派に食い込んで「口利き」をできる方がよい。こうして、通常は首長側と議員側の双方の思惑があって、徐々に多数「与党」が形成されていく。大まかに保守系という共通基盤はある。この体制が盤石となれば、オール「与党」化していく。

2　革新自治体から相乗り自治体へ

(1) 革新自治体

「草の根保守」支配として、全体的には保守系候補支配が強力なのであるが、地域の状況によっては、革新系候補が勝利する場合もある。1960年代後半からは、高度成長のひずみである公害問題・福祉問題・都市問題が顕在化するにつれて、革新自治体が増えていった。しかし、通常、自治体議会は保守系議員が議会多数を占め続け、革新首長は保守系支配の議会で少数「与党」での苦しみを受ける。当然、議会運営は荒れ模様になる。

しかし、上記のように、反首長派議員は、選挙直後のしこりあるいは節操から、直ちに首長に擦り寄ることはできないが、中期的には首長派に食い込もうとする誘因が働く。革新首長に対する多数派保守系議員も同様である。革新首長が2期、3期と当選を重ねるならば、革新首長に擦り寄った方が好ましい。こうして、革新首長が普通に議会対策を行い、自治体運営及び住民生活に必要な施策を進めていけば、おのずと議員たちの賛同は得られる。

こうして、少数「与党」の革新首長でも、必ずしも予算・条例で苦労するとは限らない。もちろん、政策面での保革の節操があるから、保守系議員が歩み寄れない争点もある。その限りで、少数「与党」で苦しむ。しかし、全体としては、保守系議員も革新首長の政策をある程度は受容し、首長に比較的に親和して、実質的には「与党」多数派が形成されていく。この体制が盤石化していけば、革新首長であっても、オール「与党」化していく。

(2) 相乗り首長

１９７０年代後半から、低成長と行政改革の時代になると、革新首長に代わって登場したのが、保守中道系首長である。そして、もともとの自治体議会での保守支配を背景に、安定した多数「与党」を形成する。

１９８０年代を通じて、次第に保革相乗り候補が増える。共産党を除く主要全政党が、同一の首長候補を支持する事態である。仮に共産党系が対立候補を立てても、実質的に無風選挙となる。当選後も、ほぼオール「与党」体制となり、議会運営も無風となる。１９８０年代末にはバブル経済による潤沢な財源と相まって、関係団体や既成政党が首長を頂点とする自治体政治体制に組み込まれ、それぞれが利益分配に預かる。

3　オール「与党」体制の終焉

(1) 内部崩壊への契機

全ての有力既成団体・政党が利益配分に預かる体制は、当該首長からすると大変にありがたい。全ての関係者からの陳情やお願いを首長は一手に引き受け、それぞれに適当なさじ加減で差配をすればよいのであり、その権力は絶頂を迎える。しかし、次のように、オール「与党」体制は必ずしも永続するものではない。

第１に、議員として「口利き」をするには、議会多数と議事運営を掌握すればよく、オール「与党」は過大多数である。むしろ、自分自身への利益配分が薄まるので好ましくない。オール「与党」は大きすぎると自壊する。もちろん、これは首長の政策スタンスとの距離をめぐる争いというより、議会多数派の利権をめぐる権力闘争である。そのため、首長の議会運営をそれほど苦しめるものではない。

第２に、常に首長ポストに挑戦しようという野心家が存在する。議員のなかにも首長志望者はいるし、議員外からの候補を担ぐ議員もいる。そして、自派が首長選挙で勝利すれば、「勝者総取り」を実現できる。

第３に、既得権益団体の総抱え体制は財政的に負荷が大きい。バブル崩壊以降は、多数の既成団体を全て満足させる配分が難しくなる。全体としては行政改革を進めるべきとしても、それぞれの既得権益を持つ団体・議員は抵抗をする。抵抗に阻まれれば、その自治体は財政困難に陥り、首長の行政手腕が疑問視される。抵抗を排除して既得権益に切り込めば、関係団体・議員からの不満が高まる。こうして、オール「与党」体制は弱体化していく。

⑵ オール「野党」化の契機

１９９０年代以降の経済不況と崩壊の時代のなかで、オール「与党」体制は空洞化していく。しかし、既成政党は、１９８０年代以来のオール「与党」体制に呑み込まれ、対立候補を立てる体力がなくなっていた。このようななかで、盤石に見えたオール「与党」体制に担がれた相乗り候補に対して、団体・議員との「しがらみ」のない（と称する）「タレント」・「改革派」などが突如、候補として名乗りを上げ、当選してしまう現象が生じた。「しがらみ」なき首長の登場は、オール「与党」・相乗り体制を終焉させる外部からの力となる。

「しがらみ」なき首長が、「しがらみ」のないままに議会運営をすれば、オール「野党」状態が発生する。首長は「しがらみ」がないことが存在理由だとすれば、既成勢力の代表であるオール「野党」の議会と妥協できないどころか、むしろ対立を煽る。首長側が対立を煽れば、議会側としても首長に擦り寄れず暴風議会となる。

小括

(1) 膠着状態の正面突破

首長が議会多数派と対立を続けるオール「野党」化は長続きしない。本当にオール「野党」であると、条例・予算などが議会で否決され、自治体運営に滞りが生じるからである。そもそも、議会は4分の3の特別多数で首長を不信任できる。もちろん、同じ首長が再選され、さらにオール「野党」との膠着状態がしばらく続くとしても、予算・条例を介した停滞が長期化すると、住民としても不満が生じてくるので、長続きはしない。

選挙で決着を付ける解決策もある。第1に、議会多数派＝反首長派が、独自候補を立てて、現職首長に勝利する。田中康夫・長野県政の決着の付け方である。第2に、首長が、首長派＝「与党」系の議員候補を多数擁立し、議会での「与党」多数掌握を目指す。橋下徹・大阪府政市政や河村たかし・名古屋市政は、この方向の決着を目指した。

(2) 多数派議員の行動誘因

しかし、議員には、議会多数派を掌握して、議事運営の主導権を確保した上で、首長との協調による利益配分への食い込みを図る誘因がある。したがって、首長側のスタンス次第で、協調関係の構築は容易である。こうして、当初は「しがらみ」のなかった首長も、任期を重ねるうちに、議会多数派との融和を図ることもできる。首長が「談合政治」に舵を切れば、首長は「しがらみ」に絡め取られていくが、オール「野党」状態は解消され、次第に「与党」多数派が形成される。こうした試みをさらに続ければ、オール「与党」体制にまで持っていける。自治体政治は循環する。一時的・突発的な暴風現象も、そのうち凪いでいく。

(3) 首長の対議会姿勢

状況を「対決政治」に持っていくか、「談合政治」に持っていくかを左右するのは、首長である。首長が協調を好まなければ、議会多数派側が秋波を送っても意味がない。しかし、議会多数派側にも一定の節操があり、簡単に首長の方針に賛同ができない局面もある。首長の打ち出す施策が、あまりにそれまでの既得権益から乖離している場合には、議会多数派側としても妥協には限度がある。ここでも、首長がどのような「新しさ」の政策を打ち出すかが、「対決政治」と「談合政治」を分かつ。政治スタイルと施策内容の双方で、首長側に主導権がある。

その意味では、議会は基本的には受身である。暴走を止める勇士となるか、抵抗する既得権益の用心棒となるか、住民がどのように判断するかで、分かれてくる。

第3節　首長の反問権

はじめに

自治体議会改革や議会基本条例をめぐる動きのなかで、首長の反問権というテーマが話題になることがある。現状の自治体は首長優位なので、首長が議員に対して反問するならば、さらに首長が強化されるようにも思われる。首長優位の自治体において、なぜ反問権が議会改革となるのか、検討してみたい。

1　議会での議論のあり方の４つの構想

(1)　形式対実質

議会での議論のあるべき姿をどのように構想するかには、２つの軸がある。ひとつめの軸は、議会での議論の性質である。形式重視か、実質重視かである。議会の議決は、自治体の公式の意思決定だから、後で議決の正統性や合法性をめぐって争いが生じないよう、形式をきちんと整えておく必要がある。また、その前提としての発言内容も公式的な記録に残るべきものであり、安易な思いつきや失言は望ましくない。議会では間違いがあってはいけないから、どうしても形式的になる。これが形式重視である。

形式化が進むと、次第に形骸化・儀式化してくる。ある自治体議会関係者の回想でも、戦後直後の議会は、もっと自由闊達に議論ができたと言う。しかし、今日の議会は、会派構成などによって賛否は事前に決まっているし、首長や執行部側は「官僚答弁」に徹していて、首長も議員も議会のなかで、自由に発言し、虚心坦懐に耳を傾け、柔軟に考えて、自由に意見を変え、自由に合意を形成する柔軟性は失われている。議員・首長の発言内容すら、事前に準備と擦り合わせる「学芸会」になっていると指摘される。そこで、もう少し自由闊達で緊張感のある議論を懐かしむ空気が出てくるのは当然である。これが実質重視である。代表性は首長と議員たちが議論する討議広場《フォーラム》にあるならば、議論の実質性を取り戻すことは、非常に重要である。

(2) 首長質疑対議員間討議

2つめの軸は議会での議論の当事者である。議員対首長の議論を重視するのか、議員同士の議論を重視するのかである。議会の重要な機能は、首長以下執行部に対する牽制と行政統制（問責）であるならば、議員同士でいくら議論を闘わせても意味がない。重要なのは、首長など執行部に質疑を行い、執行部から重要な答弁を引き出すことである（答責《アカウンタビリティ》）。しかも、大半の議案は首長提出であるから、議案に対する質疑を行えば、結果的には議員対首長という議論になる。

さらに、もっと実質的なことを言えば、議員にとって重要なのは住民から頼まれた要望を執行部にやらせることである。これを「口利き」と呼ぶか、「政策提案」と呼ぶかは、どちらでもよい。「与党」議員であれば、水面下での陳情と折衝で「口利き」を実現することもできよう。しかし、不透明な便宜獲得は、必ずしも正統なものではないし、執行部側から反故にされ得る不安定なものである。議会で執行部側から明確な答弁を得ておけば、透明かつ公式の確約になる。議会の一般質問で議員が触れた論点は、首長は必ず何らかの答弁をするので、大きな公約を得たことにつながる。何の権限もない議員同士で議論をしても、住民としては何の意味もない。

しかし、議会の重要な機能は、議会全体としての意思決定を経なければ発揮できない。さらに極端に言えば、合議制の議会がまず自治体としての意思決定をすれば、執行機関である首長以下行政職員には、それを実行させればよいだけなのであり、そもそも首長以下執行部と議論する必要はない。また、複数の議員が首長に個別に質疑をすれば、首長によって議員たちは分割統治され、首長の意のままに議員たちは操縦されてしまう。議会が行政統制の機能を果たすためにも、まずは議員同士で話を詰めて一枚岩になり、首長からの議会懐柔対策を封じる必要がある。この方向を重視すると、議員対議員の議論が重要になる。

(3)　４つのタイプ

以上を整理すると表１－４のように４つの類型ができる。

①質問答弁は、形式重視の議員対首長の議論である。議員が首長に対して質疑を行う形式になる。②賛否討論は、形式重視の議員対議員の議論である。議案に対する賛成討論、反対討論が交互に行われる形式になる。③相互質疑は、実質重視で議員対首長の議論である。④自由討議は、実質重視で議員対議員での議論である。

議会は公式の意思決定機関である関係から、次第に形式重視の①②に収斂していった。実質面は、議会全員協議会（いわゆる「全協」）、議案説明会、各派代表者会議、根回し、口利き、宴席、野球・ゴルフ大会、先進地視察と称する慰安旅行などの舞台に移行していく。そのため、公式の議会での③④は乏しくなっていった。形式と実質の著しい乖離は、自治体議会改革を求める声を生み出している。

また、②賛否討論も、実態としては執行部に対する各議員の賛否表明となるのが多いのが現状である。これは、議案の多くが執行部提案だからである。現実的に、議員対議員の議論が④自由討議になるのは、議会内で激しく対立し、懲罰動議や謝罪要求などで、双方の陣営が提案理由の内容などで議員同士が激しく非難応酬を行うときくらいである。政策には関わらない、面子や政局にのみ実質的議論が限られている現状が、自治体議会改革を求める声を生み出す。

表１－４　議会内の議論のタイプ

		議会で重視すべき価値	
		形式	実質
議会内における議論の当事者	首長議員間質疑	①質問答弁	③相互質疑
	議員間討議	②賛否討論	④自由討議

2　首長側の思惑としての反問権

(1) 首長側の不満

自治体議会の実態は、首長側から見れば、受動的に答弁するだけの①質問答弁である。②賛否討論も、執行部提案に対する「与党」会派議員の賛成討論と、「野党」会派議員の反対討論の交互羅列にすぎず、実態は、執行部に対する賛否表明を聞くだけである。そこでのモヤモヤ感は、例えば次のようなものである。

㋐議会は議員同士の議論の場であるはずなのに、首長以下執行部職員が出席しないと議論にならないというのは非常に迷惑である。議会開会中は、議会に縛られて、執行部は仕事にならない。

㋑議会と首長は「二元代表制」論の建前では対等なはずなのに、全くそうなっていない。議員は、首長に対して「○○についてどうお考えか、首長のご見解を賜りたい」などと質問はしてくるが、質問者である議員自身は、○○について何をどうしたいのか表明しないことがある。全く無責任である。これは、住民意見の分かれる○○について、議員として先に意向を表明して、それが容れられなかったときの責任を回避しようとしているか、あるいは、そもそも議員自身に○○に関する見識がないか、どちらかである。

㋒議員が○○について自身の意見を持って、首長以下執行部側に質問をしてくることはある。こういう場合には、○○について、当該議員と首長以下執行部の意見が分かれていることが普通である。議員は「○○に関する首長の見解Aは××の点から不適切であり、直ちに撤回し、私の考える見解Bにすることを求める」などと、双方向的な議論というよりは、一方的な質問、もっと言えば、非難や持論開陳をしてくる。意見表明をするだけまだ見識があると言えるが、その根拠××や見解Bが全く論外である。しかし、見解Bやその根拠××を首長としておかしいと思っても、批判したり、根拠を問いただすことができない。

㊁議員は不勉強であり、少し調べれば分かることに関して、安易に質問をしてくる。執行部側は行政職員がいるから、答弁をすることは可能である。こうした議員ばかりの方が、執行部側から見れば議会対策は楽であるが、住民のためには、もう少し議員自身でも勉強をして見識を高める努力をしてもらいたい。

(2) 首長にとっての反問権

㋐については、議会の招集権や執行部側の出席義務、さらには、議員対議員型の議会への改革という論点と関わる。反問権の提唱に関わるのは㋑㋒㊁に関わるものであり、首長側として、溜飲を下げたいのである。

公式の反問権があれば、㋑のような議員に対して「あなた自身は○○にどういうご所見をお持ちか」と反問できる。こうすれば、議員は○○に関する自身の見解もなく、安易に首長に見解を聞くという姿勢はなくなる。㋒のタイプの議員に対して「あなた自身は○○に関してご見解Bをお持ちであるが、その根拠は何か」と反問できる。議員が根拠××を述べるとしても、この先に、「あなたのご説明した××は、全く理由としては不適切であり、見解Bは採用できず、私の見解Aしかあり得ない」と反論できる。㊁のような議員に対して「あなたはいろいろ言われるが、△△に関してご存じか、ご説明いただきたい」などと反問できる。基本的な事実・制度・データを持ち合わせていない議員は、反問が怖くて質問できない。逆に言えば、議員も勉強をするようになる。

反問権によって、議員の無責任・不見識・不勉強な質疑にうんざりしている首長以下執行部側は、爽快感を味わえそうである。そもそも、執行部側が必要以上に議員側に気を遣っていると、内心忸怩たる思いをしている執行部関係者は多い。さらに言えば、議員に勉強を促して、議会の議論の質を高めることも期待できる。

3　反問権の効果

(1) 議員の質の向上？

自治体議会改革のなかは、議会側から見て、首長の反問権への賛否は両方ある。

賛成派は、反問権の存在が、議会と議員の自己研鑽を高める契機となることを期待している。いわば、首長に対して聞きっぱなしという一方的質問に安住していた議員に喝を入れ、責任と見識に欠ける旧来型の議員を淘汰することにつながる。勉強をしない議員は質問にすら立てなくなるだろう(2)。よく調べた議員が厳しい質疑をすれば、首長に対する行政統制機能は高まるし、議会の審議の質も向上できるのである。

反対派は、反問権の存在が、議員の質疑への萎縮効果として作用し、議会による行政統制機能が弱まることを危惧している。ただでさえ首長優位の日本の自治体において、首長側は議員を萎縮させるさらなる武器を手にする。これまでの運用において首長側に反論を認めてこなかったのは、いわば、強者（＝首長）に対してハンデを付けることで、多少とも議会と首長の権力関係を対等に近づけるための工夫である。したがって、他の弱者（＝議会）を支援する方策が不充分なまま反問権を付与することは、かえって好ましくない。この前提には、反問権の導入が議員の自己研鑽の契機とはならないという見込みがある。

(2) 首長側の失策

首長が反問権を実際に行使すると、首長側は口を滑らせた答弁をしやすくなる。今まで言いたくても言えなかっ

(2) もっとも、現在でさえ議会で質問に立てない議員は多いが、そうした議員に限って選挙に強く、淘汰されていない。とするならば、反問権が導入されても賛成派の考えるように不勉強な議員が淘汰されるわけではないかもしれない。

たことが、言えるようになったと錯覚するからである。とはいえ、それは執行部としては稚拙である。議員は執行機関を差配しないから、何を言っても執行責任は伴わない。しかし、首長の場合にはそうはいかない。したがって、反問権を行使するとしても、従来の「官僚答弁」の線を越えた反問はしにくい。

また、反問権で一時的に議員を議場でやり込めることは可能である。あるいは、反問権の威嚇によって、議員に質問を思いとどまらせる抑止効果はある。その意味では、議会の行政統制機能は低下して、執行部側としては議会運営が楽になるかもしれない。しかし、理屈より感情と面子を重んじる義理人情議会は、あるいは、理由よりも利益で動く合利的議会は、一筋縄ではいかない。別のところで仕返しを画策する。

反問権を行使する執行部は、議会を利益で動かすことも躊躇する。反問権は、合理的な討議を進めるかに見えて、実態は、執行部側の憂さ晴らしの道具である。情と情がぶつかれば、膠着して前に進まなくなる。

小括——大山鳴動鼠一匹

反問権は、非常に興味深い偽計である。一見すると、議員の自己研鑽を高めるような理性的方策でありながら、実は、首長側の積年の感情にも訴えかける。不勉強な議員が多いという現状を前提にすれば、議会改革・議会強化方策のように見えて、短期的には首長側に有利に作用する。しかし、あえて議員が「不見識」「不勉強」を装って質問し、首長側の感情的な反問権の行使を引き出せば、実質重視で議員対首長の本音の議論という構想を実現できる。形式化・形骸化が過度に進行した現状を改革することにつながる。しかし、これには、議員側も首長側も無傷ではいられない。議員側は、首長側にやり込められて、醜態をさらす覚悟が必要である。あるいは、まじめに自己研鑽をしなければならない。また、首長側は失言・失策をしやすくなる。

こうした事態を恐れれば、首長側も反問権の行使には慎重になるであろうし、踏み込みすぎた発言はしなくなる。とすると、反問権が導入されても、議会での相互質疑が活性化することなく、反問も含めて、形式的な議会運営にいずれは回帰するだろう。執行部側が議会に気を遣うのは、反問を封じられていたからではなく、議会の議決を円滑に頂くことが、自身にとって有利だからである[3]。そして、予算・条例などの重要な議決事件がある限り、この構造は変わらない。逆に言えば、議員も反問権が導入されても、これまでのように「不見識」「不勉強」であっても質疑をし続けることができ、一定の行政統制機能を果たし続けることができるのである。

第4節　再議・専決処分・条例公布

はじめに

2012年に地方自治法が改正された。本節ではそれを検討しよう。

(1) 再議

第1に、再議に関しては、一般再議の対象を条例・予算以外の議決事件（総合計画など）に拡大した。従来の条例・予算の再議決要件は3分の2の特別多数決であり、この点は改正後も変わらないのであるが、反対に言えば、

(3) 逆に言えば、波風を立てることが首長にとって有利であれば、反問権があろうとなかろうと、首長は議会側を挑発する。（第1部第1章第2節）

拡張された一般再議に関しては、過半数の単純多数決による。

(2) 専決処分

第2は、専決処分である。様々な条件の下で、議会が議決すべき事件を首長が専決処分できる制度自体は、変わっていない。むしろ、一番重要なことは、専決処分制度の大枠が改正されなかったことである。

① 副首長人事の専決不可

改正点のひとつは、副首長の選任への同意は、専決処分の対象から外した。これまでも、首長選挙後のしこりなどを受けて、議会多数派と首長が厳しく対立する場合に、首長が選任した副首長の選任に議会の同意が得られないことがあった。そして、多くの政治家首長は、「同意人事に議会から同意が得られない場合には諦める」という「暗黙のルール」（副首長二元的信任制、第1部第1章第3節）に従ってきた。

ところが、制度的には同意という議決事件である限り、一定の要件を満たせば専決処分が可能という仕掛けとなっており、また、そのような制度の抜け道を活用する「アウトサイダー」的な首長が登場してきた。いろいろな対策の可能性があり得たが(4)、実際には「暗黙のルール」（副首長二元的信任制）を明文化した。

② 専決処分への議会不承認の効果

いまひとつは、条例・予算の専決処分について議会が不承認としたときには、首長は必要と認める措置を講じ、議会に報告しなければならないとされた。首長の専決処分に対して、議会が不承認をしたときに、首長に対応義務を課した点では、首長に傾いていたバランスを議会側にやや回復させる。しかし、重要なことは、むしろ、明文化されていないことである。すなわち、①首長は依然として専決処分ができること、②首長の専決処分に対して、議会が不承認をしても、何らの法的効果がないこと、③首長が措置を講ずるのは、あくまで首長が必要と判断したことに限られるのであって、依然として首長に判断の自由が残っていること、である。

(3) 条例公布

第３は、条例公布である。首長は、条例の送付を受けた日から20日以内に再議に付す等の措置を講ずる場合を除き、当該条例の公布を行わなければならない、とされた。立法機関が制定したものを、公布機関が自由気ままに公布を留保できるのであれば、公布機関は実質的に完全拒否権を持つ。したがって、この場合の公布機関には裁量の余地はあってはならない。

1　首長と議会の優劣関係の明確化路線

(1) 首長主義

自治体という団体は、執行機関と議事機関という2種類の機関に分立しているため、団体としての意思決定を確

(4) 例えば、首長の補助機関である副首長は、首長の一存で政治任用できるようにした方がよいという観点からは、議会同意制を外すという制度もあり得る。これは、現行の「暗黙のルール」に比して、首長側に有利に傾く制度改正となろう。あるいは、「暗黙のルール」と「アウトサイダー」の相互作用の実践の流れに委ねて、しばらく様子見をするという手もあったであろう。

定するには、機関間の相互関係を整序する必要がある。複数の機関が異なる機関意思を持つ場合に、団体意思は何なのかを明らかにする必要がある。そのため、平たく言えば、どちらの機関が強いのか優劣関係を定めておく。

執行機関で実質的に問題となるのは、首長である。首長は住民から直接選挙されるため、自らの意思を住民から受けた直接の負託によって、政治的に正統化できるからである。このようなときに、首長と議会の優劣関係を首長優位で明確化するのが首長主義である。逆に、議会優位で明確化するのが議会主義である。戦後日本の場合には、首長主義に傾いた明確化（首長制）を指向してきた。

(2) 機関対立主義の否定

機関対立主義あるいは権力分立の制度思想から言えば、必ずしも優劣関係を定めるべきではないとも考えられる。むしろ、機関間の意思が異なって対立が生じている方が、制度思想には合致する。しかし、複数の機関が異なる意思を持ち続けたまま暗礁に乗り上げたときに、どちらの意思が優越するかを定めておかないと、自治体という団体は意思決定をできない。意思決定できない事態が問題事態であると想定するならば、制度的にそれを解消する必要がある。簡単に言えば、最終的には、どちらかが優越機関となるように制度を仕組む。これが明確化路線である。

2　首長と議会の優劣関係の曖昧化路線

(1) 権力分立の実質化

優劣関係を整序しすぎることは、機関対立主義や権力分立の本旨を損なう可能性もある。

なぜならば、第1に、最終的にある機関の意思が優越するならば、最終的にはその機関に権力が集中しているのと同じである。そうなれば、最終的な優越権を持った優越機関側は、粛々と手続を進行させて、最終的には自己の意思を押し通す。それは、儀式化された対立でしかなく、実際上は何も意味を持たない。

(2) 意思決定できない事態

① 現状維持という「意思決定」

また、第2に、意思決定できない事態は、本当に問題事態なのか、という問いがある。そもそも権力分立の思考は、政府などの公権力の発動を抑制するものであり、基本的には、政府が意思決定できない事態を、必ずしもアプリオリに問題事態ととらえていない。自由放任主義者（リバタリアン）・アナーキストや市場原理主義者ではなくとも、ある程度の権力抑制に価値を見いだす自由主義・立憲主義は広くコンセンサスを得ている。

意思決定できないことは、それ自体でひとつの「意思決定」であり、現状維持の「意思決定」となる。法的に言えば(5)、既存の法令・例規がそのまま適用されるので、混乱状態が出現するわけではない。漫然と既定事項がそのまま続くだけである。これは、通常の法令や行政決定が時限的でないという特徴に支えられている。

② 予算

予算は予算会計年度限りの意思決定なので、決定が時限的である。新たな会計年度に入っても予算が決定できな

---

(5) 原理的に言えば、「意思決定」できない事態はあり得ない、ともいえる。もっとも、現状維持を意図的に意思決定した場合と、意思決定できずに結果的に現状維持になった「意思決定」の場合とでは、決定の合理性や、決定の責任の所在という意味では違う。

ければ、法令・例規は観念的には生きていたとしても、行政活動は停止するから、法執行という意味での行政もなくなり、実質的には無法状態となる。

したがって、予算に関しては、意思決定できない事態は非常に問題であると意識されることがあろう。自由放任主義者や市場原理主義者であっても、「最低限」の公権力の活動は必要と考えており、予算が完全に止まる事態は避けようと思うのが普通である。ましてや、何らかの政府サービスを不可欠と考えれば、実際の政府が活動停止に陥るのは避けたいと考えるであろう。その意味で、予算に関する整序だけは曖昧にはしづらい。しかし、逆に言えば、それ以外は、意思決定不能でもやむを得ないという見方もある。

(3) 合意形成への誘因

① 二元的信任制に向けて

第3に、最悪の事態では意思決定できない可能性の存在が、機関間の交渉と妥協という合意形成を促進する効果を持つ。機関間の優劣関係が整序されていれば、最後はその仕掛けどおりの意思決定がなされるのであり、その前段階で真摯に折衝するインセンティブが発生しない。優越機関はゼロ回答を繰り返せば、最後は自己の意思を貫徹できる。劣後機関は、いかに譲歩した妥協案を提示しても、優越機関からはさらなる譲歩を迫られるだけである。劣後機関は極端な自説を開陳するパフォーマンスとアピールをするだけである(6)。

機関対立主義が、抑制均衡と、合意形成の結果としての中庸な意思決定を期待しているのであれば、優劣関係を整序しすぎることはかえって逆効果になる。意思決定できない「最悪の事態」を組み込むことで、あえて両機関に真摯なコミュニケーションを期待する。これが二元的信任制である。首長も副首長も予算も、機関対立主義の下で首長と議会の優劣関係が存在しないがゆえに、首長と議会の双方からの信任を必要とする。

②　さらなる曖昧な処理

もっとも、「チキンゲーム」や「瀬戸際外交」になるおそれもある。相手側の譲歩をお互いに期待すれば、最後まで真摯な合意を模索する努力をしないまま、「衝突」や「崖から転落」という「不測の事態」になりうる。両機関を担う政治家たちの「合利的な愚かさ」を想定すれば、この危険も回避できる制度設計の発想も登場しよう。すると、「不測の事態」は起きるような、起きないような、さらなる曖昧な処理が必要になる。

(4)　既存決定の慣性

第4に、意思決定できないことは、それ自体が「意思決定」であり、既存の決定に大きな権力を与える。権力分立による抑制均衡の結果としての決定不能状態が、権力行使に必ずしも抑制的であるという保証はない。これは既成事実、伝統、過去、先例、因習、慣行に、実は大きな権力を認めることである。外見的には、既成事実を守りたいという勢力に、大きな権力を与えたように機能する。

意思決定をしにくくさせるだけでは、結果的には、慣性の運動エネルギーという破局的な事態を回避できない。したがって、優劣関係が完全にない状態では困る。優劣がありそうな、なさそうな曖昧な関係が望ましい。

---

(6)　優越機関は、そのようなパフォーマンスに乗って極論を展開するわけではない。自己の意思が団体の最終意思になるのであれば、その後の執行その他での責任が発生するのであり、世間受けをねらった極論を述べ合っていては、自分の首を絞めることになるからである。

小括

首長と議会との関係は、ある程度は明確化する必要はあるが、明確に決めすぎてもいけない。

条例・予算以外の議決事件に関しては、従来は一般再議が認められておらず、議会が優越機関である。首長側からの一般再議が認められたことで、一定の機関対立の可能性が持ち込まれ、両者の関係を、首長側に有利に、多少は曖昧化する方向に作用した。しかし、最終的には単純過半数で再議決が可能であり、議会が優越機関である点は変わらない。この制度で安定しているのは、条例・予算以外の議決事件は、あまり重要ではないからである。また、大部分の自治体では、首長側の議会対策が現実には功を奏しているからであろう。

専決処分に関しては、最終的には首長側が専決できる現行制度が維持されており、首長が優越機関である。但し、副首長の専決処分は明文で否定された。これは、戦後自治の実践における副首長二元的信任制という「暗黙のルール」を追認したものであって、議会側の権限が拡張したものではない。それ以外の観点では首長が依然として優越機関であることが、曖昧な規定の下で、当然とされている。

条例公布に関しても、戦後自治の実践における「暗黙のルール」（条例二元的信任制）(7)を追認したものである。すでに述べたように、条例制定に異議があるのであれば、首長は再議を請求するべきというのが制度の趣旨であり、公布留保によるべきではない。そして、制定されてしまった以上、それが仮に自身の意に反したとしても、公布という義務を履行するのが首長の務めである。戦後自治の実践の「暗黙のルール」を踏まえて、明文化ができたのである。ここでも、議会側の権限が法改正によって拡張したものではない。

（７）条例二元的信任制は、首長・副首長・予算と異なり、運用上のルールである。すなわち、予算と同様に、実質的には首長側のみが条例提案をすることで、条例制定には首長と議会の双方の信任が必要であるという状態である。なお、制度的にも、議員提案条例を議会が議決しても、首長は再議をすることができるので、二元的信任制の側面はある。とはいえ、議会は特別多数で再議決することができるので、議員提案条例に関しては、制度上は二元的信任制ではない。あくまで、運用上の「暗黙のルール」である。

第2部

議会と運営

第1章　議会の起動

第1節　会期と招集権

はじめに

２０１２年の通常国会において、議会の会期・招集権について地方自治法が改正された。本節では、その意義と精神を抽出してみたい。精神の抽出とは、制度改正の背後にある自治体制度のあるべき方向性を探ることである。

1　通年会期制

(1)　２０１２年地方自治法改正

自治体議会の会期について、条例により、定例会・臨時会の区別を設けず、通年の会期とすることができるようになった。いわゆる「通年会期制」である。但し、これは任意の選択制であり、従来の「定例会・臨時会制」を続けたい自治体は、これまでどおりの運用を変える必要はない。自治体ごとの裁量が広がっただけである。

通年会期制とは、条例で定める日から翌年の当該日の前日までを会期とするものである。1年を超えることはできない。通年会期制を選択した場合には、議会は会議を開く定例日を条例で定める。したがって、「通年」とはいっても、本当に祝日休日や年末年始・夏休みなどを除く平日の全てに会議を開くわけではない。

(2) 従前の定例会・臨時会

従来の法制は、定例会・臨時会という仕組のみであった。定例会の回数は条例で自由に決められるが、通常、年4回である。こうした歳時記は農繁期・農閑期という農耕社会には合致していた。また、都道府県や島嶼など、移動距離の大きな自治体では、交通事情もよくはなく、日々の会議に毎朝晩通勤することは難しいので、まとめて連続して開催し、その間は庁舎・議会棟の所在地に宿泊する日程も簡便であろう。

通例、定例会は、3月議会、6月議会、9月議会、12月議会である。3月議会は、暦年でカウントすれば第1回定例会でもあり、次年度当初予算の審議をするので予算議会と呼ばれる。その他の議会も、大体は補正予算の審議の必要が主である。補助金や交付税の動向などもあり、どうしても補正予算を組まざるを得ないので、定例会は年数回になる。その他、契約案件・訴訟案件など議決事件がたまるのでまとめて処理する。

臨時会の代表的なものは、統一地方選挙が4月に行われた後の5月議会である。新たに選挙された議員によって、正副議長・正副委員長などの議会の構成あるいは人事を決めることが、しばしば慣行として見られた。

2　通年会期制への懸念と対処

(1) 通年会期制への懸念

通年会期制に執行部側などが危惧していたのは、首長以下執行部の職員が年中議場に出席させられることで、仕事に支障が生じることである。定例会制ならば、年数回、合計数十日間は定例会期間として議会に張り付く必要があるとしても、それ以外の期間は議会から解放されて、行政実務に専念できる。自治体として、首長以下執行部職員の職務時間を適切に配分しなければならない。

そこで、通年会期制においても、首長以下執行部職員の時間配分への配慮を示している。首長等の議場への出席義務については、定例日または議案の審議に限定する。首長等が議場に出席できない正当な理由がある場合に、議長に届出して出席義務が解除される。これは、定例会・臨時会においても同様とする。首長等に議場への出席を求めるに当たっては、執行機関の事務に支障を及ぼさないように配慮する（この部分は国会議員修正）。

(2) 執行部側の出席義務をめぐる折衝

本当に議会が嫌がらせで首長を議会に出席させようと思えば、定例日を毎日とする条例を制定できる。もちろん、首長は再議請求権を行使するだろうが、議会は特別多数で議決できる。しかし、「無謀」な出席要求をしても、議会側が首長を連行できない以上、首長等は「正当な理由」があれば無視して出席しない。執行部側の懸念は、本当は杞憂である。

そして、「違法」という誇りを受けて政治責任を生じないよう、首長等は出席義務が解除される法制となっている。履行できそうもないことは、合法化する。「正当な理由」の判断は、届出制である以上、基本的には首長等にあるので、結局、執行部側の都合で出欠を決めてよい。最終的には首長が勝つ構造の下で、首長と議会が政治折衝をすれば、どちらに有利な帰結になるかは、おのずと明らかであろう。

3　招集代執行権

(1) 首長の議会招集権

議会の招集権は首長にある。この点に関しては、都道府県議会議長会など議会団体などから、議長にも招集権を付与すべきであるという強い要求がある。ここでも、上記の通年会期制のときと同じく、議長に招集権を与えると、議長が招集権を濫用しかねないと、行政事務執行に支障が出ることを執行部側は懸念している。しかし、その懸念が杞憂にすぎないことは、上述のとおりである。

これまでも首長にのみ招集権があるとはいえ、条例で定例会の開催は義務付けられているため、首長は通常は滞りなく招集を行う。予算・条例案への議決が行政運営にも不可欠なので、首長にも定例会を招集するインセンティブがある。また、定例会の間に会議を開く必要が生じることもあるから、臨時会を開催できる。議会運営委員会の議決を得た議長や、４分の１以上の議員も、付議すべき事件を示せば、首長に臨時会の招集を請求できる。招集請求がなされれば、首長は臨時会を20日以内に招集しなければならない。

(2) 招集請求権と阿久根市問題

つまり、議長には招集権はないが、議会側に招集請求権があり、かつ、首長はそれを法的には拒否できないので、実質的には議長に招集権があるのと同じだ、という理解である。逆に言えば、議会側が招集請求権を濫用した場合には、行政事務執行に支障が生じることを執行部側は憂慮すべきかもしれない。しかし、そのような事態は現実にはまず生じない。仮に招集請求権を濫用した場合には、首長は「正当な付議事件がない」として招集を拒むかもしれない。その意味では、議長に直接に招集権がないことは、やはり首長側に招集拒否の濫用を認める法制であった。

実際、この点が問題となったのが、いわゆる「阿久根・竹原市長問題」である。専決処分が存在する限り、首長には予算・条例や副市長選任の議決のために議会を招集するインセンティブも減殺される(1)。そこで、2012年法改正は応急的な対策をとった。すなわち、議長等の臨時会の招集請求に対して、首長が招集しないときには、議長が臨時会を招集できる、というものである。実質的に議長に招集代執行権が認められた。

しかし、議長が選出されていない、あるいは欠けているときには、対処のしようがない。選挙後から議員任期は開始され議員自体は存在するから、4分の1の議員での招集請求はできるが、首長が招集を拒んだときに、代執行すべき議長が存在しない。もっとも、これらの点は、議長に招集権があっても解決されない問題である。要は、議長に招集権があることは望ましいとしても、それだけで解決できないことはある。

なお、議長だけに招集権を付与することには弊害がある。問題を起こした議長が居座ったときに、議長が招集しなければ、議会メンバーは議長を交代できない。あるいは、その他の理由でも、議長が「雲隠れ」等をして招集を拒む可能性もある。例えば、A派対B派が7人対7人で対立しているとき、A派が議長をとると、採決では6対7で敗北する。すると、A派出身の議長は議会を招集しない(2)。仮に招集権を議長に認めたとしても、首長による招集権を並行的に残さざるを得ない。この場合には、並行招集権が支障を引き起こさないように、制度設計をする必要があろう。2012年改正法は、並行権限ではなく、順位を付けて招集権の所在を整理している。

４　問題の本質――議会の常時可動機関化への希求――

(1) 起動スイッチ

制度改革で具体的なことを考え出すと、以上のような細かい設計が検討されるのであるが、では、事の本質は何であろうか。つまり、通年会期制や議長招集権が、議会側から重要な制度改革問題としてとらえられるのは、なぜであろうか。それは、議会という機関の存否に関わるからである。

現行法制では、議会は常設・常置ではあるが、常時可動ではない。首長は常設・常時可動機関であり、任期が切れ目なく定められている。もちろん、現実に首長職を担うべき自然人が不在のことはあるが、機関としては常時可動である。そして、首長たる自然人が不在の際には、別の自然人がその職務を代行するので、常時可動である。ところが、議会は招集されなければ、機関として動けない。招集とは、議会を起動させるスイッチである。では、議会を誰が招集するのか、という問題が発生する。当然、機関として常時可動しているものが招集しなければならない。つまり、首長が招集する。

(2) 「居眠り」議会と常時可動の「どぶ板」活動

議会は起動する最初のスイッチを、議会が監視すべき対象である首長に依存している。これでは、議会が首長に対して弱い。「居眠り」から目を覚まされては困るような議会は、首長がわざわざ「起こす」はずがない。だから、

（１）こうしてみると、専決処分が問題の根源であることが分かる。

（２）もっとも、議長に招集権のない現状では、Ａ派、Ｂ派ともに議長をとらない方が得になる。とすると、議長の選出ができなくなる。そうして考えると、議会定数は奇数の方が望ましい。しかし、辞職や死亡など欠員は常に起こり得るので、議員実員が偶数になることはある。

必要最小限の議案があるときしか招集しない。

これまでの議会は、「居眠り《スリープ》」議会であり、わざわざ起こしてもらわなくて結構と考えていた。議会開催中には議員は仕事にならないので居眠りする。議会閉会中こそが、議員が目覚めて仕事をする時間である。地元支援者・有権者の間を回る「どぶ板」活動をし、それをもって首長以下執行部に働きかける「口利き」をしていた。

議会開催期間が長ければ長いほど、議員活動は低下する。したがって、議員も議会を開催してもらう気がなかった。個々の議員は実質常勤の公選職であり、1年365日常時可動である。議会閉会中こそが、真の意味での議員の仕事の時間なのである。それゆえに、原則は月額報酬となる。議会開催中には、議員は仕事にならないので、損失補償的に実費弁償的な日当・旅費などの出席手当が必要であった。

(3) 常時可動の議会へ

ところが、「どぶ板」と「口利き」の余地が減ってくると、議員の仕事には議会開催が必要になる。となると、議会が常時可動機関ではないと、非常に不便になる。そこで、可能な限り常時可動機関に近づけようというのが、通年会期制論と議長招集権論なのである。

通年会期制であれば、年数回の招集も不要であるし、閉会期間も存在しないので、1年中、議会は常時可動（「開会中」）となる。2012年改正法制では1年で会期は不連続なのであるが、年1回の招集という「ボタンの一押し」は不要になる。条例で定める開会時期に「見なし招集」される。つまり、自動起動である。

議長招集権は、招集が必要ならば、首長ではなく、議会が自ら選んだ議長にする。議会の起動を、首長という他者ではなく、議会内部の役職に自律的に委ねる。議長という役職は常時可動機関である。実態としても、議長は常勤的に勤務していることが多い。議会閉会中に招集ボタンを押すわけであるから、議会閉会中にも議長は可動状態でなければならない。議長招集権とは、常時可動機関としての議長(3)に、新たな権限を付与する。

さらに議長招集権で問題となるのは、議長が選出されるまでは、誰が招集するのかである。議会が招集されて会議が開催されていれば、仮議長や臨時議長（年長議員）が務めるが、問題は議会が招集される前である。

小括――招集権こそが問題

こうしてみると、通年会期制論にせよ、議長招集権論にせよ、議会を常時可動機関に近づけようとする改革論議である。仮に招集が必要ならば、常設・常時可動機関である首長に依存せざるを得なくなる。首長に依存したくない場合には、常時可動の別の機関あるいは役職を捜すしかない。さすがに、行政職員である議会事務局長に招集という政治行為を任せるわけにはいかず、また、府県や国という他団体（あるいは「上位団体」）の機関に任せるのは、団体自治の観点からあり得ない。となると、当該自治体内部の公選職政治家で機械的に指定できる、議長とか、最年長議員とか、前議長（現職議員である場合に限って）とかである。しかし、議長や年長議員や前議長が、首長より信頼が置けるかどうかは、一概には言えないだろう。

招集行為にこだわる限り、議会を常時可動の機関とすることは困難である。とすると、議員任期は機械的に決まる起算日から4年と定められているので、その起算日から機械的に計算できる日付を議会自動開催日として定めれ

(3) 現行法制でも議長は常設機関である。例えば、臨時会の招集を議長は請求し（地方自治法１０１条2項）、議会に関する訴訟では議長が自治体を代表し（同法１０５条の２）、議長は議会事務局職員を任免し（同法１３８条5項）、指揮監督する（同法１３８条7項）。

ばよい。もっとも、招集行為にこだわる限り「みなし招集」と呼ばれよう。

第2節　招集権をめぐる論点

はじめに

招集権に関しては2012年地方自治法改正で、一定の整理がなされた。しかし、議長招集権という論点自体は消えたわけではない。その後、総務省に設置された「地方議会に関する研究会」においても検討されている。そこで、『地方議会に関する研究会報告書』（2015年3月、以下『報告書』という）を検討してみよう。

1　議会の招集権

(1) 沿革と結論

『報告書』によれば、沿革的には、2006年の地方自治法改正により、議長に臨時会の招集請求権が付与され、議長または議員からの請求に対しては20日以内に首長が招集することを義務付けたことが解説される。しかし、「阿久根市問題」が発生した。そこで、このような「異例の事態」に対処するため、2012年の地方自治法改正により、首長が臨時会を招集しないときには議長が招集できるという改正がなされた。招集権が首長に専属する原則を維持したまま、例外的に議長招集できるようにした。必要な対処は臨機応変にしてきており、「さらに対応すべき点があるかが問題となる」という反語で、議長に招集権を付与しないという結論を導く。

(2) 両論の論拠

首長に招集権が専属する根拠には、①首長の統轄代表権とそれを原則とする制度体系、②議案の大多数が首長提案、③議長は議会が成立しないと存在しないこと、④執行部局の議会出席義務により執行機関の事務に支障を及ぼすこと、などが挙げられている。『報告書』では、①では法的根拠としては薄弱、④は通年会期制の下では主張できない、という異論も併記されている。

議長に一般的な招集権を付与すべき論拠には、⑤二元代表制、⑥議会の首長への監視のためには議会が自立的に参集すべきこと、⑦議員と委員会にも議案提出権があること、⑧議員のみの議会審議、という諸点が指摘されている。『報告書』では、⑤では直ちに議長の招集権が導き出されるほど概念は明確ではない、⑦に対しては、実態として議会側からの議案提出は一部にとどまること、などが反論されている。

結局、『報告書』は、このように両論併記に終始し、「議論の対立に関しては、実際上の問題が生じていない限り、議論は決め手に欠ける」と、現状維持とした。結局は、「実際上の問題が生じて」いるか否かという、極めてプラグマティック（状況主義的）に判断する。観念論の両論併記と、実際論の弥縫《びほう》的対応とに、思考が分裂している。

2　両論の検討

(1) 首長制と「二元代表制」

① 決め手に欠ける議論

①統轄代表制＝首長制と⑤二元代表制の対立は、観念論の最たるものである。この2つは、現行制度の各種要素

から抽出される観念像という側面があり、地方自治法・自治体制度自体が、首長主義または二元代表主義という原理を掲げて、演繹的に具体的な制度を構築しているわけではない。つまり、トートロジーである。

首長に議会招集権が専属するということは、議会に対する首長の優位をもたらす要素であり、結果的に、首長制という観念による自治制度理解を容易にする、というだけである。逆に言えば、首長と議長に並行的に議会招集権が付与されれば、「二元代表制」という観念による自治制度理解が、帰納的に容易になるだけである。

したがって、この両論の解決をするには、現実の地方自治法等による自治制度から帰納するのではなく、地方自治法等を超える観念・理念として決着をつけなければならない。いずれにせよ、『報告書』は観念・理念の議論を避けているから、「決め手に欠ける」結論になる。

②首長・議員の参集する討議広場《フォーラム》の開催

憲法は首長制も「二元代表制」も、ともに許容し得るのであれば、憲法解釈では決着はつかない。自治制度の帰納的な解釈としても、住民代表の理念としても、本書は「二元代表制」論を批判し、首長・議員からなる討議広場《フォーラム》が代表機関であるとしている（討議広場代表制論）。そう考えると、この討議広場《フォーラム》を常時可動できないのが最大の問題であり、最も望ましいのは自動参集・開催である。

仮に招集というスイッチを残すのであれば、首長以外にも広く並行的に分有されることが望ましい。また、首長と議員の双方を参集させることが重要なので、首長が議会を招集するように、議長などが他の議員や首長を招集するという意味での、フォーラム開催が実現できることが望ましいと言えよう。

(2) 議案提出権

②首長提案と⑦議会側提案は、不可解な論議である。実際の運用で、首長側・議会側のどちらの提案が多いかという実態論と、制度設計問題は全くの別物である。制度論として主張するならば、議案提出権者には招集権を付与すべき、という結論になろう。審議したい議題があるから議会を招集するのであり、議案もないのに「ただ集まりましょう」というのは無責任である。議案提出権者が、議案を添えて招集する。つまり、議案提出権者である首長、議会委員会（常任・特別・議会運営）、12分の1以上の議員が、招集権者となる。とすると、議長は議案提出権者ではないから、招集権者とすべき理由はなくなる。あるいは逆に、全てに関して議長を招集権者とし、議案提出権者に議長に対する招集請求権を認める方が綺麗かもしれない。

(3) 審議と行政部局担当者の出席

④執行部・議員間審議と⑧議員間審議も、不可解な論議である。(2)と同様に、執行部側幹部職員の出席を前提とした議会審議になっているか、執行部側の出席を要しない議員同士の審議になっているかという実態論と、制度設計問題は全くの別物である。仮に、執行部が議会に長時間は出席したくないから、首長が議会招集権を持つというのは本末転倒である。そもそも、いったん招集してしまえば、会期の長さは招集権者のあずかり知らぬところである。通年会期制でも同様である。むしろ、議会による執行部側幹部職員への出席義務を、制度的にどう解決するのか、という「実際上の問題」が重要であり、招集権の所在とは関係がない。

なお、本書の討議広場代表制論の立場からすれば、議会が住民代表機能を果たすためには、首長の議会出席は必須である。議員のみの会議では充分ではない。代表機能は、首長と議員という公選職間の議論のなかに存在するからである。したがって、首長が議会に参集していることは、自治体の代表民主制のためには不可欠である。この点からすれば、首長が議員の参集を求める招集は合理的である。同時に、議会側は首長の参集を求めるという意味で、出席要請が重要である。

(4) 議会の起動

これらに対して、③議長選出と⑥首長監視は、いささか原理的な問題を孕む。

③は、議員が集まらないと議長を選出できないが、議長を選出するために議員が集まる段階には、議長はまだ選出されていないから、議長によっては招集できない、と指摘する。常時可動している機関が招集権者でなければならない。もっとも、一定期日に自動参集する仕組で充分とも言える。あるいは、最年長議員、トップ当選議員など、特定の議員に仮議長の役割を制度的に付与してしまえばよい。

⑥は逆に、首長等を行政監視するのが議会の仕事であるにもかかわらず、その仕事を監視される側の首長が招集しなければ起動できないのは原理矛盾である、という。議会に監視されたくない首長は招集をしたがらないに決まっている。こうした考え方に立ち、首長にはフリーハンドの議会解散権を与えていない。議会が首長を不信任議決したときのみ、議会の解散ができるようになっている。監視役である議会を勝手に解散できない。同様に、監視役である議会が気に食わないからといって、招集できないようにしておくのはおかしいだろう。

もっとも、議長や一定数以上の議員が臨時会を請求できるし、請求に対して首長が応じないときには、議長が招集できるから、「実際上の問題」はなく、面子や観念・理念の問題にすぎないといえる。

3　実際上の問題

(1) 弥縫《びほう》策か「放治」か

実際上の問題は、実際に発生したときに、迅速に対処すればよく、事前にあらゆる事態を想定する必要はない。上述のとおり、「阿久根市問題」という「異例の事態」には、きちんと対処したという自負が自治制度官庁にはあろう。もっとも、何年間も阿久根市政の紛争を放置したのも事実である。

「自ずから治まる」のであって、あらゆる事態を防ぐように規定を細かくする制度は、自治適合的とは思えない。むしろ、地方自治法は規律密度が高すぎるといわれている。「実際上の問題」が生じるたびに、追加的・重畳的に弥縫策の対処をする発想自体、反省も必要であろう。自治制度は、原理原則や観念に基づく大綱の制度にとどまるべきで、その範囲内での実際の諸問題は、自治体の住民自らが解決すべきと「放治」するのも、自治である。

(2)「実際上の問題」の所在

「阿久根市問題」は、住民による市長リコールが機能した。解職請求の署名集めが可能な規模であったことが、「実際上の問題」を住民自治的に解決することにつながった。阿久根市が小規模市であったことが功を奏した。むしろ、横浜市・大阪市・名古屋市などの大規模市での市長暴走には、現状の直接参政制度という原理では、「実際上の問題」を解決し得ない。人口規模は、本当に大きな意味を持っている。

「実際上の問題」は、議長が選出されていない段階で、首長が議会側の臨時会の請求に応じない場合に発生しよう。つまり、議会選挙直後に首長と議会多数派との対立が抜き差しならない状態である。この場合には、議長自体がいないから、自動参集の是非、すなわち、招集自体が必要かどうか、という議論に入る。

第３節　通年議会と「拘束時間」

はじめに

地方自治法改正によって、いわゆる「通年会期制」の採用が法制的に公認された。これは、各地の自治体において、議会改革の一環として「通年議会」の採用の実例が生じてきた傾向を裏書きする。

こうしたなかで、長崎県議会は、２０１２年度に導入した「通年議会」を２０１３年度限りで廃止する条例を、自民党・公明党系会派の賛成多数で可決した(4)。当時、都道府県レベルでは、栃木、長崎、三重の順で導入されていたので、長崎県議会は「先進」自治体だったが、このたび、さらにもう一段と「先進」した。このような課題「先進」自治体の実践を踏まえて、自治体における「通年議会」について、論じてみたい(5)。

1　議員や県職員の「拘束時間」

(1) 議員の活動

長崎県議会が通年議会を廃止する主な理由は、「議員や県職員の拘束時間が長すぎる」というものである。ちなみに、長崎県の通年議会の会期は5月から翌年3月とされていた。導入前の２０１１年度は52日だった本会議や委員会の開催日数は、２０１２年度は79日に増え、２０１３年度は62日になったという。

通年議会はいつでも会議を開ける。したがって、必要に応じて、議案審議や政策立案の時間を増やせる。こうして、議会の活性化を目指そうというのが、通年議会の導入の意義である。臨機応変に会議を開けるから、議員の

「拘束時間」が長くなるのは当然である。したがって、「議員の拘束時間が長すぎる」と通年議会を廃止するのは、理由になっていない。通年議会とは、議員の議会での活動時間を長くすることである。当初は長時間、一生懸命に働こうと意気込んだが、２年で嫌気が差したのか、疲れて燃え尽きたのだろうか。

(2) 行政職員の拘束時間

通年議会での「県職員の拘束時間」は、運用次第である。執行部職員の拘束時間を長くせず、議員同士で議会運営をすればよい。実際、建前論は、「これまでは議員から執行部への質疑が中心であったが、今後は議員同士の議論を充実させるべきだ」であり、通年議会も、建前的には県職員を議会に拘束する時間を増やさない、ともいえる。しかし、現実の会議運営が県職員の支援なしに進むことはあり得ない。議会事務局職員の支援はもちろんであるが、県政の政策的事項を議論しようとすれば、会議の時間の最中に拘束しなくとも、議会の会議の前後において県職員の拘束時間は増えるのは必然である。したがって、「県職員の拘束時間が長すぎる」というのは、理由になっていない。

（４）松島完『通年議会の〈導入〉と〈廃止〉』（公人の友社、２０１４年）
（５）議会改革フォーラムの２０１７年調査によると、通年議会の導入をしている自治体は全体の４・７％である。http://www.gikai-kaikaku.net/research.html

２　時間配分の問題

⑴　目に見える時間と目に見えない時間

もっとも、これだけの長時間労働が広がっている日本において、年間52日の仕事が79日になって、「拘束時間が長くなった」と感じるのは、非常識である。しかしながら、「だから、議会というのは、住民世論から遊離した、非常識な人間の集まりだ」と考えるのは、早計である。大相撲の関取が、「年間６場所90日で暮らすいい男」という意味で、わずかの時間しか拘束されていないのか、といえばそうではない。稽古や巡業やチャリティ大相撲や、タニマチ・後援会との付合いもある。表面的な業務以外にも、目に見えない拘束時間はある。

⑵　議会内と議会外との仕事

議員の仕事にとって重要なことは、①議会のなかで議論することか、それとも、②議会外で住民からの要望を聞いて、行政当局に個別具体的に働きかけを行うことか、という比較衡量の問題である。①の時間が長くなれば相対的に②の時間が短くなる。実際、ある長崎県議は、マスコミの取材に対して、「長い会期が県民のためになったか疑問だ。現状では、住民の声を聞く地域活動に時間が割けない」と応じたという。

②こそが議員の本来の仕事だと考えれば、①の時間は、「無駄」に「拘束」されている時間になる。つまり、①の時間が長くなればなるほど、②ができなくなるから、議員の機能が低下する。当然、通年議会によって①の「拘束時間」が長くなるのは問題である。

(3) 議会運営と議員活動の通念

実際、これまでの慣行的な通常の議会審議は、多くの議員にとって「無駄」な拘束時間である。なぜなら、議会の会議においては、当たり前であるが、ある特定の時間で発言できる議員は１人ないし０人である。議員の誰かが発言しているとき、あるいは、執行部が答弁しているときには、通常の「お行儀」のいい議員は黙って、聞いている、聞いているふりをする、聞いていない、寝ている。そもそも、議会の質疑内容は、事前に答弁調整がついているから、内容的にも新規なものはない。したがって、「短い会議が良い会議」である。

旧態依然とした議会運営や議員活動を変えない、変えたくない、変えられないならば、通年議会の「拘束時間」の長さが、「無駄」に感じられるのであろう。通年議会による長時間開催は、①〈議会のなかで議論することが議員の第一義的な仕事だ〉という議会「通念」の変革と、表裏一体でなければならない。しかし、「通念」を変えない議会・議員にとって、通年議会は「痛捻」でしかない。できもしない改革を試みれば捻挫をする。多くの「専寝《せんしん》」自治体の議会関係者にとっても、他山の石とすべきである。

3　議会における権力闘争と通年議会

(1) 議会審議による行政監視

現実の自治体議会では、旧態依然たる通念を維持したい「保守派」と、議会改革による議会活性化を目指す「改革派」が、せめぎ合っていることがある。両者のコンセンサスがないと、議会運営や議員活動のあり方のイメージが分裂する。そして、その両派は、議会運営のあり方をめぐっても権力闘争をする。

例えば、長崎県議会も権力闘争の舞台であった。通年議会は、民主党系が主導する当時の多数連立会派が、２０１２年３月に、24対20の多数決で決めた。当時反対した自公両党系会派がその後の補欠選挙で過半数を占め、反転攻勢に出た。自公系は、全会一致の決定でなかったことも理由に、廃止を提案した。本会議では賛成26、反対18の多数決で可決された。

マスコミ報道などによれば、通年議会の導入の背景には、連立会派は当時、前知事の肉親が役員を務める会社が国営諫早湾干拓事業でできた干拓地に入植していたことがあるという。当時から、百条委員会を設置していた。通年議会の導入で増えた審議時間も使い連立会派が問題を追及したという。通年議会は、執行部や「与党」に対して、監視機能を発揮しようとする議会内勢力にとっては非常に効果がある。逆に言えば、執行部や馴れ合いの「与党」にとっては非常に困る。

(2)「与野党」対立と通年議会

基本的に言えば、通年議会あるいは議会の活性化は、「与野党」対立的な議会観における「野党」会派、あるいは、「二元代表制」的な自治体で、執行部からの自律性を重視する議員に、有効に作用する。執行部や「与党」会派にとっては、平穏に執行部提案を通過させる「短い会議が良い会議」である。「与党」は議会で仕事をしないから、議会外で活動する場が必要である。「与党」会派の議員の要望は、議会前・議会外の非公式な「口利き」で反映する。執行部や執行部と結束した「与党」会派は、通年議会に抵抗するのが合利的である。

通年議会は、議会内が「与党」会派・執行部協調重視議員と「野党」会派・自律性重視議員に分裂していると、なかなか困難である。多くの議員・会派が、首長「与党」という発想や「通念」を脱却し、執行部からの自律性重視というコンセンサスができないと難しい。そうしないと、議会内の権力闘争になる。

(3) 権力闘争の効用

全会一致こそが、通年議会導入などの議会改革にとっては大事なのだから、権力闘争を回避すべきということではない。むしろ、議会とは権力闘争の場である。議会運営や議員活動のあり方自体は、様々な立場の勢力が、互いに覇を競って、権力闘争をするなかから生まれてくる。議会改革や通年議会も、談合議会からは生まれない。もちろん、事前にコンセンサスをつくって全会一致で通年議会に持ち込めるよう、水面下の権力闘争を先にするのもひとつのやり方である。様々なあつれきと権力闘争を経て、どのような議会運営や議員活動が定着するか、それぞれの自治体ごとに、慣行が形成されていく。その後、それを覆すことも、権力闘争の過程のひとつである。長崎県議会では、議会選挙という権力闘争で、自公会派が多数派を回復していった。

議員は住民から選挙で選ばれる公選職である。住民の意向を超えて、全国的な動向に流されたり、観念的に「先進」的な「改革」に奔るべきではない。住民世論を反映して、議会運営・議員活動のあり方を採択していくのが重要である。しかし、選挙で多数派を獲っただけでは代表とは言えず、議会のなかでの真摯な議論あるいは権力闘争のなかから、代表機能を実現できる（討議広場代表制論）。例えば長崎県の場合には、こうした「保守派」の議会運営・議員活動の「通念」が、必ずしも県民のコンセンサスでもなく、だからこそ「先進」的な通年議会の導入も試みられた。依然として議会運営・議員活動はいかにあるべきかの模索が続けられるべきあろう。

4　通年議会と会期制議会との違い

(1) 拘束時間とは限らない

拘束時間の長さと、通年議会／4定例会期制とは、直接の関係はない。なぜならば、年間4回の定例会期制を採用しても、1回ごとの会期の日数が長く設定されれば、拘束時間を長くできる。会期中といっても、毎日会議を開催するとは限らない。また、閉会中審査で、会期中ではなくとも委員会などの議論は可能である。

逆に、通年議会でも毎日ではない。実際、「通年議会」の長崎県議会では、79日＝平均週2日未満しか開催していない。石原慎太郎・元東京都知事が「週2日程度しか登庁しない」などと揶揄されていたが、それよりも、長崎県議会での拘束時間は短かい。そもそも、79日が長いという判断自体も、大いに異論はあり得るだろう。

(2) 真の差異

① 招集の必要性の差異

通年議会か会期制かの重要な差異は、第1に、首長による招集が必要か否か、という問題にある（本章第1節・第2節）。首長に招集権を専属させるという現行法制の原則を維持する限り、会期制の場合には、首長が招集をしない限り、議会は自らの起動を自ら決められない。通年議会の場合には、初発の招集さえあれば、「居眠り状態《スリープ》」になったとしても、その後は、議会は自らの判断により、「スリープ」状態から再起動できる。

② 集中開催と分散開催

第2は、特定の時期にまとめて会議を開催する集中開催方式か、年中平均的に会議を開催する分散開催方式か、の差異である。会期制とは、年4回の期間に集中的に開催する。通年議会制とは、例えば週1回ないし月1回のように、飛び飛びに開催するイメージである。委員会の閉会中審査も後者のタイプが多い。

小括

通年議会を採用するか否かは、拘束時間の問題ではない。議会における拘束時間は、議会運営・議員活動として、どのようなスタイルを選択するのか、という自治体ごとの「自治のかたち」の問題である。しかし、それは、通年議会か否かの選択とは直結しない。拘束時間は、議会内の議員活動を重視するか、議会外の議員活動を重視するかの違いに関わる。議員活動時間の問題と通年議会の採否の問題とが混同されたまま、通年議会制の導入・廃止が決められるのは、望ましいことではない。

第2章　議会と条例

第1節　条例制定と議会

はじめに

自治体議会の仕事の大きなものは、条例制定であると一般には理解されている。条例とは、自治体が定める一般的な法であり、条例制定とは自治立法である。自治体議会とは、自治立法機関であると考えられている。自治体議会・議員の仕事は条例制定である、という期待は強い。

しかしながら、実際の自治体議会は、その期待に応えているとは思えない、というのが一般の理解であろう。議員が条例案を作成し、議員同士が条例案について議論し、審議することは、まず考えられない。通常の条例案は、首長部局の担当所管部局職員が、ときには審議会などを開催しつつ、原案をまとめ、幹部・首長の決裁を得て、首長を通じて議会に上程する。条例とは、議員提案条例ではなく、執行部（＝首長）提案条例が普通である。

したがって、議会の条例審議とは、首長提出の議案の審査である。自分たちのものを自分たちで決めるのではなく、他人（つまり執行部）が提案したものを、第三者機関として審査する。自分たちのものではないから、当事者意識は低調である。あるいは、面倒くさい仕事となる(1)。そして、しばしば事前に首長側と調整済みの質疑に対して、首長以下幹部職員が答弁するもので、審議も低調である。多くの場合には首長提案どおり、多数「与党」の議事運営によって、原案どおり無修正可決される。

自治体議会改革論として議会に条例制定を求めるのは、議員にしてみれば迷惑であろう。また、「寝た子を起こさないでくれ、と執行部は思っていよう。本節では、条例制定をめぐる期待と実際の乖離を軸に論じてみたい。

1　議事機関としての議会

(1) 議決事件

自治体議会が自治立法機関であるとは、制度上は規定されていない。憲法上、国会（＝国の議会）は唯一の立法機関であることは明確であるが、自治体議会の場合には明確ではない。単に、議決事件のひとつとして「条例を設け又は改廃すること」と書かれているだけである。法制上は、「議事機関」である。

つまり、「議事」という「自治立法」以外のこともすることが、自治体議会である。実際、自治体議会の仕事(2)には、首長が提案する人事への同意や、契約・訴訟などの個別案件に対する議決など、行政が行う個別決定の権限

(1) 例えば、首長部局が政策理念を中心とした条例案を提案しようとするときに、議会側は面倒くさがる。さらに、法的に知恵を授けられれば、「住民に権利を制限し義務を課すような条例事項がないならば条例にする必要はない、執行部側の訓令など内規で自由にやればよい、だから条例案は出さないでほしい」などという反応を示すかもしれない。もちろん、背景には、首長の姿勢や政策理念の内容に、議会側が抵抗感を持っていることがある。しかも、条例案を修正や否決するほどの、政策理念に対する確固たる議会意思も能力もないようなときであろう。

(2) 「議決事件」と呼ばれる。一般の日本語では、日常の業務を「事件」とは呼ばない。非日常の特異な事象を指すのが「事件」である。自治体においては、議員にとっても執行部にとっても、議会の議決は、すなわち「事件」なのである。

の一部を分有している。そして、実践としても自治体議員は、「どぶ板」活動という「口利き」こそが、本務と思ってきたようであり、議員は個別具体的な対処をするという行動原理も根強い。

(2) 個別具体的な議員の行動原理

多数の同格の競争相手から構成される議会では、自治体全体を考慮するよりは、個別具体の要求をぶつけて妥協を図ることの方が自然である。ひとりで自治体全体を見渡すべき首長は、全体的・一般的なことに関心を持たざるを得ない。しかし、「定数分の1」でしかない議員は、「定数分の1」の住民・地区・業種などの代弁をすれば、それで事足りる。つまり、多数住民の利害を無視した主張であっても、一部の特定の支持者に訴えればよい。

議会とは、部分的・個別的な事柄に関心を持った多数の議員が集合する。このように考えると、自治体全体に一般的・通時的に適用されるルールをつくるのは、そもそも議会に向かないのかもしれない。複数の同格の競争相手が集まったところで、合理的な一般ルールなど、およそ制定できるはずはなく、条例制定をすることを期待する方が、過剰な期待であるともいえよう。

2　合理的ルールとしての条例

(1) ルールと官僚制

マックス・ウェーバーが指摘したように、官僚制とは合法的支配の典型である。ルールとは、官僚制のようなピラミッド組織に適合的な手法である。ピラミッド組織では、上司は常にひとりであるから、複数人間で曖昧な取引や妥協をする必要はなく、ひとりの頭で考えた合理的で一貫したルール体系を構築できる。ルールの解釈が分かれたとしても、上司が決裁をすれば、唯一の解釈に到達する。合理的ルールは、官僚制に適合的である。

自治体官僚制の使用するルールは、量的には内規・マニュアル・先例・実例などが大半であるが、その大本にあるのが、条例や法律である。しかし、法律も条例も、いわば官僚制のための合理的ルールであり、官僚制自身が立案することが普通なのである。ただ、官僚制の完全な独善にならないように、官僚制の立案したものに、議会が第三者審査機関として諾否権を持つ形にしているのが、法律や条例である。

自治体官僚制側は、自らにとって不都合な条例案は立案しない。もちろん、自治体議会側には拒否権があるから、議会側にとって著しく不快な条例は議決されない。しかし、議会自身は官僚制ではないので、条例案を修正する能力はない。議会は気に入らない条例案を否決できるが、そうなると自治体官僚制は何も仕事をしないので、有権者の期待に応えたい議会としても困る。そこで議会側は官僚制側に譲歩せざるを得ず、ある程度満足し得る内容であれば、本意ではなくとも条例案に賛成せざるを得ない。こうして、ある程度議会側の意向を参酌して立案した条例案は、ほぼ確実に成立する。原案の作成を事実上独占的に握っている自治体官僚制側に有利な構造である。

(2) 条例制定と議会の官僚制化

条例を合理的ルールと理解する限り、条例は官僚制のものであり、議会のものではない。そのような既存の条例観の変更なしに、議会に条例制定を期待することは、あまり合利的ではない。できもしないことを期待して、実際にできないことを確認することは、まさに議会不信を増長するだけである。

議会が条例制定をできるようになるためには、議会それ自体が官僚制化するしかない。議会の官僚制化とは、

①　議員の思考や発想が、政治家や素人住民を離れて、官僚制・行政職員と同一化する
②　議員を支える議会事務局を強化することで、実質的には、議会の下の官僚制が条例制定を担う
③　議員の間に強い上下関係を形成し、議会がピラミッド組織的に意思決定する

などである。このような議会は、もはや本来の意味での議会ではない。単なるもうひとつの官僚制が出現するだけである。自治体のなかで複数の官僚制が分立することは、必ずしも悪いことではない。現在は、首長部局に独占されている条例制定が二元化するのであり、条例制定をめぐる競争・競合と切磋琢磨・創意工夫と総量拡大とが期待できるからである。条例制定を活性化する「二元代表制」とは、二元官僚制を創設することである。

官僚制化した議会が、①〜③の弊害をなくし、対等独立の議員間の合議体である性質を失わないためには、議員の数だけ官僚制を設立するしかない。議員スタッフを各議員に張り付けて、各議員がそれぞれ官僚制の頂点として条例制定に励む。議会は、各議員官僚制の頂点の集合体となる。条例制定には、各議員＝官僚制間の妥協が必要であるから、議員＝官僚制間の取引や協議が必要である。自治体議会は、国でいう次官連絡会議のようになる（3）。

3　議会らしい条例

(1)　口利き条例

自治体議会が、議会らしく、ありのままで、条例制定するならば、官僚制の合理的ルールとしての条例とは異なる、次のような、「議会らしい条例」でなければ無理である。議会に条例制定を期待するならば、条例観（4）から変えるべきである。議会は官僚制ではなく、一般的な合理的ルールを必要とする機関ではない。

第１は、口利き条例である。個別具体の口利きの内容を定めた条例である。一般の理解では、口利き結果は条例になじまないと考えられているが、それは従来の条例観に呪縛されているからである。

また、口利きは、ウラでゴソゴソやるから意味があると議員も考えているのかもしれないが、それは従来の発想に呪縛されているからである。住民の個別事情を行政にくみ上げることが、不当・違法であるはずがない。従来の口利きが表にできなかったのであれば、それは不当に自分に有利な取扱を期待・要求・恫喝していたからであろう。議会・議員は、公明正大に口利きをすべきなのであり、口利き条例は議会の条例にふさわしい。契約や指定管理などの個別案件に関する議決事件は、こうした口利き的なるものの一種である。

(2) 理念・要望条例

第２は、理念・要望条例である。議員は素人住民の代表として、漠然とした理念や要望を表明する。自治体の大きな方向性を示す。官僚制は、大きな方向性を示すのは苦手である。こうしたことは、基本構想の議決、一般質問などの質問、決議、意見書採択などによって行われてきた。それを受けて官僚制が条例化することもあった。しかし、議員は最初から政策理念条例を制定できる。自治方針決定機関としての自治体議会の姿である。

条例とは、合理的ルールとして、官僚制にとって使い勝手がよいものである必要は全くない(5)。多人数の対等

(3) このような議会像を純化させると、理事会制になる。各議員は、それぞれの担当行政分野を分掌し、担当行政組織の長を兼務する。各議員が担当分野を分掌していないと、議員間で同一領域での条例制定をめぐり紛糾が大きくなるからである。理事会制では直接公選の独任制首長は不要である。議会による条例制定とは、議会の官僚制化であるから、自治体官僚制のトップとしての首長は不要になる。

(4) 現在までも、議員提案条例になじむものと考えられてきたものがある。これは、議会の組織に関する条例である。首長提案条例とは異なるタイプの条例が存在するという発想は、これまでもあった。

な指向性の異なる議員が集まって議論をまとめれば、玉虫色で短く曖昧な、表現もおかしい、時には一貫しない矛盾したものとなろう。それが多数の人間から形成される自治の本質であり、民主政治の本質である。

小括

自治立法機関としての議会を期待するには、条例観の変更が伴っていなければならない。条例観の変更のない期待は、自治体議会に対する不信を煽ることになり、結果的に首長や自治体官僚制を利する。改革論議・運動の衣装をまとった、反動の議論・運動になるであろう。

首長・自治体官僚制が制定するルールへの第三者審査機関である議会には、それなりの機能がある。現実には、首長提案の多くがそのまま可決されているので、単なる「ゴム印」と見える。実際にも、執行部側に有利な交渉構造である。とはいえ、「ゴム印」は全く無意味であり、条例は不要で、全て首長の定める規則にしても、実態上の変化はない、とは言えない。やはり、首長が人事異動・委嘱その他で統制できない議員は、最も第三者性が強いのである。議会が難色を示すような条例案は、首長側としてはそもそも提案できない。そうであるからこそ、議会側（実態は多数「与党」会派・議員）に条例案を認めてもらいたい行政側は、事前に説明会や研究会を開いて理解を求めたり、感触を探ったりする。

そして、首長や行政職員から、「不勉強、わがまま、ごり押し、利己的」などと議員が低く評価されるとすれば、そのこと自体が、議会が第三者機関として機能している証拠である。議員や議会が首長や行政職員から、「よくやっている、意味がある、機能している、よく勉強している」などと評価されるときにこそ(6)、議会の第三者審査機能が消滅している危険性を疑うべきなのである。

第2節　議員提案条例

はじめに

合理的ルールは資格任用職・生涯職からなる官僚制にふさわしい。公選職・任期職である議員という素人（レイマン）の集合体・合議制である議会には、そもそも合理的ルールである条例は似つかわしくない。議会と条例とは相性がよくない。素人合議制の議会が、条例にどのようなスタンスで臨むべきか、難しい問題である。そこで、議員提案条例について考察してみよう。

（5）理念・要望条例は、官僚制にとって使い勝手がよくないので、官僚制に使わせることもできない。つまり、理念・要望条例では、行政職員を議会の意思に基づいて仕事をさせることも困難である。その意味では、制定しただけの自己満足に終わり、実際の施策は行政官僚制が、理念・要望条例とは関係なく進めることになり得る。議会が行政職員を直接に監督するのは、口利き条例の方である。とはいえ、こうした理念・要望条例も、サブリミナルに官僚制・行政職員に作用し、官僚制による政策立案や個別処理の決定前提として生きてくることもある。

（6）このときには、「用心棒」としての議会である（第3部第3章第2節）。ちなみに、学者やＮＰＯや住民ボランティア団体が行政から褒められているときにも、基本的には同様かもしれない。

1　受動的議会

(1)　首長提案条例の審議過程

これまでの議会のスタンスは、条例に対しても、あくまで素人として関わるというものである。端的に言えば、議会質問などで執行部に対して、「これこれの政策課題があるから条例案を執行部は作るべきである」と注文を付ける(7)。もちろん自分では原案は示さない。単に、雑多な要望を知らせるだけである。そして、執行部側が必要と認めて作ってきたものに対して、いろいろな質問をした上で、最終的に採否を決する。基本的には修正案も自分では示さない(8)。修正したいときには、「こうした点を入れるような修正案を執行部が出してほしい」という要望を示すだけである。もちろん、こうした修正依頼は滅多に起きない。

というわけで、執行部から出されたものを、可否を決するだけであり、通常は可決する。玄人である執行部側は、素人である議会が呑めそうなものを忖度して提案するからであり、議会（正確には議会内多数派）に影響力がないからではない。

(2)　村内唯一の独占食堂に食べにいく素人の客

食堂に行って、素人の客（＝議員）があれこれ要望やら注文をして（＝議会質問・陳情）、料理人（＝首長）またはフロア担当者（＝執行部職員）がお薦めメニューを示して（＝首長提案）、客はとにかくそれを食べる（＝可決）。突き返す（＝否決）ことは、普通しない。突き返すほどには、素人に自信はない。突き返したら料理人は怒るに決まっていて、「どこがまずいんだ、おまえが作ればいい」と言われてしまう。

客が勝手にテーブルソルトをかけ（＝修正）てもいけない。料理人が「味が崩れる」と文句を言うからである。

さらに、客は残す（＝継続審査）ことも滅多にない。全部食べた後で、「うまい／まずい」の感想くらいは言う。まずい料理を出す食堂の評判は当然に悪くなり、場合によっては、料理人（＝首長）の交代が求められる。ただ、不幸にして、自治体には執行部というひとつの官営独占食堂しかないために、他の店に行くことができない。したがって、相当にまずい料理でも、素人の客（＝議員）は我慢するしかない。

2　議員提案条例の意義

(1) 首長提案独占への牽制

議員提案条例とは、玄人が出す条例案を素人の客として待つのではなく、自らが素人であるにもかかわらず、手料理を作るようなものである。当然、本来は他人様に出せるような代物ではない(9)。しかし、村内唯一の独占食堂の味がまずいならば自分で作るしかないし、独占食堂の味を向上させるためにも、いざとなったら自分で作れるというスタンスを示すことは必要である。その意味で、議員提案条例に期待が寄せられる(10)。

議員と首長の議論のなかにこそ、住民代表機能が存在するというのが本書の立場である（討議広場代表制論）。それゆえに、首長を排除した議員間討議だけによる議員提案条例は、必ずしも充分に代表性を兼ね備えるものでは

(7)「二元代表制」論に立つならば、議会は執行部に直接に注文をするのではなく、議会事務局に注文をつけるべきかもしれない。しかし、議会事務局では議員のニーズに応えられないので、直接執行部にものを言わざるを得ない。議会事務局は実際に実施する事業を持っていないので、執行部各所管課への直接注文はなくならない。

(8) 議員修正案を出すときにも、その中身は通常は執行部側が議員の意向を容れたものを作成することが普通である。

(9) 通常の議員提案条例とは、委員会設置条例や定数削減条例など、かなり定型的な内容の議会だけに専ら関わるような条例が普通である。

ない。あくまで、首長提案条例の質が低下することに対する牽制として、議員提案条例が存在する。そして、現実には、議員間討議だけで条例は制定できない。議員提案条例に対して、首長は再議権があるので、首長と議会との相互作用と意見調整が必要とされる。あくまで、提案権の所在の違いにすぎない。また、仮に首長の再議を押し切って、議会側が特別多数決で再議決をしたとしても、首長が納得しない条例は執行されないだけである(11)。

(2) 素人による条例制定

世間一般の議会改革論では、議員は自治立法機関のメンバーなのであるから、素人であっては困ると考えられている。議員は、世論調査や裁判員のように勝手に選ばれるのではなく、あくまで自分から立候補しているのであり、素人面をして責任回避を図るのは問題である。議員は、玄人としての自負がなければ、そもそも立候補すべきではないし、仮に玄人としての能力を欠くのであれば、直ちに研修・研鑽に励むべきである、と。いわば、「専門職」としての議員像である(12)。

もちろん、議員が有能であることに越したことはないが(13)、専門能力を問うならば、選挙によるべきものではない。そして、専門能力で任用されるのは、行政職員（資格任用職）かプロフェッション（専門家）である。しかし、行政職員は行政組織に充分おり、専門家は審議会で集めれば充分である。やはり、議員の議員たる所以は、素人性にある。ならば、議員提案条例は、素人の手料理であることを前提にすべきである。

議員が提案し、議員同士で議論して、議会として決定するという議員提案条例を想定するのであれば、素人の議員の思いをぶつけ合ったものなので、執行部提案条例、つまり行政職員を介した条例よりは、生半可な表現になりやすい。官僚制的ルールとしては洗練度合いは低い。条例観の変更が必要なのである。

(10) つまり、議員提案条例が必要なのは、首長提案条例の質が低いときである。まれに、首長や行政職員が、「議員は不勉強で条例も作れない」と揶揄する。しかし、議員が条例を作れないことで問題となるのは、首長提案条例だけでは困るような実態があるときのみである。もっとも、この推論は些かに建前論がすぎたかもしれない。実際に、議会提案条例を議員が行うのは、住民への対外的アピールでもあろう。要は、執行部と対等なことを示したい面もあろう。しかし、所詮は素人の手料理であり、「毒にも薬にもならない」ような理念条例にとどまることが普通である。とはいえ、「毒にならない」のであれば、良しとすべきであろう。

(11) 議会側により強い条例制定権を付与するためには、つまり、首長との合意なき条例が実効的に執行し得るようにするためには、条例を執行する独自の執行機関を、首長とは別個に、議会が設置できなければならない。しかし、日本の法制では、首長以外の執行機関を条例で設置できるわけではないので、議会の条例制定権は、常に首長との合意を必要とする（本章第３節も参照）。もっとも、本文で述べたように、理念的な議員提案条例は執行されることを期待するわけではないので、独自の執行機関が必要とは限らない。

(12) 議員職がいかなる性格を持つかは、法制上は必ずしも明確ではないため、いろいろな考え方がある。名誉職ではないことはハッキリしている。かつては、首長が常勤職に位置付けられていた関係から、議員はそれとは異なる非常勤職と考えられていた。実際、他の仕事と兼職することは、一定の例外を除き可能であり、兼業職が想定された。しかし、議員（特に都道府県・政令指定都市）のなかには、他の仕事との掛け持ちは困難で、長時間の議員活動が必要という意味で、「常勤職」的な「専業職」という見解もあった。しかし、実態としても、副業職や兼業職の議員もいるので、議員全体を専業職と一括するのは無理がある。

(13) 「議員力検定」などは、議員は玄人であるべき、という立場を反映していよう。江藤俊昭の「あいさつ」によれば、「もちろん、議員の資格試験、あるいは議員を選ぶ資格試験ではありません。国民は、18歳になれば選挙権を、25歳（あるいは30歳）になれば被選挙権を得ることができます。選挙にはそれ以外の資格は必要ありません。（中略）地方自治は、『民主主義の学校』です。私たちは、義務教育の中学までに政治や社会・経済の仕組みを学んできました。でも、その応用を学校では教えてくれません。議員力検定の特徴のひとつは、地域に問題があることを発見した際に、どうしたら主体的に解決できるかを学び考えることができることです」とされる。学校における主体的学びの結果としての力の形成という発想である。http://giinryoku.jp/

３　条例制定のための特別委員会

(1) 特別委員会の設置

議員提案条例は、委員会付託をしないことが普通であると言われる。しかし、現実に議論をするとしたら、ある程度の少人数の濃密な議論が必要であり、委員会が望ましい。常任委員会は、実態としては執行部提案の第三者審査機関だから、本当に議員提案条例を作りたいならば、調査特別委員会が便利である(14)。

まずは、あるテーマでの議員提案条例制定が必要だという議会内のアジェンダ設定が必要である。ということは、議会運営委員会で各会派間の合意がなければならない。これは現実的には容易ではない。このようなときに、議長選挙のマニフェストに掲げることは、議事課題の設定のためのひとつの契機とはなろう。

また、特別委員会の委員は、テーマに関してそれなりの関心と「仕込み」をしてきた議員でなければ、実際には機能しない。いくら素人合議制が議会の持ち味とはいえ、本当のズブのド素人では、やはりどうしようもないのである。各会派で事前にプロジェクトチームで勉強することが必要であり、それに関わったような議員が出てこないと議論が動かない。素人なりに「仕込み」をしておく必要がある。委員メンバー選定も、各会派でのたらい回し人事では無理である。委員には、会派に持ち帰らずとも委員会のその場で妥協して、後で会派を説得できる人物でなければ、委員会で実質的な決定はできない。

(2) 当局側不在の議会運営

議員提案条例には、いわゆる当局側として提案説明・答弁する人がない。そのため、委員間の討議が主体となる。とすると、各会派が案を出してきて、あるいは正副委員長がたたき台を示して(15)、それを相互に議論をするしかない。当然、最初は各会派間の攻撃になるが、何回かしていくと、本質的議論はできるようになっていく。また、そうならなければ、議員提案条例の制定が挫折する。

各委員各会派間の意見を踏まえて、正副委員長が預かり、それを委員会に戻す。このようなフィードバックを何回も行うことで、委員会としての成案に持っていく。実際に委員会の議事運営は、委員の人数が多いときや、議員提案条例という異例の審議を行うのであれば通常の委員会運営とは異なることが予想されるので、正副委員長だけでは難しいため、各会派からの代表者を入れた幹事会のような少人数会合が必要となろう(16)。

各議員・各会派の思いと発言だけでは話が進まないので、たたき台を文章化していくことが重要である。その文章に対して各議員が所信を述べていく。議事運営上のさばき方は、単に発言を許すかどうかだけではなく、発言の内容に踏み込んで、整理して、成案をまとめていけるかまで、正副委員長の力量が問われる。

(14) なお、通常の特別委員会は、分野別委員会を横断するテーマを扱うためのものであり、本来は議員提案条例も常任委員会で処理すべきものである。なお、特別委員会は、一説には、単にポスト配分のためだけに存在しているとも言われる。
(15) 正副委員長がたたき台を示すとなると、後述のように、実質的には議会事務局が起案することになる。
(16) 但し、このような非公式の少人数会合で委員会運営を行うのは、住民に対する透明性の点では問題があろう。その場合には、理事を正式に選出する、副委員長を2人以上として各会派から選出するなど、工夫が必要になる。

4　議員提案条例の形成手続

①　投げかけ

最初のたたき台を作ることが必要である。実際の特別委員会の議事運営のエンジンとなるのは、正副委員長を含む幹事会と議会事務局である。条例に何を盛り込むか、幹事会で議会事務局調査課がたたき台の作成を投げかける。但し、調査課には自ら提案したい政策内容はない。あくまで各会派・各議員に何らかの意向が存在することが前提である。

②　対比表

各会派から案を出してもらう。調査課は、事前に各会派のプロジェクトチームの議論などの情報を収集しておく。各会派の意向が一致していれば簡単であるが、通常はかけ離れている。したがって、原案となるたたき台を「公正」に作るのは難しい。そこで、各会派からの提案を一覧表にして異同を対比させる手続が必要である。

議会は数の論理であるから、多数会派の提案が重きを置かれるが、少数会派の意見を無視しては議員提案条例にならない。とはいえ、幹事会で議論すれば、多数会派案を軸に、ある程度の了解が形成される。

③　正副委員長預かり

これを正副委員長が預かり、委員長から「討議の結果を踏まえて、事務的にまとめろ」と指示が調査課に出される。議論の中で甲乙がついているとそれを文章化し、そうでないものは併記する。議会事務局職員に言わせれば、「我々は書記、まとめるのは当たり前」ということになる。

④正副委員長の指揮と調査課による整理

調査課のたたき台の起案に対して、当然であるが正副委員長の筆が入る。調査課職員は、各会派が納得するように文言を整理し、正副委員長にいろいろと意見具申をする。それを踏まえて、正副委員長が判断をしていかなくてはならない。つまり、正副委員長の実質的な指揮監督がないと、うまくいかない。正副委員長の意向やキャラクターは強く反映される。各会派の意向を公正に聞こうとする性格と、しかしそれだけではまとまらないので、とにかく親分肌で「任せてくれ、まとめるから」という性格とが、ともに必要である。

調査課の起案に対して、正副委員長から極端にダメ出しされるようでは進まない。調査課は正副委員長、及び委員会の主要委員（端的に言えば自己主張の強い議員）の意向を付度する[17]。正副委員長は、委員会各会派の意向を付度する。正副委員長は調査課に「整理する方向を何とか考えてくれ」と指示する。

⑤たたき台の事前説明

各会派の思いはいろいろと異なるので、正副委員長と調査課で苦心したたたき台案が受け入れられるとは限らない。そこで、正副委員長が「この案で○○会派に説明してみろ」と指示し、調査課職員が事前説明に回る。了解が得られるまで、こうした事前説明が必要である。これは、幹事会に提案する前段のことである。

事前説明をどこまでするかは難しい。実際の委員会で言わせるだけ言わせて、委員会で決着すればいい、という

---

(17) こうなると議員は、正副委員長に意向を伝え、正式の委員会で発言するだけではなく、直接に議会事務局に言いにいくことになる。議会事務局は、委員会全体の公平な支援の建前とは別に、実質的にはこれらの議員の意向を無視できない。その意味では、議会事務局をうまく使える議員の声は通りやすい。逆に言うと、各議員の意見が公平に反映されているとは限らない。

ときもある。というのは、合議制なので、極端な意見が出れば反論も出てくるからである。甲論乙駁を委員会でさせて、それを正副委員長と調査課で預かってしまえば、事前に無理に説得する必要もない。

⑥ たたき台の幹事会提示

幹事会には、たたき台は正副委員長案として提示される。

⑦ 委員会

委員会では各委員間で討議がなされる。

⑧ 骨子案の原案

委員会での議論を受けて、再び正副委員長と調査課は、②から⑤のような過程を経て、改訂作業を行う。委員会を重ねるごとに、少しずつ条例の中身と文言が固まっていく。委員会に提示する文章を作成し、それを委員会の討議に付し、さらに正副委員長が預かって次回の委員会に提示する文書を作成する、という手続が繰り返される。

⑨ 条例骨子案

条例骨子案が固まると、外部に対する意見聴取が可能になる。このタイミングは難しい。委員会としてアイデアが固まらない段階では、出された意見を取捨選択できず、委員会の議論が拡散してしまう。かといって、委員会のアイデアが完全に固まってしまっては、意見聴取をしても意味がなく、単なる儀式に終わる。具体的には、関係団体との協議、パブリック・コメント(18)や、少数会派が委員会に出席していないときには非交渉会派からの意見聴取も必要である。そして、執行部側との調整も、この段階から条例素案の段階の間にならざるを得ない(19)。

⑩ 条例素案から条例制定

このようにして条例素案が固まると、あとは儀式的な進行となる。

5　議会事務局の役割

(1) 議員との調整

通常の議会事務局の役割は、いわゆる議事系が中心である。議事課は、あくまで議会運営（プロセス）に関わるものであり、条例案に盛り込まれた政策の実体内容（サブスタンス）に関わるものではない。しかし、議員提案条例では、政策内容への支援も不可欠である。それゆえ、調査系の支援が必要である。政策法務・法制機能のある程度の強化は必要である。全庁をにらむような仕事をしてきた職員ならば、通常はできる。

調査課職員は、正副委員長の指揮の下で、議員への事前説明を行う。職員が議員間・会派間の政治的調整まで担う(20)。「ある議員からこういう意見が出ているのですが、こういう方向で説得をさせてもらう」と正副委員長に報

(18) もっとも、このような中間段階のパブリック・コメントでも、実態は住民の意見を聴いたというアリバイになりがちである。
(19) なお、議員提案条例でも、もっと早期から執行部所管課と調整しながら進めることもできる。この場合は、形式的には議員提案条例であっても、実質的には議員の要望に後押しされた執行部提案条例である。本文では、より「純粋」な議員提案条例の形成過程を論じている。

告して、強硬派議員を説得することもある。「ただ今のご意見を伺うと、このような条文に変わりますが、よろしいでしょうか」という具合である。議員の前である程度文言を見せられなければならない。自分たちの知らないところで決められると議員が思うようになると、調整が進まず、調査課及び正副委員長としては困る。

(2) 執行部側との調整

執行部側との調整も、実質的には議会事務局の役割となる。政治家同士となると、執行部には首長しかいないので、政治折衝は最終段階でしかあり得ない。かといって、個々の議員が執行部職員に調整にいくのでは「口利き」と形態上は同じになってしまう。ということで、一定の整理が終わったときに、議会事務局長名で執行部側所管部長に参考意見を照会するのが公式手続としてとられる自治体もある。執行部から議会が事前に意見を聴くルールや公式手続が全くないと、執行部としては非常に困る。あるいは、委員会の場で、執行部側の人間を参考人として意見聴取をすることも可能である。当然、条例素案の段階で、執行部側からダメ出しをされて首長対議会の衝突や再議権の行使にならないように、事前に意見調整をする。

執行部側が呑める内容を探りながら調整していく。当然ながら、議員提案条例には議員の肉声に近い情緒的な生の表現が全体に多い。議会事務局としては、「ちょっと難しいな」と思いながら瀬踏みしたものに、修正意見がつかないこともある。執行部から修正の参考意見が入ったとしても、無修正で押しきることもある(21)。

(3) 議会事務局の重要性

議員提案条例の制定には、議会事務局も相当に勉強し、誠心誠意取り組むことになる。逆に、これがなければ議員提案条例は制定できない。その意味では、条例制定の成否は依然として官僚制の掌中にある(22)。もっともそうなると、条例は官僚制の道具となり、議員という素人の決定としての良さを減殺し得る。

議会事務局は、形式的には議長の指揮下にあるが、実質的には執行部の職員集団と一体となって、首長や人事当局の人事権の下にある。したがって、議長その他の議員が、実質的に議会事務局職員を使いこなせなければ、議員提案条例の制定は不可能である。議会における政治主導が、ある程度は、必要である。

(20) 自治体議会でも、いわゆる「リアリスト官僚」(佐竹五六)・「政治的官吏」(村松岐夫)・「調整型官僚」(真渕勝)を必要とする。

(21) 特に、執行部側の法制担当課からの「他の条例との権衡を失する」などとの修正参考意見は押しきりやすい。議会事務局も例規審査権を持っているので、議会事務局の例規審査で了解したものを、執行部側の意見で変える必要はないからである。

(22) 執行部側には、議員提案条例とは、議会事務局調査課職員が素人である議員に入れ知恵をして、ウラから操っているものである、という感触を持っている者もいるようである。しかし、議員には素人なりにそれぞれ思い(あるいは、思い込み)があるので、簡単に議会事務局で誘導することはできない。むしろ、議員の意向を忖度して、淡々と資料づくりを進めることも多いようである。しかし、このような政官関係は執行部と同じであり、素人の政治家に働きかけて政策を実現しようとする野心的な玄人の職員は、充分に存在し得る。議会事務局に、議会という政治家に意見を具申して実現してしまえるような野心的職員が配置されれば、執行部にいるのと違って所管分野の制限がないだけに、政策全般にわたって大胆な政策的働きかけができるかもしれない。ただ、執行部では唯一の首長を説得すればことが成就するのに対して、議会では説得する政治家が多数になるので、それだけ誘導は困難である。つまり、多人数の合議体であるがゆえに、野心的な行政職員といえども、政治家を動かすことが難しいのである。

小括

ある議員提案条例に関わった議会事務局関係者によると、議員提案条例の制定には、①各会派の事前の取組、②正副委員長の的確な議事運営、③議会事務局のサポート、が必要であるという。作業的にはかなり非効率に見えるが、こういう形でなければできないとも言う。議員提案条例は、ハードルの高いものであるが、不可能ではない。議員提案条例に過大な期待を寄せることはできないが、議員提案条例という回路が存在することは、執行部提案の条例案の品質向上にも寄与することが期待されるものであり、やはり重要な議会活動である(23)。

第3節　議員提案条例の困難性

はじめに

自治体議会が機能していない例証として、議員提案条例が少ないことが挙げられる。大半の条例は、首長提案であり、原案可決ということが多い。これでは首長の諮問機関と大差はない。実際、筆者は、ある自治体の議長が「諮問機関としての議会」と全国の公式の場で発言したのを聞いたことがある。通常は、議会が自治立法機関として機能すべく、叱咤激励したり、能力向上を求めたりする。しかし、本節は、視点を反転させる。議会が自主立法機関として機能しにくい困難性を解明する。

1　ライバルの嫉妬の舞台としての議会

(1)　首長と議会の違い

議会と首長の最大の違いは、議会は合議制で、首長は独任制であることである。条例案の作成を考えれば、首長提案の場合には、首長さえ了解・決断をすれば、成案がまとまる。しかし、議員提案の場合には、それぞれが独立で対等なライバルである複数の議員たちのなかで、成案をまとめなければならない。意思決定コストは非常に高いのである。相互にライバルであれば、お互いの功名争いになり、まとまるものもまとまらない。議会は、「ジェラ

(23)　牧瀬稔『議員が提案する政策条例のポイント』（東京法令出版、２００８年）

シック・パーク」（＝嫉妬心《ジェラシー》の強い恐竜たちが闊歩する中生代ジュラ紀のような世界）だからである。

議員が個人で提案ができる議事運営方式にすれば、提案には至る。首長と議員は立場が異なるから、首長提案に対しては、各議員はそれほどの嫉妬心を抱く必要はない。しかし、ある議員の提案となると、所詮は同じ選挙で当選した同僚議員にすぎないのであり、そのような議員に功績を挙げさせるゆえんはない。

(2) 議員間の取引の可能性

議員提案条例を増やすには、全ての議員が議員提案条例を制定する意欲と能力を持つことが前提である。そうなれば、アメリカ連邦議会のように、議員間の「取引（logrolling、直訳すると「丸太転がし」）」が可能になる。要は、Ａ議員提案にＢ議員が賛同する代わりに、Ｂ議員提案にＡ議員が賛成する。こうした取引で、過半数までの賛同者を拡大できれば、議員連中で一括した諸条例案を提案・可決し、それぞれの議員が、それぞれに功績を挙げる。過半数を掌握する会派が、このように機能すれば、議員提案条例も増えるであろう。

しかし、議員提案をしたいという議員がいても、他の議員たちが「面倒くさい」「必要ない」と思うと、こうした取引ができない。その意味では、過半数の議員の意識改革がなされない限り難しい。逆に言えば、過半数の議員がその気になれば、ライバル間の嫉妬の問題は解決できる。現状での議員提案条例の一般化にはハードルは高いが、議員の意志と能力の改善によって、自主立法機関としての機能を高め得る余地はある。

2　事務職員のサポート体制

(1) 首長部局と議会事務局の違い

議員たちが相互嫉妬を乗り越えたとしても、その次には、条例づくりをサポートする事務職員のマンパワーという限界にぶつかる。議員をサポートする議会事務局の調査・法制系職員が限られている。この点は、首長との大きな違いであり、首長が条例提案をしやすいのはある意味で当然である。

職員のサポートが不充分ななかで議員提案条例を制定しようと思うと、理念条例にとどまる。もちろん、理念条例でも作れれば立派なものである、というのが現況下の評価であろう。しかし、行政・施策に実効的でないものを作っても、自己満足にすぎないとも言える。特に、議員・住民には個別具体の成果を勝ち取りたいという欲求もあり、そうした政治観・条例観からすると、理念条例は無駄である。条例観を転換すれば、価値も生じてくる。

(2) 議会事務局強化論の非現実性

① マンパワーの制約

議会事務局の職員数は非常に限定的である。これに対する普通の処方箋は、議会事務局のスタッフの強化である。いないよりはいる方が、少ないよりは多い方がよいだろう。しかし、どんなに強化しても、議会事務局のマンパワーが、首長部局の職員数に匹敵することはありえない。また、それは、人的資源の無駄遣いである。したがって、議員提案条例の立案に際しても、直接に行政部局の職員のサポートが得られなければならない。

②実質的人事権の制約

しかも、議会事務局職員も、通常は行政部局の人事異動サイクルに組み込まれており、最終的には首長の部下である。首長が任命権者として人事権を持っているのは、法制上は首長部局の行政職員に対してだけである。しかし、実態では、首長部局の事務職員だけではなく、他の執行機関や公営企業の事務職員も議会事務局の職員も、首長が人事権を掌握している。

首長以外の法制上の各「任命権者」は形骸化している。全ての職員は首長の部下である（図２―１）。議会事務局に来ていても議会・議員への支援に専心できず、首長部局に戻ったときのことを考えるだろう。

小括

議員提案条例は、「二元代表制」論が想定するような、議員と議会事務局職員で完結するようなイメージでは、困難である。それゆえに、行政職員による議会・議員への補佐・支援が期待される。しかしながら、首長制論の実態からしても、「二元代表制」論に立つ改革論からしても、行政職員が議会・議員を補佐することはあり得ない。それゆえに、議員提案条例は、条例観を変えない限り、困難なのである。

図２―１　実質的人事権の所在

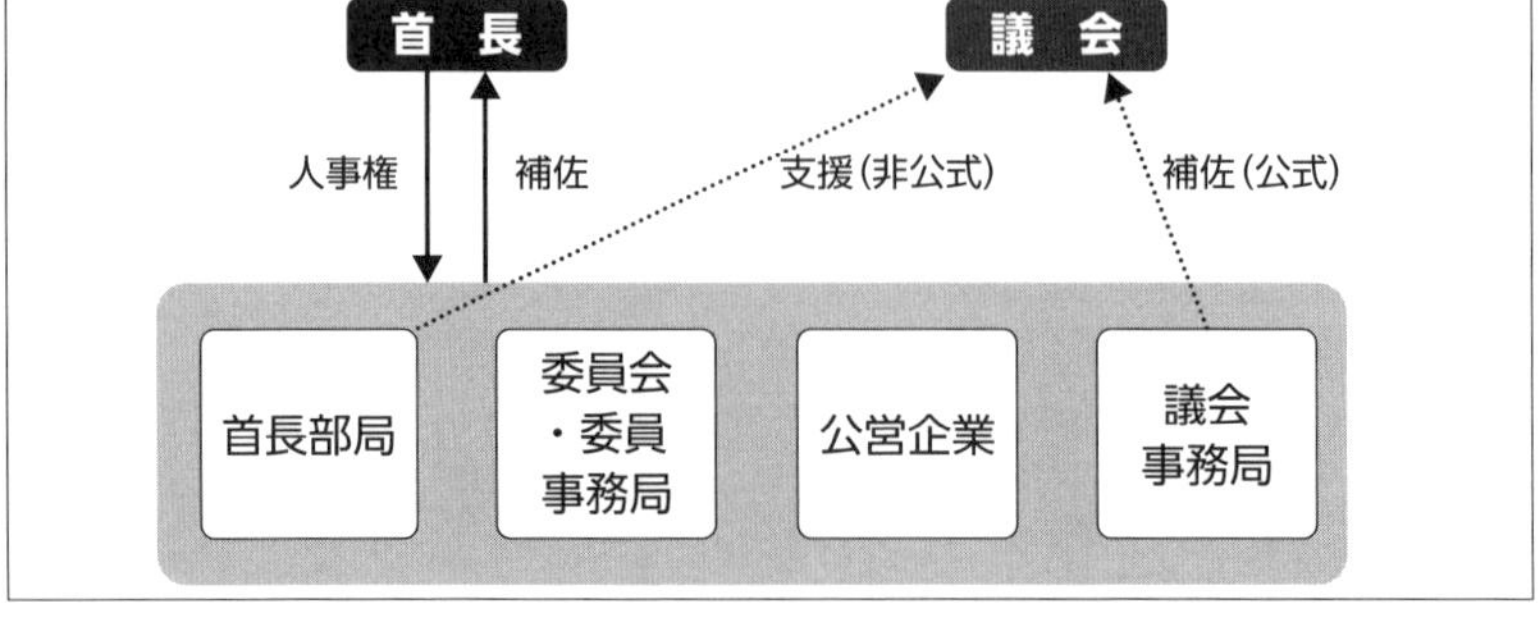

単に議員提案条例を推奨するのは、ある意味で茶番劇である。議員提案条例は、せいぜい理念条例にとどまり、行政部局によって執行されることはない。とはいえ、このような議員提案条例であっても、ないよりはまし、というのが議会改革の現実的な目標であろう。さらに、行政職員が執行するためのルールという旧来の条例観から、議会が理念的または具体的な政策を示すという、条例観のとらえ直しを含む。

第３章　議会と政策

第１節　予算と議会

はじめに

予算とは、自治体が地域住民に対して実現したい政策を、具現化するための手段である。それゆえに、予算を誰がどのように決定するのかは、極めて重要である。予算提案は首長に独占されている。それゆえ、予算編成・調製も首長に独占されている。執行機関多元主義の下では、予算編成・調製・提案権が、それぞれの執行機関にも認められるべきという考え方もあるが(1)、日本はそのような仕組をとっていない。このため、予算における首長の権限は大きい。

議会は予算を審議し、議決できる。首長は議会の議決を得ない限り、歳出予算を執行できないから、議会は全権を握っている。しかし、議会は、拒否はできても、自ら提案できない。受動的・消極的・抑制的であって、能動的・積極的・拡大的ではない。どちらかと言うと、地元や支持者・支持団体の要望を受けて、個別事項に関して予算措置を要望する、積極的・拡大的な議員像からすれば、議会の権限は筋違いである。

自治体議会改革が予算改革に踏み込むことは少ない。予算とは、個別的な要望だけでは成り立たない。総額（マクロ予算）と個別施策への予算措置（ミクロ予算）を、歳出と歳入とを、体系的に統合しなければならない。作業は膨大であり、労力と時間を割く必要がある。予算に深く関わることは、覚悟と責任を必要とする。

1　予算審議

(1) 総説

予算において議会は受動的である。執行機関側が、主として首長の政治主導の下、また、実務的には財政部局による予算査定・編成作業が終わるまでは、議会の出番は回ってこない。当初予算は、1月ないし2月ごろに予算編成がなされ、2月ないし3月ごろに議会に提出される。会期制の第１回定例会（３月議会）がしばしば「予算議会」と呼ばれてきたのは、このためである。なお、自治体の場合には、6月、9月、12月など、補正予算が常態化しているので、年４回程度の定例会が通例となる。また、３月議会でも、次年度当初予算審議だけではなく、当該年度の最終補正予算も審議されることも多い。

（1）首長が予算提案権を持つと同時に、それとは異なる予算案をその他の執行機関が提出できるのが、二重予算制である。この場合には、議会は、首長とその他執行機関から出される2種類の予算案を比較衡量できる。二重予算制の場合にも歳入予算全体を総括するのは、財政部局を所管する首長提出予算となろう。となると、他の執行機関の提出する予算案は、当該執行機関が首長＝財政部局に対して要求したが認められなかった事項を含む、復活要求案のようなものとなる。

(2) 予算審議の政治性

① 政治的困難

議会の予算審議は簡単なものではない。第1の難しさは、政治的なものである。

予算への反対投票は、内容への批判というより、首長施政への不信任を政治的には意味することがある。もちろん、これは議院内閣制＝一元代表制論の発想である。しかしながら、二元代表制論でも、討議広場代表制論においても、予算の否決は首長に対する不信任を本来は意味しない。制度的にも、首長不信任は4分の3の特別多数が必要である。討議広場《フォーラム》においては、首長と議員は自由闊達に討議すべきであり、予算に関しては首長のみが提出する役割になっているだけである。それゆえに、各議員が予算に反対することは首長不信任を意味しないし、結果として否決されても同様である。

とはいうものの、「与党」的議員として、首長に口利きをするためには、予算への賛否は「踏み絵」である。そもそも、議会での賛成との取引が、首長が口利きに配慮する動機である。それゆえに、積極的・要望的な議員は「与党」的に予算に賛成する以外の選択肢はない。そもそも、予算を否決すると、住民生活が困る以上、議会に否決の選択肢はない。アメリカでは、連邦議会が予算を成立させないために、連邦政府機関が閉鎖することが本当に起こる。しかし、日本の場合には、こうなれば、首長側ではなく、議会側が住民世論から政治的に非難を受けよう。

② 政治的討議過程

議会が予算を否決しても、首長側に批判が向かったり、あるいは、喧嘩両成敗になるかもしれない。その場合には、議会側としては予算否決は可能である。首長との政治抗争が激化すれば、あるいは、首長の予算に盛り込まれた一部の政策事項について議会側が猛反発すれば、議会は予算全体を否決することを厭わない(2)。両者が正面衝突を回避しなければ予算否決となる。首長側が折れれば、予算を撤回する。

予算を撤回して予算がない状態では、住民生活は困るから、通常は最低限度の業務執行を可能とする義務的経費にかかる暫定予算を首長は編成・提出する。暫定予算に関しては、実質的には、議会に否決する選択肢はない。本予算には、首長の望む政策事項の予算措置を盛り込み撤回しつつ、議会が納得しない政策事項を省いた暫定予算を提出できる。もちろん、首長側は、議会の納得が得られない政策事項を省いた本予算を提出することもできる。両者の政策的議論を継続するために、議会が減額修正をせず、首長は対立する案件を除いた本予算を提案せず、という膠着状態が続く予算審議過程もある(3)。

---

(2)　予算のなかの一部についてのみ反対であれば、その事項だけを減額修正することは議会としては可能であるので、全体を否決する必要はない。首長は、議決に持ち込むと自身の大事な政策事項が減額修正されるときには、当該予算を撤回し、暫定予算を提出する。

(3)　例えば、２０１０（平成22）年度の国分寺市では、暫定予算が繰り返された。当時、駅前再開発事業をめぐり、議会多数派と市長が激しく対立していたためである。年度当初予算が成立せず、２ヶ月の暫定予算となっていた。その後も当初予算は議論されていたが、５月の第２回定例会において当初予算が撤回され、４ヶ月の延長となる暫定予算が市長から提出され、議会で議決された。その後、９月の議会にさらに３ヶ月の暫定予算が提出され、可決された（都合９ヶ月、12月までの暫定予算）。12月議会になって、ようやく「消極的立場」の賛成も含めて可決され、当初予算が成立した。なお、２０１１（平成23）年度当初予算は、東日本大震災を受けた緊急事態対応として、当初予算を組み替え再提出された予算が、駅前再開発事業を盛り込んだまま、可決された。本予算が否決されてから暫定予算を提出することもある、例えば、２０１６（平成28）年度の小金井市では、３月の第１回定例会で当初予算が否決されたため、３月31日の第２回臨時会で２ヶ月間の暫定予算が提出・可決された。なお、５月の臨時会で本予算が審議され、可決された。

(3) 予算審議の技術性―各種の制約

技術的には、第1に議会は時間的制約に直面する。受動的な議会にとって、首長が予算を提出するまでは起動しようがない。法制的にも、都道府県・指定都市は30日前、一般市町村は20日前の提出でよい。しばしば、2月後半に予算は提出される。国会が1月から3月まで3ヶ月かけて予算審議をしているのに比べ、予算規模が小さいとはいえ、議会にとって予算を審議する時間は必ずしも充分ではない。

第2に、議会は情報的制約の下にある。議会の議決に係る歳出歳入予算は「款項」までである。予算は「款項目節」で構成されているので、詳細は執行部任せでもある。大枠に集計した予算だけでは、具体的にいかなる政策・事業を企図しているのか不明である。それゆえに、予算に関する説明書が重要であるが、どこまで詳しく政策・事業が説明されるかは、執行部の意志と能力次第である。議会側は圧倒的に情報不足のなかにある。

第3に、議会は体系的制約を受けている。歳出歳入の総枠が決まっているので、議会側として、新たに事業を追加することは難しい。総額が一定ならば、別の何かの事業を削減する必要がある。そして、歳入歳出予算の総額は、首長側が基本的に決定する。予算は全体のバランスが大事なので、部分的に修正すると、かえって予期しない不利益が住民に及ぶ可能性もある。それゆえに、議会の予算審議には制約がかかる。

2　予算委員会・分科会

(1) 時間的制約への対処

① 能力の問題

議会審議の1ヶ月を議会が充分に使いこなしているかどうかには、疑問もある。執行部内の予算編成は、10月ごろから始まる自治体であれば、４ヶ月程度かけているが、首長査定は、最後の段階の数日から数週間である。その比較で言えば、１ヶ月の審議期間は決して短くはない。しかも、議員は首長と異なり多人数であり、「人時《にんじ》」という労働時間・人工計算から、相当の議論はできるはずである。

また、一般的には議員能力は低いと考えられがちだが、議員出身の首長も予算査定の仕事をこなしている以上、議員の能力・資質の問題ではない。そもそも、素人政治家の能力が足りないならば、行政職員が支援すればよい。首長も全部自力で査定しているのではなく、財政部門の支援を受けている。

② 意志の問題

結局、議会の予算審議が実質化するかは、議員が首長なみに時間と労力を割くか、という意志の問題である。やる気のない議員は、予算を細かく見たくない。要望だけ無責任にしていた方が気楽である。さらには、「与党」議員たるもの、議会の予算審議とは、速やかに予算議決を得るものであり、できるだけ審議はない方がよいとも考える。このような議員がいるなかで、予算審議を充実させる方向で意志を合致させることは、決して容易ではない。やる気のある議員は、やる気のない議員に足を引っ張られるのが、合議制の弱点である。

(2) 情報的制約への対処

① 質疑の意義

予算の前提である政策判断は、予算議案書そのものからでは分からない。そのため、執行部側への議会質疑によって、初めて執行部の意図・判断が説明される。議会での予算審議は、政策的な中身の是非を論じる以前に、政策的な中身は何であるのかを確認することに費やされる。

このこと自体は決して無意味ではない。議員が質疑をしなければ、執行部は意図・判断を開示・説明しないまま、単に歳出予算の執行枠だけを授権される。予算の真意を明らかにさせることは、説明責任のための必要条件である。質疑によって、予算内容を変更させることはないとしても、白紙委任を回避することは重要である。

② 予算説明書

しかし、本来は、予算に関する説明書で、執行部側が行いたい事業が、充分に説明されているべきである。予算説明書の詳細化は、議会にとって重要である。そして、執行部側からの事前情報が多くなればなるほど、議会側では充分な時間を取って分析する必要が生じる。議員間で分業する必要も出るだろう。

(3) 体系的制約への対処

① 予算委員会

歳出歳入予算は、総額（マクロ予算）的にも、施策間配分（ミクロ予算的）にも体系的でなければならない。議会側が予算を体系的に審議するには、本会議で行わないとすれば、予算関係委員会で統合的に審議する必要がある。

行政分野別の常任委員会しか置かれていない場合でも、予算特別委員会が設置されてきた。

予算常任委員会が置かれることもある。同委員会には一部の議員しか入れないとなると、排除された議員にとっては大問題になる。会派内の統合性が強固であれば、会派から代表で予算常任委員会に出席すればよいが、自治体議会の場合、会派内の政策的一致は必ずしも強固ではない。それゆえに、予算常任委員会を置くと、議長以外全員の大規模委員会になる。マンパワーの確保からも、全議員が予算常任委員になることは望ましい。

②　予算分科会

本会議または予算常任委員会全体会で、一堂に会して審議を進めるのは非効率である。同時間帯に並行して質疑をすれば、それだけ予算審議は多くできる。もちろん、答弁する執行部側の首長・副首長などの幹部は、同時並行して答弁できないが、部長以下の行政職員は手分けができる。また、同時並行的な予算審議ではなくとも、分業して予算審議をした方が、議員として担当する予算の部分を深く検討できる。

そこで、実際には、政策分野ごとに分業する。予算常任委員会であれば政策分野ごとの分科会が設置される。その意味では、予算（常任／特別）委員会を置かないまま、各常任委員会に分割付託するのと、現象的には同じである。要するに、予算の体系性に対処するには、分業と協業が必要であり、全体を統括する予算委員会と、分業を行う分野別の常任委員会／分科会（以下、「予算分科会」）になる。

予算分科会が機能するには、委員数は少人数でなければならない。多人数になればなるほど、予算事業の採否をめぐって、委員間での合意形成は困難になる。極論すれば、予算分科会は１人であることが、意思決定には簡便である。首長査定が可能なのは、首長が独任制だからである。ただ、１人では合議制の議会の強みが発揮できないので、予算分科会は３名で構成するのが適切と言えよう。「予算小委員会」と言うべきである。

③ 分科会間の相互承認

多種多様な議員が存在するなかで、ある特定の議員に、ある特定の分野の予算事業の採否を委ねることには、バランスの観点からも問題があろう。特に、議会全体では圧倒的少数派の「野党」的議員に、独断で査定をされては、議会全体の意思とも合致しないし、本会議で逆転否決されるだけである。その意味では、１人査定はあり得ない。３名であれば、１名の議員が「過激」であっても、残りの２名以上で中和できる。尖った議員が、３名の予算小委員会のなかの２名分を占めることはないだろう。ともあれ、ある程度の本会議の勢力分布を反映した、数名の予算分科会になる。但し、人数が多くなればなるほど、実質的査定はできなくなる。

予算分科会への分業が成り立つためには、他の議員が他の予算分科会で査定した結果を、相互に尊重する必要がある。他の分科会の予算審議に納得がいかないとしても、自分の分科会のある案件を認める代わりに、他の分科会の案件を認める、という貸借取引もある。しかし、自分の案件は認めさせたいが、他者の案件は認めない、と利己的に議員が振る舞う場合、分科会方式は成り立たない。議員がお互いの結果を妨害し合えば、予算審議は形骸化する。政治的に賛否が大きく分かれる重要事案は、予算委員会全体で議論するしかない。逆に言えば、尖鋭な争点にならない案件は、ある程度の分業は可能である。

3　予算修正権

(1) 修正権の限界？

議会は、予算を否決できる。予算全体を無にできるならば、一部を変更する予算修正は、当然にできそうである。しかし、一般的には予算修正権には限界があるとされている。その理由は、以下のようである。

① 執行部予算論

予算とは全体として体系的な一体不可分のシステムであり、つまみ食い的に修正はできないという考え方である。例えば、減税する、事業増額もする、という「いいところ取り」の予算修正は不適切であろう。

予算の体系性と一体不可分性を担保するために、単一の機関による予算編成・調製・提出が自然である。全体を統括するのに適切な機関は、執行部であるとするのが執行部予算論である。理屈上は、議会は機関としては単一の機関であるので、一体不可分性は可能なはずである。しかし、実態としては、議会は多人数議員の合議制なので、つまみ食い的・部分的修正になりやすい。とはいえ、首長でもつまみ食い的予算編成は可能である。

② 予算修正権の限界

また、減額修正は可能であるが、予算増額修正はできないという考えもある。法制では、議会は予算増額修正を妨げないとされている。これを反対解釈すれば、議会に増額修正権はある。にもかかわらず、非常に奥歯に物の挟まった書き方である。仮に増額修正権があるならば、単に「できる」と書けばよい。それゆえに、関係者は、予算増額修正権は「認めたくない」のであろうと、制度精神を忖度する。しかし、条文を素直に解釈する限り、増額修正権はある。また、減額修正権に関しては特に規定がない以上、当然に存在すると考えられている。

そこで、議会に予算修正権があるとはいえ、首長の予算提出権を侵すことはできない、とされている。法制上、予算提出権を首長に独占させている以上、議会が無制限に予算修正できれば、首長の予算査定による調製は、「参考資料」「たたき台」としての意味しか、なくなってしまうからである。もっとも、予算提出権の範囲は曖昧である。とはいえ、上記のとおり、予算修正は認めたくないという制度精神を前提に有権解釈するので、極めて限定的な運用方針が示される。この発想で言えば、総額修正だけではなく、減額修正にも限界が、課されそうである。ともあれ、どの程度の修正はできないのかは、明確ではない。

(2) 修正権無限の意義と留意

① 意義

予算否決という「全部修正」ができて、予算の「部分的修正」ができないのは、理屈が通らないとも考えられる。もっとも、予算否決とは、「１００％減額修正」だから、減額修正は無限であるが、増額修正は無限ではないという考え方もあり得る。つまり、増額修正だけは予算提出権を妨げない範囲であるという発想もある。

議会という単一の機関の増額／減額修正である以上、一体不可分性は阻害しないはずである。さらに言えば、予算は一体不可分のシステムだからこそ、多種多様な住民利益を反映すれば、むしろ、部分的には相互に矛盾した内容をも含み得るべきである。住民意見は綺麗事ではなく、相互に異なり矛盾するのが当然である。それゆえに、予算の増額／減額ともに、修正権は無限であろう(4)。それゆえに、矛盾に見える内容は、住民間の意見／関心の多様性でしかない。多種多様な住民利益を反映すれば、相互につまみ食い的になるのは、ある意味で当然である。例えば、議会に任せたら、減税をしながら、事業を拡大する、というつまみ食い的修正になるという懸念はある。しかし、借金を増やさないことを動かせない与件とすれば矛盾であるが、借金を増やすという決定はあり得る。

②　留意

議会に予算修正権が認められれば、愚かな予算修正になる危険は常にある。権限を持てば、権限行使が適正になされることを担保する必要がある。そのためには、執行機関の行政職員による支援が不可欠である。あるいは、議会事務局体制を強化する必要がある、確かに、執行機関の所管各課のマンパワーに匹敵する人員を、議会事務局に配置することは無理である。しかし、予算調製に関して言えば、執行機関側でも財政部門の人数などは、大したことはない。その意味で、議会の予算審議／修正に必要な予算査定を支援する職員は、人員的には大きな負担にはならない。例えば、アメリカ連邦政府では、大統領行政管理予算局の他に、議会には議会予算局が置かれている。議会が予算修正をするためには、議会にも予算査定をする能力のある事務職員が必要である(5)。

(4)　自治体に法的義務が課されている事務事業の実施のために予算措置が必要だとすれば、法的に予算を議会が減額修正できても、事務事業が実施できなくなると、自治体としては違法状態になる可能性はある。その違法の責めは、第一義的には執行機関が負う。執行機関側からすれば、議会の無制限の減額修正の所為で、違法な執行をさせられてはたまらない。

(5)　アメリカ連邦政府の場合には、予算提出権は大統領にはなく、議会が予算編成をするのであるから、多少の事情の差異はある。とはいえ、実質的には、連邦予算は大統領が「予算教書」の形で提示し、議会が予算審議を行う形態となっている。当然、大統領に予算提出権がないのであるから、議会には予算の無限な提案権・修正権がある。日本の国会両院の場合には、法制局はあっても予算局はない。

4　予算要望

(1)　形骸化した予算審議

①　議会勢力分布

予算が議案として提出されてからは、実質的に審議・修正することは難しい。もちろん、予算の否決・減額修正などが起きることもある。とはいえ、実態としては、予算内容に即して是々非々で議論が行われるというよりは、元々存在する首長と議会多数派の深刻な対立がある場合に、予算案が「人質」としてとられる傾向がある。

首長と議会多数派の対立が、選挙のしこりや、人的嫌悪感からだけではなく、重要な政策案件について生じることも多い。例えば、前首長が議会多数派と一致して推進してきたプロジェクトに対して、異論を掲げて、選挙戦で前首長を破って新首長が誕生したときなど、選挙戦のしこりともいえるが、プロジェクトをめぐっての政策対立である。その争点で議会多数派が固定化するがゆえに、修正・否決がされても、予算審議は形骸化する。

通常の場合には、首長が議会対策を十全に行い、多数派「与党」が形成されている。この場合も、ある程度、議会内の勢力分布が固定化されており、予算審議は形骸化する。多数派「与党」議員は、円滑な議事進行によって、予算の期限内の速やかな可決・成立を目指す。こうなると、予算審議は時間を費やして、審議をしたように見せかける「消化試合」の様相を呈する。議会は首長提案に対する「ゴム印」と化す。

②　執行部による忖度？

もっとも、予算審議が形骸化・儀式化することと、議員が予算に影響を与えていないということとは、同じではない、というのが、多数派「与党」議員の言い分である。勝負は議会に提出がなされる前の段階にある。つまり、議員側の要望を充分に事前に反映した予算が提出されるのであれば、予算審議で特に質疑・追及すべき案件はないし、無修正・原案通過になるのは当然である。

それは、議会の無力を意味するのではなく、議会に権力があるがゆえに、修正・否決の必要のない予算が、議会を忖度して、首長から提出される(6)。つまり、外形的な形骸化は、議会が無力なときにも、議会が有力なときにも、ともに起き得る。そして、それを外形的な議会審議の状況から、鑑別できない。予算の無修正可決に関することの弁明は、首長と議会との双方の面子を立てることができる。首長は首長に権力があるがゆえに無修正可決と考え、議会は議会に権力があるがゆえに無修正可決となると考える。

(2) 事前過程

① 総合計画

予算編成の事前過程に、議員が関与する方法がいくつかある。第1の公式化した事前過程は、総合計画制度である。中期的な総合計画に基づいて自治体運営が行われるならば、単年度予算編成も総合計画に基づく。つまり、総合計画に掲載されている内容に、議会または議員が関与しているのであれば、予算審議が形骸化していても、議員が無力とは言えない。もっとも、総合計画の策定自体が、議会の関与が希薄なままなされているのであれば、事前過程も形骸化していると言えよう（本章第4節）。

（6）XがYの反応を予測・予期し、Yの意思をXが忖度し、それを踏まえてXがあらかじめ対応するときに、YはXに対して権力を持つ。それゆえに、表面的・外形的には、Yは具体的にはXに対して何も意思表示などすることはない。

②　予算要望

第2は、予算要望を予算編成前に執行部側に提起することである。住民・団体の声を反映した議員の様々な要望を聴き取ることは、予算内容を合理的にする可能性がある。もちろん、行政部局の所管課・行政職員も、首長も住民・団体の意見は広く集めている。しかし、それには限界もあり得る。また、首長の政策判断を、多くの公選職の多元的な目によってバランスさせることもあり得る。

問題は、予算要望の手続である。議会の公式の場でなされない場合には、裏での「口利き」になる。もちろん、日々の接触や対話は当然であり、議場以外で意見交換や議論ができないのはおかしい。しかし、公開では要望できないゴリ押し・依怙贔屓も可能になる疑念も生じ得る。そこで、本会議・委員会での質問・質疑や、陳情採択という形で、要望を公開で表明する。議会での質疑において、議員の提案に対する首長の採否の所見を伺う形で、公式の要望をする。さらに、予算に特化して、議員または会派からの要望をとりまとめて、首長側に提出することもある。あるいは、予算編成段階から全員協議会などの場で、予算編成方針について情報提供を行い、事実上の要望聴取がなされる。

③　予算要望の意義と帰結

予算要望に首長側が応じるのは、予算など無修正可決してもらうためである。となれば、多数派「与党」議員の要望への偏重になる。首長と「与党」議員の「貸し借り」である。「与党」議員になれば、予算要望が実現する可能性が高まるから、「与党」入りには旨味がある。「野党」議員になることは、予算要望で冷遇されることを意味する。但し、予算要望は、あくまでも首長が了解する範囲でしか採用されないのであり、あまりに首長の意向と異なる要望を持つ場合には、「与党」になる旨味はない。また、予算要望で議員が影響力を行使するためには、議会で首長提案を通過させる議決をする代価を払うから、議会の行政監視機能には阻害的に作用する。

5　議会予算枠

(1) 内容

執行部予算の下では、首長側が予算編成を独占するために、議会審議は形骸化しやすい。議会が実質的に予算に関与するには、議会自体に予算編成を実質的に委ねる便法がある。歳出予算のうち、実質的に議会・議員の意向を直接に反映する枠をあらかじめ設定し、首長側が予算編成・提出を行う。いわば、「復活予算枠」である。首長提出の予算に盛り込まれなかった予算案件を、議会側の意向で追加する。歳入予算の範囲内で、あらかじめ復活に充てるべき復活予算枠を設定しておけば、総額予算の増額にはならない。

自治体の議会予算枠とは、復活予算の実質的な決定権が議会多数派にあるということである。このような慣行を首長と議会の間で形成することができれば、議会は予算編成権の一部を獲得していると言えよう。

(2) 意義と留意

①　意義

議会予算枠は、議会側の予算要望を明確に制度化したものである。もっとも、事前過程において「与党」議員は予算要望を行っている。しかも、全ての予算項目に対して予算要望は可能である。しかし、予算要望は、水面下の圧力陳情になりがちである。また、予算要望を採択するか否かは、あくまで首長の裁量である。これに対して、議会予算枠は、予算に対する復活として、予算要望の実現過程を透明化する。また、議会多数派が裁量で決められるため、採否に関して首長に依存する必要はない。

首長側からすれば、事前過程での予算要望が、際限なく全ての事項に及ぶことを回避する。議会からの圧力の範囲を限定し、実質的には首長予算編成権＝執行部予算を強化する面もある。一種の「圧力逃がし弁」である。わずかな金額で、議会対策が可能になる。

②留意

議会予算枠は、首長による議会対策のうち、公然とした「買収」工作でもある。例えば、２０１６年度東京都予算7兆円のうち、復活予算はわずか２００億円である。都議会は２００億円（０・３％）の予算しか影響力を行使できていないのであれば、執行部側から見れば「安い」ものであろう。

議会予算枠２００億円は、ほぼ25年間不変で、しかも、復活で認められる項目もほとんど変化はない。「与党」＝議会多数派勢力がほぼ同じならば、配分が同じようになるのも自然ではある。しかし、そうであるならば、提出予算に盛り込める。つまり、必ず予算措置するとあらかじめ決まっている事項を、「与党」＝議会多数派議員が支持者・団体に「俺たちのお陰で付いた」と主張するものにすぎない。水面下の予算要望では、政治的アピールができないからである。

議会予算枠は首長の予算編成権の放棄でもある。金額枠を決定する明示的な根拠もない。「与党」議員・系列支持団体という既得権集団の利権の温床になり得る。配分を「与党」＝議会多数派の有力議員が行えば、議会内の権力基盤養成の道具でもあろう。議員が議会予算枠に満足すれば、議会の予算審議は益々形骸化する。

小括

予算審議は議会の大きな権限である。しかしながら、予算審議に関与するには、それなりの意志と覚悟が必要であり、また、権力行使には責任が伴う。しばしば、首長側に責任を押し付け、気楽な立場から要求だけに、流れがちである。しかし、首長と議員という公選職政治家が、自由闊達に予算を議論するところにしか、住民代表機能は存在し得ない。予算改革こそが、自治体議会改革の本丸であろう。

第２節　決算・監査と議会

はじめに

予算サイクルは、予算編成→予算審議・議決→予算執行→監査・決算認定という段階を追って進行する。いわゆるＰＤＣＡサイクルの原型とも言える。ＰＤＣＡサイクルで言えば、チェックに当たるのが監査・決算であり、それを踏まえて新たな改善につなげるアクションが重要であると考えられている。議会にとって予算議決は大きな権限であるが、監査・決算への関わりも大きな役割である。

1　決算認定

(1) 予算重視の慣行

① 予算重視の理由

自治体の現場では、長らく予算重視で運用されてきた。そのため、かつては、当該年度3月末に会計年度が終了しても、決算がまとまるまで長くかかることがあった。次年度9月議会だけではなく、次年度12月議会にも間に合わず、越年決算もあった。予算重視・決算軽視には、いくつかの理由がある。

第1に、既成事実の問題である。決算で問題点を明らかにしても、すでに予算は支出済みであり、事業は実施済みであり、もはや回復は困難である。済んでしまったことはどうしようもないのであって、将来に向けて何をなすべきか、何をなさざるべきか、が大事である。とするならば、決算ではなく、予算編成・予算要望や予算審議が重要な関心事となる。予算重視は、執行部でも議会でも同じである。

第2に、時間的乖離の問題である。PDCA論からすれば、将来に向けた改善においても、過去の評価と反省を踏まえるべきである。しかし、前年度に執行した予算について、監査・決算が行われるのは早い自治体で次年度9月議会である。しかし、このときには、すでに次年度予算は議決が済んで、予算執行の途上である。そして、決算を受けて改善ができるのは、早くて次々年度予算編成からである。PDCAサイクルは遅すぎる。時間的に遅延するならば、随時、問題点を把握し、予算要望や議会質問などで執行部側に改善を促すしかない。

② 法制の問題

第3に、法制上も、決算認定が執行部側にとって必須ではない。予算に対する議会の議決は、予算執行のために必須である。しかし、すでになされた予算執行に際しては、仮に決算が認定されなくても、法的には特段の支障はない。法的責任が発生するのではなく、政治的道義的責任が発生するだけとされる。予算サイクルの発想では、議会という討議広場《フォーラム》が授権した予算執行義務を首長が十全に果たしたかについて、議会が決算議決によって確認することで、議会という討議広場《フォーラム》に対する首長の責任解除をする(7)。現代日本の法制は、議会が首長に授権した予算執行責任を、追及されることのないまま放置する。決算が重視されなくなるのも当然である。

また、第4に、決算不認定の意味が、定まっていない。決算不認定とは、㋐予算どおりに適法・適正に執行されたが、執行の内容自体が政策的に議会から見て賛成できないことなのか、㋑そもそも、予算どおりに執行されず、適法・適正ではないことなのか、である。後者㋑の立場で決算不認定を行うのであれば、そういう事態は通常ではあり得ない。㋐の場合で決算不認定を行うと、㋑の決算不認定と区別が付かない。そこで、政策的に否定的判断をするためには、支出自体は適法・適正になされたと決算認定しなければならない自縄自縛論が発生する。こうした点からも、決算不認定に躊躇することもあり、決算審議は形骸化する。

(7) 二元代表制論に立つと、予算調製・執行・決算のいずれにおいても、首長は住民代表として単独で決定することが可能になる。実際、現行法制においても、上記のいずれも首長の単独の権限とされている。ただ、執行の前提として、議会の議決が必要であるという条件が付けられているにすぎない。一元代表制論に立つと、議会という唯一の住民代表が、議会に予算執行を授権する。したがって、住民代表ではない首長は予算について民主的正統性を持たない、予算執行の結果について、議会の責任解除議決によって、民主的正統性を事後的に付与してもらう必要がある。本書は、首長と議員からなる議会という討議広場《フォーラム》に住民代表機能が存在するので、首長・議員からなる予算審議の討議広場《フォーラム》が、首長という執行機関に予算執行を授権すると考える（討議広場代表制論）。首長は予算執行の結果について、首長・議員からなる決算審議の討議広場《フォーラム》において、事後的に民主的正統性を注入されなければならない。

(2) 決算改革

① 9月決算審議

以上のように決算が軽視されてきた経緯はあるが、ＰＤＣＡサイクルという発想から、決算審議への関心は高まってきた。それは、執行部においても同様であり、行政評価の導入と並行した動きである。執行部でＰＤＣＡサイクルのチェックを導入するのが、行政評価である。行政が自らの自己評価ではお手盛りになるということで、外部有識者・住民を交えた、第三者評価・外部評価もなされる。さらには、監査委員による監査にも、改めて焦点が当たってきた。行政評価・監視に議会が関わるものとして、決算が再浮上してきた。

第1に、決算委員会の設置である。全体を統括する態勢づくりは重要である。

第2に、決算審査をできるだけ早期に設定する。9月議会に前年度決算が提出されれば、それを議会で審議して、早期の改善につなげる。もちろん、予算サイクルを杓子定規に運用すれば、次々年度予算編成にしか反映できないが、議会での各種意見は、常に執行部側に伝えられ、執行・編成途上の予算においても反映し得る。

第3に、行政評価の評価・決算情報が、議会の決算審議にとっての重要な情報源として整備されてきた。年度予算は出納整理期間を経て6月頃に執行部内部ではまとめられる。そこから、行政内部の自己評価・第1次評価を経て、夏ごろに外部評価・第2次評価などを集中的に行えば、9月の決算審議に間に合う。

② 決算不認定の問題

決算認定自体が責任解除としての法的効果を持たないという法制は、依然として改まっていない。この点は、多少の改善はなされ、首長は決算不認定の場合に、必要と認める措置を講じたときには、議会に報告・公表するものとされた（２０１８年4月1日施行）。しかし、この程度の法制では、あまり大きな影響はないだろう。

第1に、首長「与党」派議員が多数であれば、政局的・政治的に、決算不認定は起きない、逆に、反首長派つまり「野党」議員が多数の場合には、政争・政局的に決算不認定をするだけである。決算の中身を審議精査して、不認定がされるとは限らない。こうした決算審議に対する諦観がある。

第2に、仮に決算不認定がされても、首長は、必要と認めないときには措置をしなくてよい。議会から様々な要望を聞いて首長は行政運営を行っているが、決算不認定も、そのような要望と性質上は何も変わらない。

2　監査と議会

(1) 総説

首長などの行政運営を統制するために、独立の執行機関である監査委員が置かれている。首長がとりまとめる決算に関しては、監査委員が意見を付して、議会の決算審議に供される。監査委員意見は、行政評価の結果などと同様に、議会の決算審議のための情報である。その意味で、監査は議会の決算審議のための支援を行う。

(2) 内部統制論

① ２０１７年地方自治法改正

現実には監査委員だけで膨大な行政運営を統制することは困難である。それゆえに、第一義的には、首長が内部統制を行い、その上で監査委員が重点的に外部統制を行えばよいという議論が出てきた（内部統制論）。２０１７

年地方自治法改正は、この発想に基づく。知事・指定都市市長は、内部統制に関する方針を定め、必要な体制を整備しなければならない。それ以外の市町村長は努力義務である。方針を策定した首長は、毎会計年度、内部統制評価報告書を作成し、議会に提出することとされた（２０２０年４月１日施行予定）。

②首長責任回避

この法改正の淵源は、住民訴訟制度の見直しに関する懇談会「とりまとめ」（２０１７年１月）である。全体のガバナンスの見直しにより、不適正な事務処理の抑止効果を高めることと取引で、住民訴訟４号請求での首長等の賠償責任を緩和する構想である。

もっとも、政治主導の下で、最も暴走が統制されなければならない首長が、内部統制の責任を負うという根本矛盾には答えていない。要するに、大きなガバナンス問題ではなく、職員を中心とする些末な案件に対する統制に限定した対策である。もちろん、職員の暴走を防ぐ内部統制も大事である。しかし、首長が「トカゲの尻尾切り」的に職員の責任に転嫁するのが、政治主導の帰結だろう。首長を免責するための内部統制にもなり得る。

③監査制度の充実強化

首長による内部統制の整備によって、限られたマンパワーの監査委員は、大局的から大方針を定めることと、重点的な事項に、エネルギーを振り向けられるようになれば、監査制度は充実強化される。

監査は監査基準に従う。監査基準は各自治体の監査委員が合議で定めて公表する。監査基準の策定について、国が指針を示し、必要な助言を行う。勧告制度が創設され、監査報告のうち、首長・議会が特に措置を講ずべき事項を、理由付きで監査委員が勧告できる。さらに、監査専門委員が創設される。また、条例による包括外部監査の実施頻度が緩和され、柔軟になる（監査専門委員は２０１８年4月1日施行、他は２０２０年4月1日施行予定）。基本的には、監査委員の専門性を高める方向性が打ち出されている。

(3) 議選監査委員の軽視

① 選択制の導入

現在進められている監査の充実強化は、実態は、首長の下の内部統制の強化と、国の技術的助言の下での監査委員の専門化である。首長から自立した素人の公選職政治家である議員への期待は低い。それゆえ、議選監査委員の選任義務付けを緩和し、条例での選択制にした。

当初は、議選監査委員制度それ自体の廃止も検討されていた。しかし、議会側の抵抗によって、「選択制」となった。選択制は、一見すると各自治体の自由裁量を認めて分権的な色彩を持つが、この文脈では、完全廃止に向けた妥協でしかない。議選監査委員が監査機能のために必要不可欠と位置付けられていない。

② 議選監査委員の形骸化

議選監査委員の廃止の背景はいくつかある。第1に、しばしば、実態として、議選監査委員は、議会のなかの処遇人事として使われてきた。議会として監査機能を強化するために議選監査委員を選任するのではなく、様々な役職配分のひとつにすぎない。しかも、しばしば、首長支持の多数派「与党」が議選監査委員を占める。監査委員の選任は首長が議会の同意を得て行う以上、首長の多数派「与党」議員から選任するのが最も円滑である。

それゆえに、しばしば議選監査委員は、首長と多数派「与党」との間の協調の産物である。このような議選監査委員が、首長に厳しい外部統制を行うはずはない。逆に言えば、外部統制としても機能していない議選監査委員を廃止しても、特段の監査機能の低下にはつながらない。

第2に、議選監査委員には様々な制約が存在する。先例・慣行など監査作業は定型化され、独自行動をしにくい。監査委員には執行機関としての「守秘義務」を課す慣行により、監査で知り得た重要な情報を議員活動では使用させない。本来、議選監査委員は、議会の意向を監査機能に送り込むための橋頭堡《きょうとうほ》のはずである。しかし、実態としては逆用されている。行政の秘密を共有する「仲間」として議選監査委員を取り込み、議員活動を拘束する。

③ 監査機能の強化と議会

議選監査委員の存在が、必ずしも議会の監査に係る機能を強化するとは限らない。首長＝多数派「与党」が協調していれば、そもそも議会は監査機能には貢献しない。

結局のところ、議会が監査機能に貢献するのは、多数派が「野党」的スタンスをとるときだけである。多数派「野党」が監査委員を政治的に後押しする限りにおいて、監査委員は首長に対する独立性を発揮し得る。それは、選任段階から言える。つまり、首長は、議会の多数派「野党」の納得する人物を監査委員に選任するしかなく、「お友達」を監査委員に据えられない。議選監査委員制度についても同様であり、多数派「野党」が、「野党」議員のなかから監査委員を推すときに限り、議選監査委員も厳しい監査を行うことができよう。

(4) 住民訴訟4号請求

① 概要

自治体のガバナンスを、首長を中心とする内部統制に期待するのは、限界がある。それゆえにこそ、首長から独立した監査委員による外部統制が求められる。住民から直接選挙される議会による抑制均衡が求められる。とはいえ、議会多数派が首長「与党」では、議会によるチェックは働かない。同様に、議会同意の監査委員も、専門性があろうとも、議会多数派が「与党」である場合には限界がある。このようななかで、自治体を最も強く統制できるのは裁判所である。裁判所は、首長とは人事上の関係を持たないからである。

自治体為政者を最も強く牽制してきたのは、住民訴訟である。住民は、個人であっても、財務会計事項に関して、住民監査請求を監査委員に提起できる。監査委員の結論に不服がある場合には、当該住民は裁判所に住民訴訟を提起できる。住民訴訟には、差止請求（1号）、行政処分の取消または無効確認請求（2号）、怠る事実の違法確認請求（3号）、損害賠償または不当利得返還請求（4号）がある。

このなかでも、特に、財務会計行為に係る首長・職員または相手方に、金銭を自治体に賠償・返還を義務付ける4号請求は、大きな影響力を持ってきた。1号から3号請求は、団体としての自治体の行為が否定されるだけで済む。しかし、4号請求の場合には、首長や行政職員という個人が責任追及を受けるからである。行政職員は、懲戒処分や左遷など、首長の人事権の発動に服しているので、4号請求が特にインパクトがあるのは首長個人である。住民訴訟4号請求は、首長から特に批判が強く、それを受けて改正された。

②　２０１７年地方自治法改正

新４号請求の内容は以下のとおりである。条例において、首長・行政職員の損害賠償責任について、善意かつ重大な過失がないときには、賠償責任額を限定して、それ以上の額の免責を、定めることができる。上記の免責条例には、国が参酌基準及び責任下限額を設定する。また、議会は、住民監査請求後に、当該請求に関する請求権等放棄を議決するときには、監査委員（合議）から意見聴取する。以上の内容は、２０２０年４月１日施行予定であるが、上記の免責条例施行日後の首長・職員の行為に基づく損害賠償責任から適用される。

簡単に言えば、首長免責の隠れ蓑としての議会が期待されている。４号請求は、団体としての自治体が、個人としての首長などに損害賠償などの請求権を持つ仕組なので、請求権を放棄することもできる。団体の機関としての議会は、団体としての請求権を放棄できる。これは法改正前後で変わっていない。さらに、議会には新たに、免責条例を制定する権限が追加された。

議会多数派と首長が連合を組めば、住民訴訟は機能しない。首長と安定多数派「与党」議会という、最も自治体ぐるみで「暴走」しやすいときに、外部の裁判所の介入を求める住民訴訟すら機能しない。逆に言えば、議会無視の首長暴走は、相対的に困難になる。国としては、首長暴走ではなく、首長＝議会連合によるガバナンス（「暴走」を含む）を推奨した。監査委員は、請求権放棄の議決の際に、首長＝議会連合の正当化以外に出番が期待されていない。

小括

以上のように、決算・監査における議会の役割は難しいのである。

第3節　財政健全化法制と議会

はじめに

自治体にとって予算は、政策的に何を優先するかを決める、団体意思でもある。と同時に、財政収支を均衡させ、財政の健全化を図ることも、重要である。住民が要望する期待に応えようとすると、歳出を拡大させ、歳入を超える傾向を持ちがちである。そこで、自治体の財政運営を外部から枠付ける仕組が出てくる。

1　財政健全化法制の沿革

(1)　１９５５年地方財政再建促進特別措置法

自治体が自ら財政の健全化と再建を図るのは当然としても、国が全国的な見地から一定の制度的手当てをしておくことは、不思議ではない。敗戦直後の地方財政の危機時への対処として１９５５年に制定された地方財政再建促進特別措置法を、平常時にも「準用」する方式がとられてきた。これが、準用再建団体である。

１９６０年代に地方財政危機の時代が過ぎると、準用再建団体は散発的に現れるにとどまっていた。準用再建では、基本的には右肩上がりの戦後成長期の財政を前提に、数年間をじっと静かに財政運営して、自然に回復するのを待つ。自治体は企業とは異なり、仕事（＝歳出）を抑え、人口さえ確保できれば、右肩上がりの経済では地方税と地方交付税は伸張するので、いずれは借金を完済して再建できる。

そして、準用再建に至ることを防止するには、借金を過大にしないことが重要である。これが、起債許可制度および起債を許可する限界を定める起債制限制度であった。構造的に財政状態を事前監督する仕掛けが、国による財政分析及び財政指導であり、ラスパイレス指数への指導であり、通達による地方行革の要請である。

(2) 2007年地方財政健全化法

しかしながら、1990年代後半以降の地方財政危機は、20世紀後半とは基調を異にする。端的に言えば、経済・人口の横ばいあるいは右肩下がりを背景とする。したがって、「ただじっとしていれば自然に回復する」という既存の財政再建法制では充分ではなくなった(8)。このような時代状況を受けて、地方公共団体の財政の健全化に関する法律（以下、「地方財政健全化法」という）が制定された。議会・議員に期待されていることを検討していきたい。

2　4指標

(1) 静養主義から予防主義へ

右肩上がりの時代では、放漫経営をしても、財政運営をしばらく抑制的にしていれば自然回復する。戦後日本は「若かった」。（準用）財政再建制度とは「とりあえず寝ていろ」という程度の内容であった。もちろん、若くて元気な者を「ただ寝かせる」静養主義も、結構大変であるが、特段の治療を施さないことには変わりはない。

ところが、右肩下がりの時代では、そうはいかない。「年がいもなく」はめを外すと、命取りになりかねず、それでなくとも長期加療は避け難い。「若かった」ときには、「おおむね7年程度」で回復したが、今日ではそうはいかない。したがって、再建団体になってからでは遅い。そのためには、事前の予防措置、それも自主的な予防が必要である。予防主義である。こうして、地方財政健全化法では4つの早期是正指標が設定された。①実質赤字比率、②連結実質赤字比率、③実質公債費比率、④将来負担比率、の4つである。

(2) 再生段階は手遅れ

地方財政健全化法制の根幹は、今まで以上に厳しい水準の範囲内に財政運営をとどめるようにすることへの、法制的な要請である。国による財政的な事前統制は、戦後体制に比べれば著しく強化される。自治体の裁量の余地をより狭めるという意味では、明らかに集権改革である。経済・人口情勢に合わせた環境適応であるとも言える。

財政健全化法制では、この4つの指標がさらに悪化すると、再生指標にもつながる。しかし、再生段階はあまり重要ではない。再生段階に入ったら、その名称とは裏腹に、手の施しようがないからである。再生段階には、全く新たな「緩和ケア」の施策が不可欠であるが、手当ては全くされていない。それどころか、再生計画に沿って借金返済を強制する。点滴をするどころか、脱水状態を起こさせている。

(8) 地方財政健全化法の制定の契機となったのは、2006年の夕張市の「財政破綻」及び「法再建表明」と、2007年3月の同市の準用再建団体化である。

(3) 事後的設定

財政健全化法制の予防４指標は、「後出しジャンケン」的に設定された。１９９０年度ごろのバブル期に消費税導入と相まって水膨れした地方財政は、その後のバブル崩壊後の不況対策として膨大な財政支出を迫られた。さらに、２００１年以降の構造改革路線により、地方財政の大幅な圧縮が進められ、地方交付税を中心として地方歳入は右肩下がりに向かった。こうして、累積債務とフロー歳入減とが重なって、２０００年代の地方財政危機が生じた。しかも、直ちにリストラに着手すべき情勢のなかで、市町村合併の騒動に時間を空費してしまった。

このような、全ての事態の累積の上に、４指標が提示された。仮にこの４指標が１９９０年代半ばに提示されていたならば、世紀転換期の自治体の財政運営は、もっと抑制的に推移したであろう(9)。つまり、予防効果が期待できた。しかし、現実の４指標はすでに悪化した状態から、治療を要求するための指標でしかない。

3　4指標の裁量性

(1) 財政当局の裁量

首長以下の財政当局者は、通常は４つの指標をクリアしようと努力する。しかしながら、４つの指標は「客観的」に存在するものとは限らない。４指標は、財政当局者による裁量の余地のある数字である。

地方財政健全化法は、夕張市の準用再建団体への申請と時期が重なっており、それを奇貨として立法化は進められた。しかしながら、地方財政健全化法は、夕張市のような財政破綻を予防する早期是正には、必ずしも役に立つものではない。指標を操作する余地が、ある程度は財政当局には残されているからである。それがたとえ「不適切」あるいは「不適正」であっても、「違法」ではない限り、いろいろな指標のつくり方ができる。したがって、数年前に地方財政健全化法が制定されていても、夕張市の状況を制度的に予防できなかったであろう。将来に向かっても、「不適切な財政運営」を制度的に抑止するものではない。

(2) 首長の政治決断

しかし、４指標は無意味ではない。４指標は、財政再建に向けて、首長が政治決断する場合、それを立証する極めて有用な指標となる(10)。４指標は一定の範囲内では、ある程度は「良く」も「悪く」も見せられる。したがって、財政再建・再生への政治決断がなされれば、指標を「悪く」見せればよい。逆に言えば、財政再建への政治決断に踏みきれない場合には、指標を「良く」（あるいはそれほど「悪く」はなく）見せるだけのことである。

裁量的４指標という仕掛けは、自治体の財政再建・行政改革への自主的政治決断を支援する制度である(11)。そして、早期是正の数値ラインが、破綻＝再生の数値ラインより低いため、「悪く」見せるのが簡単である。つまり、自治体の政治決断を早期に促す。もちろん、決断しない場合には、数値を「良く」見せて先送りできる。指標は

(9) 但し、１９９０年代後半に4指標が打ち出されていれば、２０００年分権改革も財政対処を先行させたかもしれない。その場合に、１９９７年消費税率引上げの延長線上に地方財政総額確保に向かったのか、あるいは、市町村合併や集中改革プランが前倒しになったのかは、分からない。さらに言えば、２０００年分権改革も挫折していたかもしれないし、三位一体改革も回避できたかもしれない。

(10) もっとも、地方財政健全化法以前の様々な指標でも、政治決断次第で「良く」も「悪く」も見せられる。「悪く」見せるその典型は、形式収支として赤字決算を打つことである。したがって、4指標がなくとも、政治決断さえすれば、数字で立証できる。

(11) 自治制度は、基本的に自治体当局の自主決断（「自決」）を迫るようにつくられる。自治制度官僚は、法令・財政状況を解釈し、自治体の再建に向けての「介錯」を行う。このような制度及び運用を、集権的と見るか、自治的と見るかは、多分に論争的である。

「悪く」見せることもできる。「客観的」な指標に基づいて財政状態を判定するのではなく、財政状態の政治決断を行ってから、指標が事後的に算定されて、政治決断を事後的に正当化する（ポリシー・ベースト・エビデンス・メーキング・ＰＢＥＭ（policy based evidence making））。これが地方財政健全化法の４指標のポイントである。

4　議会・議員の「人柱」機能

(1) 議会の監視機能という建前と限界

地方財政健全化法は、首長以外にも、監査委員や議会にも一定の役割を期待している。財政状況（指標）を議会・住民に公開して、自主的規律を期待する。自治体議会は、監査委員と並んで、財政規律の監視役という位置付けである。これまで以上に議会・議員は、財政分析をしなければならない。しかし、財政当局が巧妙に「良く」あるいは「悪く」作成した財政資料を、議員が理解・解読するのは困難である。財政当局が示した指標に反証することは難しいし、議会が財政規律を監視することは、能力的に困難である。

また、議会・議員は財政規律を守る指向性は低い。多数の議員からなる議会は、全体バランスを考えずに個別利益を要求できる。議会は、総論賛成・各論反対になりやすい構造である。議員は自分の地元・支持団体の要求を全体の財政規律のために我慢しても、他の議員に抜け駆けされては、我慢した意味がないからである。これは多人数からなる組織の必然である。そして、議員がまじめに財政規律のために努力しても、首長の手柄になってしまう。

(2) 責任追及されるための議会

議会が自主的に財政規律を護持するなどとは期待されていない。むしろ、議会は事後的な問責対象として想定されている。財政破綻状態と政治的に決着すれば、事後的に4指標を当てはめ、遡及的に責任の追及が可能な仕組になった。その場合、誰か責任を追及される対象者が必要である。サンドバッグ役に期待されるのが、議会・議員である。「議員がしっかり監視していなかったからだ」と非難できる。議会を非難しておけば、非難回避によって財政当局・首長・総務省・都道府県・住民・マスコミ・研究者などの責任は、なにがしか軽減される。

自治体議会・議員は、事前に財政規律を守るべく、監視する能力も可能性もなければ、それに適合した制度構造にもなっていない。しかし、破綻状態になれば事後的に責めを負わされる。「民草」（＝住民）の代わりとして、そして「お上」（＝首長）に責任を波及させないために、「人柱」になることが期待されている。

5　自治体議会・議員の政局機能

(1) 細かい財政論議の限界

自治体の財政規律・健全性が守れるかどうかは、首長・財政当局の意思と能力次第である。議会・議員がいくら頑張っても、隠蔽・粉飾には太刀打ちできない。数字の根拠のある議論をいくらしても、財政当局にはかなわない。しかし、数字の根拠のない議論では、財政当局は痛くもかゆくもない。

(2) 素人の大局判断

したがって、細かい技術論ではなく、議員には、当該首長・財政幹部職員に対する大局的鑑識眼が求められる。信頼できるかできないかの直感的・動物的な政治判断である。議員は、あくまで素人の公選職であって、専門家であってはならない。素人の感覚を失って、財政の細かい技術を習得してしまえば、それこそ財政当局者と感覚を共有してしまい、財政当局の隠蔽・粉飾に不感症になる。議員は、財政分析を勉強しすぎてはいけないのであり、むしろ素人の直感を研ぎ澄ますべきである。それが、政治家としての議員の責任である。

議員の本務は、財政運営の技術論ではなく、政局である。信頼できないと認められる首長・財政幹部職員であるならば、直ちに交代のための行動を起こさなくてはならない。信頼できないと分かっている首長を辞めさせることができなければ、政治責任を免れない。また、信頼できない人物を信頼してしまった鑑識眼の欠如は、政治責任を免れない。つまり、財政破綻という結果が生じたら、必ず議員は責めを負わされて、「人柱」になる。

6　自治体議会・議員の枠付け機能

(1) 議会の空気

議会・議員が、財政規律に対してどのような雰囲気や指向性を持っているかで、首長・当局は左右される。このような議会の空気は、その自治体の大局方針を枠付ける。したがって、議会・議員は財政健全化に寄与できる。

地域振興に熱心な議会は、財政規律を弛緩させる雰囲気をつくる。「地域活性化すれば、将来的に元がとれる」という自己正当化が容易である。地域振興は投資的経費＝借金の活用が可能なので、財政悪化がすぐには顕在化しない。さらに、住民の生活と雇用がかかっているという自己正当化も可能である。しかも、地域振興には、第三セクターなどの外郭団体が活用しやすい。議会が地域振興を目指す限り、財政規律を強化できない。

福祉サービスに熱心な議会も、財政規律への障害を高める雰囲気をつくる。財政的な収支全体のバランスや中期見通しはさておき、問題となっている個々のサービス・施策の拡充を求め、あるいは削減に反対する。仮に、全体としての財政規律には賛成であっても、いわゆる総論賛成・各論反対の雰囲気となる。

(2) 削減指向の議会

行政改革に熱心な議会は、財政規律には有用である。とはいえ、通常は、当局側が行政改革あるいは負担増・サービス減の具体案をとりまとめると、総論賛成・各論反対状態になることも多い。行政改革に熱心な議会とは、総論賛成・各論賛成への転換がされている。つまり、議員の仕事は、《何を増やすか》ではなく《何を減らすか》になっている。自分の地元・支持者に関わらないところを探して、削減項目を探る。しかし、これは政治的には「弱者しわ寄せ」の議会である。さもなければ、議員間の相互監視によって、抜け駆け的な既得権維持を許さない、一律削減型を目指すしかない。「貧しからざるを憂えず、等しからざるを憂うる」議会である。

このほか、「うまそうな話」には乗らない猜疑心の強い議会は、財政規律に有用かもしれない。「うまそうな話」で事業や施策を進めてしまい、後になってツケが回ることが、財政状況を悪化させるからである。あるいは、首長と対立して足を引っ張る議会は、財政規律に有用なことがある。首長の拡大路線の足を引っ張るからである。但し、首長の行政改革や財政再建への足を引っ張ることもできる。このように、議会の大局方針は、首長・財政当局の行財政運営に枠付けを与えることで方向性を規定できる。

小括

議会・議員には、財政規律を強化するインセンティブはない。住民も議会・議員に過度な期待を持つべきではない。議員も、財政分析の能力を高める必要はない。議会・議員に求められているのは、素人の住民に代わって、いざというときに、「人柱」として潔く全責任を負うことである。それによって、可能な限り住民や次世代の地域社会の生活を守る。財政破綻を防ぐには、政局で信頼できる首長を擁立することである。

第４節　総合計画と議会

はじめに

多岐にわたる自治体の政策を、総合的に管理することは難しい。制度的には、住民代表である首長と議員が討議をしながら管理をするのであるが、人間が見きれる範囲には限りがある。そのため、政策総体を上手に把握する道具立てがないと、首長や議会は、思いつき、気まぐれ、つまみ食い的に、政策に介入することになる。そのような悪しき政治主導ではなく、全体を眺めた上で政策を推進する手段が総合計画である。総合計画が自治体のマスタープランであるのは、いわば、個別の政策のあり様を全てに通じて差配するマスターキーだからである。

自治体議会は、個別政策に関与せずとも、マスターキーである総合計画を使いこなすことで、自治体の政策全体の方針を定められる。同時に、しばしば、個別利益の口利きに走りがちな議員の仕事ぶりを規律する上でも、総合計画の意義は大きい。総合計画は、議会に力を与えるとともに、議会の力の発揮の方向性を誘導する。

１　立案過程と議会

⑴　執行部側の優位

一般に、総合計画を立案するのは、首長以下の執行部側である。その意味で、総合計画は行政計画である。しかし、総合計画が自治体の計画であるならば、議会が関与すべきである。立案や作成に関与しなくとも、議会の審議・議決に係るのであれば、その段階でも充分という見解もあろう。しかし、「原案は七分の利」とも言われる点を考慮すれば、立案過程への関与は重要な課題である。

⑵　議会の限界

議会が、執行部側のように、あるいは、執行部側と協働して、総合計画の策定に当たることは、必ずしも容易ではない。総合計画の立案には、調査や調整など膨大な情報処理作業が必要になるので、行政職員という補助機関を持つ首長に比べて、議会側はマンパワーが欠けているからである。しかし、この難点は、実は本質的な隘路ではない。コンサルタント会社に外注できるからである。また、形式的には、行政職員は首長の補助機関であるが、議会側が実質的に行政職員に仕事をさせることは、不可能ではない。実際、執行部側の行政職員は議会に対して、説明や根回しをしている。議会は、議会事務局だけに頼る必要はない。

議会が、コンサルタント会社や行政職員を使いこなせないのは、指揮命令系統が構築できないからである。執行部側は、最終的には首長の指揮命令に服する。しかし、議会は、形式的にも対等な議員の集合体であるし、実質的にも多数会派の合意形成を要するものであり、単一の指揮監督者が存在しない。このため、議会は統制を取って総合計画の立案に当たることは困難である。

2　協議と総合計画審議会

(1) 議会からの意見聴取

議会が策定過程に関わるときに、執行部側の立案過程に併走して、意見表明に関わることが考えられる。とはいえ、原案の起草を議会側はできない。原案への意見表明[12]というスキームでは、原案作成側が優位する。なぜなら、原案がある程度固まらなければ、議会側も意見の言いようがない。「しっかりした案をとりまとめてこい」となる。しかし、しっかりした原案をまとめて持っていけば、今さら意見を言っても変えようがない。「もっと、早い段階で持ってこい」となる。こうして、有意味な意見表明を行える機会を設けるのは容易ではない。

(2) 議会の関与方法

とはいうものの、全く議会側の意見の反映の余地がないわけではない。立案過程への議会の関与には、大きく分けて3つの方法がある。第1は、執行部と議会・議員との非公式協議である。簡単に言って、会派や議員に、個別または集団で、説明を行ったり、勉強会を開催したりする。第2は、議会の全員協議会や委員協議会で協議をしたり、本会議または委員会で報告説明などを受ける。立案段階での意見聴取は正規の審議事項である必要は全くない。したがって、実質的に意見を交換すればよい。

第3は、総合計画審議会に議員が参加する。首長の附属機関である総合計画審議会に、議会・議員が参加することには、「二元代表制」論の立場からは、否定的な見解も存在する。実際にも、審議会には議員が関わらない自治体もある。審議会段階で議員が意見を言い、全会一致などで答申をしては、議会として自己拘束を受け、議会の自由な意思形成・意見表明が困難になるからである。しかし、議員が総合計画審議会に関わった方が、実質的に議会側の意見が反映でき、さらには、首長と議会側の調整が進みやすく、議会による計画への関与の機能をうまく発揮できるという考え方もある。審議会に議員が参加し、さらには、審議会会長を議員が務めることで、より積極的に関与する自治体も存在する。要は、それぞれの自治体での意思決定方式の慣行と選択である。

3　議会による議決事件

(1) 事前調整の実効化

議会が総合計画の策定に深く関わるためには、議会の議決事件とすることが、最も基本である。ただ、すでに述べたように、実質的な決定への影響力は、原案作成側にある。したがって、単に総合計画案への議決権があるだけでは、議会側の意見が反映できるようにはならない。

むしろ、議決事件において重要なことは、議決という最終的な関門によって、事前の立案段階において、執行部側が議会側の意向を忖度して作成する蓋然性が高まることが期待されることである。最終的に否決される計画を立案するのは、執行部側としても、無駄な労力をかけることで愚かである。したがって、議決事件とは、議会の審議それ自体を活性化させる期待は少なくとも、事前の調整段階を実効化させる期待がある。

(12) 原案作成をする執行部側から表現すれば、議会からの意見聴取である。

(2) 議決権の限界

議決制度の効果は万能ではない。執行部側が、議会側の意向を忖度する意志と能力があるときにのみ、事前の調整段階が実効化される。しかし、執行部側は、議会の意向を予期せず、予期が外れ、予期してもそれを汲む意向がなく、意向があっても能力がないときには、執行部側が立案した総合計画は、議会にとっては呑めない。このときには、議会側は完全に否決をするのか、完全に丸呑みするのかの、踏み絵を踏まされる。

否決をすれば、首長側の喧嘩を買う、あるいは、首長側に喧嘩を売ることになり、対立が表面化する。しかも、総合計画が策定できないという責任や、対立に伴う沈滞の責めを負わされる。可決をすれば、首長側に屈することになる。議決権とは、議会側に、必ずしも大きな力をもたらすことにはならないのである。

(3) 議決権の拘束要因

議会に議決権があったとしても、審議が自由にできるとは限らない。

第１に、執行部側の立案過程で、議会側が関与しているならば、議会側には一定の自己拘束が作用する。非公式の協議で議会側の意見を聞いて策定したものに、正式の審議において自由に討議することは難しい。「もし意見があるならば、もっと早い段階で言ってくれ」ということになるからである。

第２に、執行部側は議会の多数派＝「与党」の意を忖度して立案した場合には、議会多数派には自由に審議する意味はない。速やかな可決が議会多数派の使命となる。自由に議会で審議すると、議会少数派＝「野党」に異論を述べる機会を与える。これは議会多数派の意向に適うものではない。こうして議会の審議は形骸化する。

第３に、執行部側が丁寧な住民参加を経て立案しているときである。議会側が執行部側に意見を言えるのは、議会・議員が住民の意向を代弁する公選職としての地位を持つからである。しかし、すでに直接に住民の意見を充分に反映していれば、議会の出る幕はない、とされやすい。

(4) 議決制度

① 基本構想レベル

２０１１年改正前の地方自治法では、基本構想が法定議決事件となっていた。一般に想定されている総合計画の三層制では、最上位の基本構想のみが議決に掛かり、基本計画と実施計画は議決に係わらない。しかし、地方自治法は「基本構想」が何であるのかを指定していなかった。それゆえ、理屈上は、通常の実施計画レベルまで「基本構想」であると称して、議会の議決を求めることは不可能ではなかった。実務では茫漠とした内容を、「基本構想」と称して執行部側が議案としていただけである。つまり、何を議会の議決対象とするのかを、執行部側が裁量で決めていた。したがって、議会による議決は、執行部側によって空洞化され得る。

それと同時に、全てを執行部側で決定してしまうと、議会の了解を得ていると正統化もできなくなってしまうので、執行部側にも一定程度の範囲で議会の議決を得たいインセンティブもある。多くの自治体の慣行となってきた「基本構想」の漠然度合いは、執行部側が両方向のバランスのなかで選択していた。

② 基本計画レベル

通常の議決事件である基本構想があまりに空漠としている場合には、通常の基本計画レベルにまで具体化された計画を議決事件にすることが、議会側の対応であった。議決事件追加条例によって可能である。しかし、ここでも、議決事件として追加された「基本計画」なるものが、一体どのような内容を備えるべきものか、相当程度に詳細に規定しない限り、上記の問題は発生する。つまり、執行部側が、「これが議決事件として追加されているところの基本計画である」と裁量的に判断して、議案を提出する。

③　２０１１年改正以後

２０１１年地方自治法改正により、基本構想の策定義務が削除され、それに連動して、基本構想の議決制度もなくなった。基本構想の義務付けが廃止されても、議決事件追加条例で、必要に応じて議決事件にし続けることは可能である。トータルとしての議決が必要という意味で、事前調整過程において、議会側の意向を執行部側が忖度することを実質化させる。この観点から、議決事件追加条例によって、総合計画を議決事件にしておくことは、議会にとっては重要であろう。

小括

総合計画は、議会にとっても重要である。首長は「改革」を掲げ、マニフェストやブログなどを背景に、意思決定構造を打破しようともしている。議会としては、総合計画を使いこなす新たな工夫が求められている。

第3部

議会と人間

第１章 議会と議員

第１節　議員間の対等性

はじめに

(1) 議会と首長の相違

自治体議会を論じる上で、議会と議員とは、特段の区別をすることなく議論することも多い。首長に関しては、機関としての首長と公選職としての首長とは、基本的に区分する必要はない(1)。首長はひとりだからである。しかし、議会・議員の場合にはそうはいかない。機関としての議会と、公選職としての各議員とは、明確に区別される。簡単に言って、多数の議員の合議体である議会の場合、ある議員の意思が、そのまま議会の意思になるとは限らないからである。合議制機関としての議会は、対等な複数の議員から構成されるのである。

そこで、本章では、議会と議員の相違から発生する特徴について考えてみたい。そして、しばしば、議会の問題とされる現象がこれらの特徴に起因している。それゆえに議会の改革は容易ではない。

(2) 議員間の対等性

議会は、個人事業者とでも言うべき対等な立場の各議員が、議論を行って意思決定を行う合議体である。各議員の間に上下関係はない。複数人からなる合議体が意思決定するには、通常は多数決制によるのであるが、そのためにも各議員間からなる多数派形成が必要である。完全な意味で各議員が個々に行動していては、相互交渉や意思形成のための取引費用がかかりすぎるので、機関として意思決定ができない。そこで、交渉費用を削減するための様々な手法や内部規制を生み出してきたのである[2]。

なお、本書は、首長と各議員の集まった討議広場《フォーラム》のなかに住民代表機能が存在すると考えている（討議広場代表制論）。その意味では、首長も単独では代表機関ではない。あくまで、議員との討議のなかでの合意形成をしなければならない。同様に、議会という議事機関も、それだけでは代表機関とは言えないので、議員間だけで合意形成

（1）但し、首長に関しては別の形で、区分のあり方が問われてきた。第1に、機関としての首長と、私人としての首長の相違が、住民訴訟の被告のあり方や、首長個人による債務保証、第三セクターの社長への就任などが問題となってきた。第2に、執行機関という行政を担う立場としての首長と、住民から直接選挙される公選職政治家としての首長という立場の相違が問題であった。例えば住民投票を実施する場合、首長は実施機関として「中立」的に住民投票事務を執行しなければならないが、政治家としては投票で問われる争点に賛否の立場を「政治的」に有していることが多かった。第3に、機関委任事務制度の下では国の機関としての首長と、自治体の機関としての首長の立場の相違が深刻な問題でもあった。この点は、２０００年分権改革による機関委任事務制度の廃止によって解消され、首長は自治体の機関として一元化されたとも言える。しかし、国の法令・処理基準に規律される末端為政者である首長の立場と、地域住民に答責しなければならないという住民自治を受託した為政者としての首長の立場とは、依然として相違している。

（2）首長は独任制であり、ひとりで意思決定できる。もちろん、首長部局は多数の特別職・一般職の職員から構成されているので、首長部局はひとりではない。多数の人間を独任制の意思決定の連鎖で構成した組織が、階統制である。首長部局は、議会以上に多数の人間から構成されているが、首長以外は全て首長の部下である。階統制は、首長と他の職員との間が、対等性ではなく階層性で特徴付けられる。首長は部下の異論を押し切って決定できる。

をしても代表性を帯びることはない。

結局、首長と各議員からなる討議広場《フォーラム》が重要であり、そのフォーラムのなかには一切の上下関係はない。首長は個々の議員の上司ではない。その意味では、首長・議員間の全体を通じて、対等性が存在している。ただ、制度的には、首長個人には提案権や再議権がある一方、議会での議決権はないというように、他の議員とは位置付けが異なる。しかし、本節では、議会と議員の関係のなかでの議員間の対等性に絞って論じていく。

１　会派

(1)　会派による交渉費用の節約

複数議員をまとめて会派を形成することで、交渉回路を会派間に限定できる。まずは会派内で意思統一を図った上で、会派間で交渉をした方が円滑に進む。会派間では「１人会派」を交渉対象としては認めず、さらに言えば、「交渉団体」を一定数以上の議員をまとめた大会派にのみ限定できる。あるいは、議会多数派を押さえている「与党」会派間の合意形成を優先できる。複数の議員の全員と交渉する必要はなく、過半数の議員と交渉すれば効率的だからである。

会派の団結力と「数の力」は重要であるが、個々の議員間の競争性とは緊張関係も孕むものであり、しばしば会派は分裂しやすい。議院内閣制として政権を維持するという責任から解放されている自治体議会では、単独過半数を押さえる単一会派が形成される必要はなく、会派はしばしば分裂する。会派として分裂して小さいながらも独立の会派を構えれば、会派間の交渉当事者になれることもある。個々の議員は、大会派に属して自己の意見を反映させることと、小会派に分離独立して自己の意見を反映させることを天秤にかける。

⑵ 会派内部の意見集約

会派が交渉当事者となれるのは、会派内部として意見集約がされているときである。会派の組織化を進めるために、会派内部での役職が発生する。議員団長、会派代表者、幹事長、政調会長などである。会派を指導する議員幹部集団が「執行部」を形成すれば、会派間の意見調整も円滑になる。つまり、水平・対等かつ多数で個々の議員を会派に束ねることは、議員間にある種の分業制と階統制をもたらすのである。

各議員は対等ではあり、微少（＝「定数分の1」）の権力を分有している。しかし、権力は会派構成によって再配分される。大会派・多数会派に有利に再配分され、さらに会派内では、執行部・役職員に相対的に多くの権力が再配分される。各議員は、そのような政治的算術のなかで、会派への加入・離脱を決め、会派の分離独立や大同団結を模索し、さらに、会派内での「出世」を目指すのである。

もっとも、会派は機能するとは限らない。個人事業者である各議員は、もともと階層組織には向いていない。したがって、会派が組織的に意思決定をできなくなることもある。組織としての会派をまとめるのが執行部の議員の役割であるが、その手腕によって会派ひいては議会の意思決定能力が変わるのである。

2　先例踏襲

(1) 議会提要と先例集

客観的に文書化されたルールによる支配と先例踏襲は、官僚制に典型的に見られる現象である。しかし、自由に各議員が自己の見識に従って討論をできるはずの議会においても、先例尊重がしばしば見られる。

例えば、神奈川県議会議会局（議会事務局）が編集した『神奈川県議会提要（2015年版）』(3)には、「会議規則」や「委員会条例」「傍聴規則」というような「正規」の法的ルールのほかに、「要綱」「要領」「規程」「細則」などが収められ、さらには、「団長会規約」のような「規約」も収録されている。そして、そのなかで「神奈川県議会先例」が、かなりの分量を占めている。例えば、会派に関しては「会派結成届、会派呼称届、正副団長届、議員入団（離団）届、会派名変更届及び会派解散届は、そのつど会派の代表者等から議長あてに提出される」と文書化されている。また、2007年版では「全ての常任委員会に、委員を最低1人出せる議員数を有している会派を交渉団体とする」(4)（1999年5月6日、団長協議会決定）となっていたが、「所属議員4人以上の会派を交渉団体とする」（2011年5月6日団長協議会決定）と変更されている。

(2) 先例とは何か

議会運営は地方自治法、会議規則、委員会条例だけでは詳細までは網羅できない。そこで、議会で慣例的に行われていることを「議会先例」としてまとめて、運営のよりどころにしているという。議会先例は、おおむね、

① 同じ事例が重なり、それに対する取扱がひとつに決まってきて、今後も同じ取扱になると想定されるほどに規範力を持つに至ったもの。

②　議会運営委員会により決定されたことで、今後もその取扱が続くと考えられるもの。

③　事例の積み重ねはないが、今後同じ事例が生じたときに取扱を決める参考となるもので、重要と認められるもの。

とされているが、「重要」などの基準はかなり感覚的である。

「議会先例」は編集のたびに少しずつ加除されていく。収録してから長期間が経過してすでに運用していないものや、収録時と取扱が異なるものは削除されていく。議員も経験を経るうちに、先例を体得はしていくが、実際の議会先例に習熟していくのは議会事務局職員である。

(3) 先例への反発と効能

このような議会の慣行には、新人議員、特に無党派・市民派を標榜する議員は、大いなる違和感を覚えることがある。しかし、対等な議員間で審議するためには、自己顕示欲と権力欲が一般的日本人よりは強い議員もいるかもしれないから、先例で縛らないと収拾がつかない状態となる(5)。機関としての意思決定を重視する有力古参・長

(3) 以前は2年ごとに編集していたが、現在は議会改選期の4年ごとの編集となったようである。

(4) ２００７年5月段階の構成では、交渉団体は議員8人が必要である。神奈川県議会は定数１０７であるから、７・５%ということである。なお、会派数は「1人会派」を含めて10会派であり、交渉団体は4会派である。２０１９年3月段階では、会派は14、交渉団体は6会派である。定数１０５（現員１００）なので、交渉団体は４%弱の勢力があればよい。

(5) 逆に言えば、公募・自薦・立候補などによるのではなく、行政からの一方的な委嘱による旧来型の審議会では、ルールで厳格に縛る必要はない。なぜなら、これらの行政委嘱委員は、過度に自己主張して審議会の意思決定が不能になることを自ら回避することを「心得」ている、あるいは「心得」ていることを期待されている、からである。「心得」のある人には、「心得」という会則を示す必要はない。

老議員は、相互の談合によって、こうした先例踏襲に利益を見いだす。

このため、おかしな慣行・慣習の継続や因襲が生じることもある。先例とは特定の有力議員間の協定であるから、少数派の議員を抑圧する機能も持っている。会議（convention）とは、協定であり、慣行であり、因襲である。そして、先例も時々の取決めによって、修正・加除されることも不可能ではない。しかし、その動きは議員間の合意形成が必要であり、それは有力会派間の交渉に委ねられるものであり漸進的である。

そこで、フレッシュな「市民感覚」を持った新人議員は、これらの先例を直ちには変更する権力は与えられていないので、無力な不平・不満をマスコミや住民に向けて発信するか、先例を体得することによって議会内・会派内での自己の権力を徐々に高めるかの分かれ道に直面する。前者の場合には、新人議員には先例変更をする権力はないので先例踏襲は続く。後者の場合にも議会慣習を内面化することで先例踏襲は続く。そして、「市民感覚」を持ち続ける議員は議会内で有力になれず、議会内で有力になるためには「市民感覚」を喪失していく。こうして、住民代表たるべき議員は、いつしか「市民感覚」から遊離した「議会人」へと変貌していくのである。

3　公式議決に先立つ事実上の合意形成

⑴「根回し」の必要性

多人数からなる議会の意思決定は脆い(6)。しかも、議会の公式の舞台は、思わぬ方向で動いてしまうと取り返しがつかない。いったん議決されたことは蒸し返さないという「一事不再議」は、議会ルールでは重要である(7)。したがって、安定的に機関としての議会の意思決定を誘導しようとする議員にとっては「根回し」は不可欠である。

但し、「根回し」も全議員が相互に個別に行っていては、膨大な調整コストを必要とする。したがって、取引費用を低減させる会派の存在は不可欠である。また胸襟を開いた「本音」の議論や、不平不満を聞く「ガス抜き」も、意思決定が円滑に行われるために有用である。また、「仁義を切る」ことも大事である。

(2) 議会運営委員会・全員協議会・暫時休憩

議会は正副議長、本会議、委員会、正副委員長という、議会内の機関によって運営してきたが、現実には「根回し」のための公式・非公式の機関あるいは舞台を形成してきた。そのようななかで最も公式化したのが、議会運営委員会である。自治体議会レベルの慣行が、ついに法律改正にまで及んだ事例である(8)。

また、特に小規模団体を中心に全員協議会を開催することも見られる。議員総数がある程度の人数に限られているのであれば、全員の意見を開陳させた方がかえって手っ取り早いことも多い。但し、大規模自治体ではあまり効

(6) 階統制である首長部局でさえ、意思決定が正規の決裁ルートでいきなり行われるわけではない。所管部課内での意見調整、関係部課間の協議、幹部への感触の伺い、庁議での確認など、広い意味での「根回し」（＝事前調整と事前の実質的な合意形成）は不可欠である。

(7) 本会議の場で、賛否の表明を間違えてしまって、「本来」（＝事前の根回しの結果として）は否決されるべき議案が可決されてしまう事態も起こり得る。しかし、少なくとも同一会期中には直しようがない。

(8) 1991年の地方自治法改正による。改正理由によれば、①議会運営を円滑に行うために果たす議会運営委員会の役割が一段と高まっていること、②全ての都道府県、ほとんどの市において議会運営委員会が設置されており、これを地方自治法上位置付ける必要があること、③国会においても、制度化されていること、とされた。このうち、②が特に本論の趣旨からは重要である。なお、この改正時点ですでに存在していた議会運営委員会は、内規・規程・要綱などの事実上の運用によっていた。しかし、自治体議会側は、このような非公式の位置付けでは、費用弁償や公務災害の取扱などで問題が生じるため、法律上の制度として整備することを、繰り返して国に要請してきた。議会運営委員会の機能としては非公式の場でも問題はないが、議員処遇の関係で法制化が求められたのである。

果はない。むしろ、会派内での非公式の意見調整が、実質的な合意形成を支える基盤となる。

委員会において、本音で議論したいときには、委員は委員長に「休憩」を求める。委員長が「では、暫時休憩します」と宣言して、本音の話合いが自由闊達に行われる。議会は、「休憩」中の方が仕事をしている。委員会の運営が滞ったときにも「休憩」になる。その間に、本音ベースでの協議がなされる。

4　親睦・協調

(1) 親睦会

対等な議員間の合意形成を促進するには、議場の外を含めた共通の土台を日常的に形成することが有用である。このためには、しばしば議員間での親睦や協調の機会が設けられたりする。また、このような接触を経て、相互の特徴や性格や関心を事前情報として把握することは、実際の意思決定の前提情報として有用である。

最も古典的なものには、議員同士（議員対執行部もある）の野球大会(9)がある。これは「与野党」・党派・会派を超えて開催することに意義がある。もちろん、会派内での親睦も無意味というわけではない。スポーツや趣味に名を借りた議会運営の事前・事後活動である。少なくとも議員当事者はそのように考えてきたようである。

もちろん、住民世論から見れば、野球大会は「遊び」にすぎず、全く許容不能である。そもそも、各議員間・会派間で、緊張感を持って政策議論を闘わせてもらいたい人からすると、親睦や協調を強化することは、議会の自殺行為に見える。あるいは、必ずしも多数派に与しない議員や、義理人情を嫌う議員も、同じような感覚を持つことがある。逆に住民世論のなかにも、ある程度の親睦や交際が意思決定の円滑な進行のためには必要と理解する立場もある。とはいえ、無制限に公費を充当することまで許容するかは別問題である。

(2) 委員会視察

議会外の安直な親睦の機会は姿を消しつつある。しかし、親睦と協調の機能的な必要性はなくならない。そこで例えば、委員会による現地視察を各議員相互間の懇親の場として活用することがある。もちろん、建前は先進自治体などを調査し、知見を持ち帰る。また、そのような効果も実際にある。特に、自治体関係者は国や一般社会の事業者・国民に比べて、他の地域に触れる機会が少ないので、意外に意味はある(10)。しかし、それ以上に委員会は通常は関係各派の議員から構成されるので、会派間の親睦を図る単位としては好都合である(11)。地元を離れて缶詰になって団体「旅行」をすることは、議員個人間（及び議員と議会事務局職員との間）の相互理解を深める機会になる。また、同じ事実を見聞してきたことは、意思決定の前提情報を共有することであり、相互理解や合意形成にも効果的である。実際、「旅行」の前と後では、委員会室の雰囲気はがらりと変わり、運営は円滑になる。もち

(9) 野球とは例示である。但し、ある程度の人数が必要で、ある程度誰でも参加できるものでなければ、親睦の意味がない。少なくとも、戦後のある時期までは、男性は小学校の時期にまず国民的スポーツであった野球を経験すること、また、議員に男性が多いというジェンダーバイアスもあって、野球は便利なものであった。サッカーやバスケットボールは、野球ほどはポピュラーではなかった。とはいえ、サッカー、フットサル、パークゴルフなども可能である。ゲートボールでは年寄り染みる。ゴルフは人数がばらけてしまう。但し、野球よりも人数を絞って親密度を増すには、ゴルフや麻雀や飲み会や温泉旅行は有用であった。とある議員はペタンクを趣味としており、全国連盟の幹部でもあるが、当然ながら競技人口の少ないペタンクでは、議員間の親睦にはあまり役立たない。

(10) 単に外界を知ることならば、多数の議員が一団となって１ヶ所に視察に行くのではなく、各議員がバラバラで別の箇所に視察に行けば、多数の外部情報に、効率的に接することができるはずである。

(11) 会派による議員視察は、会派間の親睦にはならない。とはいえ、会派内での親睦を図り、会派内の意思決定を容易にすることも重要である。

ろん、度が過ぎて露骨に「慰安旅行」であることが明確になると、住民世論の反発を受ける(12)。

小括

多数の対等の議員からなる議会は、基本的には意思決定に適した組織ではない。しかし、機関としての議会は、意思決定しなければ影響力を行使できないから、個々の議員としても、議会の意思決定を自己の都合のよい方向に誘導できるのであれば、議会の意思決定を促進したいという誘因が作用する。こうして、有力議員は前述のような手法を編み出して、議会の影響力を確保しようとしてきた。

しかし、これらの手法は《公開の議場や議員間で自由闊達に討議を行って、最終的には多数決によって条例・予算などの議決を得る》というイメージからはほど遠い。議員を会派に組織化し、親睦と協調を土台に事前の根回しなどの意見調整を経て、公式の会議では先例踏襲で円滑に議決をする。個々の議員の自律性と自由、馴れ合いではない緊張ある審議、透明な意見調整過程、ドラマ性のある議事進行などという議会への建前的期待を大きく裏切る。意思決定機関として脆弱な議会は、建前的期待に応えるのがなかなか容易ではない。

これらの手法を推進するのは、機関としての議会の意思決定に利益を見いだす有力議員たちである。少数派・新参・反対派の議員は、必ずしも議会の意思決定に意義を見いだすとは限らない。制度的に認められている「定数分の1」の権力さえ剥奪されるからである。そして、議会が意思決定しないこと自体に、意義と影響力の源泉を見いだすこともあろう。例えば、首長が推進している施策・事業を議会の承認がないことによって、阻止できるからである。そのような立場からすれば、意思決定の円滑化に向けた諸手法は、大いに問題を孕む。

第2節　議会役職と議会人事

はじめに

合議制機関としての議会は、対等な複数の議員から構成される。議員はそれぞれライバルである。それゆえにこそ、意思決定のためには、役職と権限を付与し、意思決定を円滑にする。例えば、正副議長や正副委員長などの役職である。しかし、役職に誰を当てはめるか、複数の議員間の公平性を確保する点では極めて難しい。

公平性は、議員全員を平等に取り扱うという意味とは限らない。むしろ、意思決定のコストを下げることに貢献する不平等な取扱を、議員間で納得させるための公平性なのである。但し、対等な各議員に必ずしも、このような公平性が納得されるとは限らないのが、議会の議会たる特徴である。

1　議会における役職

(1) 議員間権限の不平等化

全員が同じ権限・権力の議員の集合体では意思決定コストが高く、議会運営は円滑には進まない。そこで、合議制議会を、議員間の権力・権限を不平等に配分する方向に改編する必要がある。その結果、実際には、各議員は定

(12) 視察報告書も、同行した議会事務局職員がとりまとめることもあり、視察に行った議員本人が何を学んできたのかは不明なこともある。また、先進自治体視察などと称していても、日程を見ると、有名観光地巡りのこともある。その意味では、商工観光常任委員会あたりで「先進自治体の観光行政の視察」をするのが、最も好都合かもしれない。

数分の１の権力を等しく持つわけではない。しかし、合議制の議会では、独立した議員から構成されるから、階統制にはなり得ない。そこで、緩やかな形での不平等な権力を形成する。これが議会役職と議会人事の機能である。権力の不平等をつくり出すのが議会役職の配分であるが、議会人事を行うには不平等な権力がいる。

役職に就いて権力を振るうとともに、権力を振るうことで役職に就ける。あるいは、役職を配分することで権力を獲得し、役職を譲ることで反対給付としての権力を得る(13)。人事権とは複雑な循環の取引からなる。そして、人事は重要なので、定例会とは別に、毎年5月ころに臨時会を開催して決めることが多い。

(2) 役職配分と準階層制

議会には、議長・副議長をはじめとして、常任委員会、議会運営委員会、特別委員会の正副委員長など議会特有の役職がある。議会で一番権限を持っている議長に、必ずしも権力があるとは限らない。しかし、ヒラ議員よりははるかに影響力を持ち得る。同様なことは、各委員会の委員長ポストについても言える。委員会制をとる自治体議会では、《本会議—議会運営委員会—各委員会》という合議の場の階層制が形成され、それに応じて《議長—議会運営委員会委員長—各委員長》という階層制が生じる。

上記の議会内役職に加えて、議会・議員が関わる様々な公式・非公式の役職が存在し、広い意味での議会役職群が存在する。最も典型的なのが、議会選出監査委員や一部事務組合の議員である。また、非公式で最も重要なのが、会派の役職である。役職者が各会派の執行部を形成する。各会派には、議員団長、会派代表者、幹事長、政務調査会長などの役職が置かれる(14)。

執行機関の附属機関に、議員が割り当てられることもある。都市計画審議会のように法令に基づいている場合(15)、自治体の条例のみで「議員から〇〇人」と決められている場合、委員委嘱の段階で慣例的に議員にも割り当てられる場合もある。議会役職と議会人事は、これらの広い役職群の配分として決定される。

2　当選回数年次制

(1) 当選回数という公平性

議会内の役職配分や議会人事の公平性を担保する原則のひとつが、当選回数年次制である。普通の組織で言えば年功序列に当たる。議会は新規学卒者の一斉採用ではないから、年齢による序列は意味がない。それに代替する基準が、当選回数である。勤続年数という意味では、年功序列と同じ発想である。

もちろん、議員は、一般社会以上に保守的・権威的なパーソナリティが多いとするならば、実年齢はそれなりに機能しよう。しかし、それだけでは公平感は納得されない。当選回数が増せば、それだけ議会慣例に習熟し、住民・有権者や利益団体との接触が蓄積され、他の議員や行政職員との人脈が増えるので、一応は能力も高まると推

(13) 議長ポストでさえ、煙たい議員を黙らせるために、餌として配分することがあるという。通常、議長になるには議会運営委員長や会派団長を経験するキャリアパスが存在することが多いが、こうした経歴がない議員が就任すると、このような「うわさ」が生じてくる。
(14) なお、会派の役職は会派内の権力配分の手法であるが、役職者が権力を最も多く持つとは限らない。
(15) 都市計画決定に関わる都市計画審議会に議員が加わるのは、都市計画決定は議会の関与を排除する制度であり、しかし、それではあまりに民主的正統性を欠くので、多少の議員を都市計画審議会に参加させることで、その瑕疵を弱めようという趣旨である。都市計画審議会に議員がいなくなれば、都市計画決定に議員・議会が関与する公的回路が存在しなくなる。しかし、「二元代表制」論や討議広場代表制論から言えば、都市計画決定そのものを議会の審議（議決事件）に付すべきかもしれない。

定できる。また、当選回数が多いことは、他の条件が等しければ年齢も高い。

(2) 役職の「適齢期」

議会役職の人事は、基本的には当選回数を基準として、一定の「適齢期」が慣行的に発生する。もちろん、これは首長部局など官僚制に比べれば弱いものである。その時々の選挙などによって、当選回数構成は変動し得るからである。とはいえ、当選○回で常任委員長、○回で会派執行部、○回で議長、などと、キャリア階段が形成されるのが普通である。つまり、あるときの役職を見ると、ある程度、将来の予測がつく。但し、これは会派内で通用する共通基準、あるいは、せいぜい多数会派連合内で通用する基準であり、議会全体に及ぶ基準とは限らない。典型的に言えば、議長は通常、多数会派連合（しばしば多数会派の第一会派）が独占するのであり、少数会派の議員は多選を重ねても議長ポストには到達しない。つまり、少数派議員には「適齢期」は存在しない[16]。

議会役職の人事は、必ずしも当選回数の最も多い議員が役職に就くわけではない。むしろ、中堅より少し上の「働き盛り」のあたりに、役職が位置付けられている。したがって、最も当選回数の多い長老議員や有力議員は、役職者ではないことがある。むしろ、役職経験者として、その経歴を武器に隠然とした権力を持つことがある。会派執行部や議会運営の役職者は、長老・有力議員を抑えることができるか、を問われる。

3　議会の官僚制化と「本質的保守性」

(1) 年季奉公の投資

議会人事の年功序列化は、議会および会派の官僚制化を意味する。当選回数が多い方が、大きな権力を持つ。新人議員は「雑巾がけ」の期間を経ないと、議会で有力になれない。したがって、野心のある人間は、ある程度若いときに議員にならなければならない。

しばしば、若い立候補者・議員が「若さ」「フレッシュさ」を売りに選挙に出ることはある。「若く」て「フレッシュ」な議員は、議会内で有力になれない。むしろ、「将来の老獪な議員になりたいので、若いうちから準備をする」とか、「市町村議員となるのは、首長や県議・国会議員へという自身のキャリアアップのためのひとつのステップにすぎず、単なる腰掛けのつもりである」という意思表示かもしれない。

(2) 民意への鈍感性

当選回数がモノを言うため、それだけ民意に鈍感になる。民意の大きな変動が起きれば、現職議員の落選、新人議員の当選という形で示される。しかし、民意の大きな揺れは、議会内の意思形成に反映されない。むしろ、「生き残った」古参議員の力が強くなる。あるときの民意のうねりは、議員が数回選挙で生き残る限りにおいて、10年以上経って反映される。そのときの直近の民意のうねりは、また別のものになっている。

(16) 例えば、共産党の議員は、通常は議会内の多数派連合に加わることはないので、議長ポストは回ってこない。しかし、たまに有力会派連合が二分し、しかも、それぞれが単独多数会派連合を形成できないときに、「漁夫の利」で議長ポストが回ってくることはあり得る。そのようなときに、共産党議員から誰が議長になるかというと、やはり当選回数もモノを言ってくる。

民意に鈍感な「議会の本質的保守性」は、議会の官僚制化の帰結である。首長選挙は、その時々の民意のうねりを反映して、時には革新的・改革的さらには暴走的・独裁的な首長を生み出してきたが、議会はそうではないので、これらの改革派等首長と衝突することはある。また、民意のうねりの典型的な表明である住民投票に、議会が総じて敵対的なのも同様の理由である。

とはいえ、一時の民意のうねりだけを反映することが、民主主義とも言えない。ある程度の時間的なスパンのなかで民意を反映することも重要である。また、「二元代表制」や二次元的公選職制は、首長に示される民意に対して、別の民意によって抑制均衡を図る。あるいは、討議広場代表制においても、首長の反映する民意と、それ以外の意見との議論が重要である。「議会の本質的保守性」は、別の言い方をすれば、長期性、継続性、漸進性、慎重性、冷静性を意味している。官僚制化した合議制という矛盾したシステムとしての議会は、利点も持ち得る。

4　比例制と輪番制

(1) 比例制

議員間の公平性を確保するには、当選回数年次制だけでは不充分である。そこで、比例配分が登場する。議会は会派に分かれているから、各会派間の勢力＝議員数に応じて配分する比例制は、極めて公平である。

但し、比例制には、分母を何にするかで選択の余地がある。つまり、全議員数を分母として比例配分するのか、多数会派連合のなかでの比例配分かで、大きく異なる。例えば、常任委員長を「与野党」、多数・少数会派連合を問わずに会派間で比例配分することもできるが、「与党」あるいは多数会派連合で独占することもできる。議会の意思決定の基本原則は、まずは単純多数決制であり、比例制はその範囲内での事柄である。

⑵　輪番制

もうひとつの工夫は、輪番制である。例えば、比例制で、ある会派にあるポストが割り振られたとして、当選回数年次制から当選○回が適齢期であるとする。しかし、その会派には、適齢期の議員が2～3人いることがある。この場合に最も手っ取り早いのが、1年交代の輪番制である。その典型は議長ポストである。議長任期1年は、府県6割・市4割・町村1割と言われる。議員数が大きくなればなるほど、輪番制への圧力は高まる。ある議員が「辞めない」と居座ると、次の人、次の次の人…と、玉突きで迷惑が及ぶ。

輪番制とは、個人を単位とする比例制の適用であり、同時点でのポスト配分ではなく、異時点間のポスト配分に比例制を適用する。「貸し借り」に基づく「長期決済関係」である。輪番制でも、どこまでの範囲が輪番の対象者かは、重要である。上記の設例で見るように、全ての議員での輪番ではない。

当選回数年次制も、ある意味で、当選回数ごとの輪番制とも言える。全ての議員が多選を重ねれば、いずれはポストが回ってくる。ただ、当選回数年次制では、落選してしまえば長期決済関係の対象から外されてしまう。輪番制は、せいぜい4年の任期期間内でなければ確実とは言えないので、中期決済関係である。但し、先に役職を占めた議員が、いろいろ理屈を付けて居座ることもあるので、「踏み倒し」の危険もある。

5 実力主義

(1) 意思決定への能力

当選回数年次制と比例制・輪番制に基づく議会人事は、単純多数決制の制約内で、それなりに公平な慣行を形成している。それによって、少数会派の議員を含めて、ある程度の納得を形成してきてもいる。

しかし、議会は意思決定によって、あるいは、それを背景に影響力を発揮するから、ある程度は実力を伴わなければならない。例えば、会派の執行部には、中堅より少し上くらいの議員が就任するが、役員が会派をまとめきれなければ、議会は機能しなくなる。議員はもともと自己主張が強いし、その地位は有権者からの選挙によるのであり、会派執行部の意見に従う必要はない。さらに、長老・有力議員は年次から言っても執行部よりも上である。したがって、このような困難な状況で会派をまとめるには、執行部の各議員の実力が問われる。当選回数○回ならば誰でもよいものではない。ここに、一定の実力主義が作用する。

(2) 実力の意味

① 民意との乖離

実力とは、住民の民主的統制に役立つという意味では全くない。議員間や首長部局側に対して影響力があることである。役職に就くと忙しくなるから、地元の活動をあまりしなくても選挙に勝てなければ役職は務められない。その時々の民意を適時的確に反映する議員は実力を持ち得ず、いつの時代も変わらない鈍感な一部の有権者に支えられた議員が、実力を備えていく。首長にとっても、確実な票を持っている議員こそが実力がある。

②弱肉強食

実力主義とは弱肉強食の世界であり、極めて殺伐としている。例えば、議員運動部の試合中に骨折した議員が松葉杖で本会議に出席すると、同僚・先輩議員から失笑された。ある長老議員は、入院したとき、出席が可能であったのに「オレも政治家だから、こんな姿を同僚や有権者に見せるわけにいかない」と言って、全議会日程を欠席した。同僚議員の病気・怪我を労るのではなく、揶揄し、付け込む。

また、ある議員が有力であったときには、所属会派の他の議員はその威令に従っていた。しかし、その有力議員が病に倒れ入院すると、たちまち造反や謀反が、ここぞとばかりに始まる。会派内の会議は荒れ、したがって、とりまとめにその有力議員は病を押して、主治医の制止も振りきりチューブをつけたまま病院から駆け付ける。しかし、弱った「元有力」議員の姿を見て、ますます議員たちは増長する。政治家が病の姿を見せるのは自殺行為に近い。他の議員は増長して会派内会議は長引き、「元有力」議員は疲労困憊まで追い詰められる。弱ったボスは、会派内においてさえ、実力で引きずり下ろされる。各議員は所詮「自分党」である。

小括

多数で対等の独立自営業の議員からなる議会は、公平性を重視する。但し、その公平性は単純多数決制の枠内である。対等な諸議員からなる議会は、多数派の合意形成をするコストが極めて高い。そのために、決定に至る前段階として、各議員間を納得させる公平性に基づく不平等な権力配分としての議会役職が形成される。公平性は多数決制に制約されつつ、多数決制は公平性に支えられている。

第3節　野次と議会

はじめに

根強い議員不信の環境の下では、自治体議会・議員の不祥事は速報され、拡散され、議員不信を増進させる。2014年6月18日の東京都議会において、質問中の塩村文夏・都議に対して、議場から「自分が早く結婚した方がいいいんじゃねえか」「頑張れよ」などとされる複数のセクハラ野次が投げかけられた。にもかかわらず、席上の舛添要一・知事（当時）は「笑い」をこぼし、都議会も真相解明に消極的であった。そのため、東京都内外・日本国内外から大きな批判を招いた。もっとも、その後、「不可解出張・号泣」の野々村竜太郎・兵庫県議や、元SPEEDの今井絵理子との「手つなぎデート」が話題となった橋本健・神戸市議など、いろいろな議員が現れたおかげで、「セクハラ野次」問題は、数ある不祥事のひとつとして埋没した。しかし、議会における野次は、特定の議員の問題に矮小化すべきことではない。議会における野次とは何か、構造的に腑分けすることが重要である。

1　「居眠り」と「内職」と「私語」

(1) 「居眠り」と「内職」

他人の話を黙って最後まで聞くのはひとつの社会的規範である。しかし、議員が、並外れた規範意識を持っていることは、およそ考えられないから、他人の話を黙って最後まで聞くとは必ずしもならない。議員に静粛を要請すると、「居眠り」するか、携帯・スマホなどで「内職」をする。議員の本業は、議場外の地元現場における、主として夜間・酒席での人目を忍んでの「調整業務」であるとするならば、日中は体力を温存するために、シエスタ（昼寝）することは、充分に「合理」的である。また、そうでなければ、様々な調査や情報発信をする必要があり、貴重な時間を有効活用するには、「内職」は大事である。

もっとも、「居眠り」と「内職」は大いに異なる面がある。他の議員や執行部の意見を聞くのは、「居眠り」では困難であるが、「内職」ならば訓練次第によっては可能である。他の議員や執行部の発言を聞きながら、「内職」をするのは、それが可能であるならば、それなりに「合理」的であろう。議会という場の「生産性」は、単に正式の発言者の発言の質・量だけで測られるものではない。傾聴される発言の質・量も大事である。その意味では、「居眠り」ではダメで、「内職」の方が望ましいと、一般的には言えよう(17)。

(2) 静粛と「私語」

静粛な議会は「生産性」が低い。あるひとりがしゃべっている場合、他の大勢の参加者は黙っている(18)。しかし、政治家（statesman）というのは語る（state）のが仕事である。もっとも、他の議員や執行部の発言最中に、

(17) 「ながら」で「内職」できない場合には、聞いていないのと同じである。また、「睡眠学習」という現象もあるように、浅い眠りのときに音声が聞こえることは、かえって記憶などに残るという面もあり、「居眠り」の方が実質的には聞く効果が高いかもしれない。

(18) その点、今となっては昔のことだが、筆者の乏しい経験からすると、経済産業省は「生産性」が高い。筆者が参加した、とある研究会の席上で、ある経産官僚が意見開陳をしていると、別の経産官僚が、その意見開陳に被せるように自説を滔々と展開し、両名が並行して発言しているという状態が数分続いたことがあった。参加者は、同一時間において、複数の意見開陳を聞くことができ、「生産性」は2倍であった。もっとも、聖徳太子のように、同時に複数の意見を聞き分ける訓練をしていなければならない。なお、数分で終わったのは、部外研究者がいるので、2名ともに自制したものと思われる。これを省内会議の席上などで、10名程度が同時に意見開陳をすれば、「生産性」は10倍になるのであろう。もっとも、誰も聴いていないとすれば、所詮は「生産性」はゼロなのかもしれない。

議員がしゃべっていればいいかというと、そういうわけでもない。これが「私語」である。根回しや調整、さらにはその基盤となる信頼関係構築につながる「私語」は、黙って座っているよりは、「生産性」は高い。しかし、発言者の意見を聞いていない意味で、議会の「生産性」を下げている。ときには、座席から離れて遠くにまで遠征に出かけて、「私語」する議員もある。

2　議会における野次

(1)　雑音・雑言と野次

野次とは、他の議員や執行部の正規の発言最中に、当該発言者の発言内容をしっかりと聞いた上で、発言内容やその他の身振り・手振りや表情を含む情報発信・表現に関連して、議長その他から正式な発言許可を受けることなく、自席から勝手に発言を行うこと、と定義しておこう。

他の議員や執行部の発言最中の発声であっても、当該の正規発言者の発言内容と無関係の発言・発声あるいは空気振動は、ここで定義する野次ではない。意味不明な内容の発声は雑音・騒音である。意味が理解可能な発言の場合には、発言内容によっては、罵詈雑言、誹謗中傷、嫌がらせ、ハラスメントなどであるし、内容によっては、かけ声、声援、檄である。冒頭で触れた「セクハラ野次」は、意味不明な発声ではないので、単なる雑音・騒音ではない。内容としては、他の議員の質問内容に密接に関係しているという意味では、野次である。しかし、野次であると同時に、罵詈雑言、誹謗中傷、嫌がらせ、ハラスメントにもなり得る。

(2) つぶやきと野次

議員の発言中に、隣席あたりの議員が、議長や他の多くの議員には聞こえないほどの小声で、しかし同時に、発言中の議員には聞こえるよう、挑発したり、邪魔をしたりする。雑音・騒音の一種であり、発言者に対する妨害行為ではある。とはいえ、集音されないし、議事録にも載らない。議長や他の議員や執行部にも聞こえないので、当該発言者の発言内容自体が聞こえなくなるわけではない。しかし、発言者への心理的動揺を起こさせようという点で、目に見えない、かつ、多くの同席者に聞こえない駆け引きが展開される。しかし、これは「つぶやき」であって、ここで定義する野次ではない。

野次を行う議員は、他の議員や執行部の発言内容を、真面目に聞いていなければならない。その上で、単に聞いているだけで時間を無駄にすることなく、自らも野次ることによって、議会の審議に「参加」する。こうして、野次の中身が意味あるものならば、議会の審議の「生産性」は向上する場合もある。

3　野次のある議会

(1) 野次の効果

他の議員の発言内容に即応して、瞬時に野次を飛ばすことは、大変に技能がいる。聞きながら野次るべき内容を考え、野次を実際に発声するのは難しい。そもそも、どのタイミングで発声してよいのかは、議事整理されていないので、野次る議員が自ら判断して、瞬時に実行しなければならない(19)。

こうして考えると、議会における野次とは、議場の多くの議員に、確実に他の議員や執行部に耳を傾けさせ、

「居眠り」などを許さず、効果的に審議に「参画」することを促し、しかも、同じ時間で複数の発言を闘わすことができるため、非常に「生産性」の高い営みである。しかも、それは、他の議員や執行部が発言している最中に、それとは無関係に、議場の一部でコソコソと「私語」をしているのと違い、他の議員や執行部の発言を聞いた上で、野次自体も議場全体に向けて発話されたものであり、議会における「審議」に寄与する。

(2) 野次力研修の必要性

重要なことは、議員の野次の能力を高めることである。しかし、「議会改革」や「議員研修」には、《正しい野次の仕方》などという項目はない。議場での発言を聴いて、その場で瞬時に思いつく知的瞬発力が必要で、質問事前通告のある質疑のように、事前の準備ができない。それも、ワンフレーズで簡にして要を得たせりふを考え出す、高度な言語能力が必要である。加えて、頭のなかで思いついただけではダメであるし、ボソボソ言うだけでもダメである(20)。実際に議場で聞こえなければならない。身体的にはマイクなしに議場に聞こえさせる発声法、さらには、間合（タイミング）をつかむ呼吸法など、高度な研修が必要である。

議会において野次は重要である。黙ってお行儀よく聞くことは、議会の「学芸会化」を招く。しかし、見識も技能も品性も欠けた野次は、議会の「学級崩壊化」を招く。議員に求められているのは《正しい野次の仕方》の研鑽である。セクハラ野次は、野次自体が問題だったのではなく、内容がセクハラで問題であった。

4　議事録《ぎじろく》と野次録《やじろく》

(1) 議事録における野次

① 野次の必要性

議会審議において、野次は必要不可欠である。議長が「ご異議ございませんか?」を聞いたときに、誰とも分からない議員が「異議なーしっ」と、発言することで、議事は進む(21)。議長や委員長は「ご異議なしと認めます。よって本案は○○のとおり可決いたします」とか「よって○○は採択されました」などと言えることになる。

また、審議が荒れれば、「〔○○と叫ぶ者あり〕」とか「……(聴取不能)……」などとなる。執行部や他の議員の発言内容に大いに不満があるときに、他の議員は黙って聞いていてはいけない。むしろ、大いに不満があり、そのような多数の異論を押し切ってまで、議事が進められたかどうかは、政治的には非常に重要な問題である。野次によって、当初の発言を聴取不能にすることは、「騒音」かもしれないが、当初の発言内容が聞くに値しないことを、聞いた上で政策判断し、即応して「騒音」を出しているので、広い意味での野次である。

---

(19) ある自治体のある議会事務局職員によれば、「古き良き野次」は、多少言い方は下品であるかもしれなくとも、内容は下品でなく、執行部の職員も議員も思わず「クスリ」と笑ってしまうような内容で、ちょうどよい声のトーンとタイミングで発せられるものだと言う。それは、攻撃的でもなく、エスプリの利いた内容で、議場の雰囲気が少し和らぐものであると言う。逆に「今の野次」は、自分の政策に反対するような発言があると、がなりたてて妨害する程度と言う。本節で言う「雑音・騒音」である。

(20) 皆に聞こえる《大きな独り言》は、ここで言う野次の機能を持つ。但し、野次は主観的にも議場に聴かせる目的があるが、《大きな独り言》は、主観的または名目的には、議長や発言者には聴かせる目的はないと自称される。

(21) 議事録には、「〔「採決」と呼ぶ者あり〕」とか「〔「異議なし」と呼ぶ者あり〕」などと記載されることが多いようである。ほかにも、「〔「議事進行!」という人あり〕」や「〔「休憩!」という人あり〕」「〔「進行、進行」の声起こる〕」なども、議事を進めるための定型化された野次である。

②　野次の記録の不充分性

一部の野次はすでに議会審議に織り込まれ、それは、すでに議事録にも記載される慣行が成立している(22)。しかし、現行の議事録は、野次録としては不充分な面がある(23)。第1に、全ての野次が網羅的に記載されているわけではなく、比較的に、定型化された野次が中心となっている(24)。

第2に、野次の発言者が特定されていない。議員の仕事は、匿名ではなく、記名・顕名で意思表示することである。発言は当然に顕名であるし、採決も原則は記名投票または起立である。個々の議員が具体的にどのような意思表示をしたかを住民が知らなければ、民主的統制が効かず、完全な白紙委任になってしまう。

(2)　野次の匿名性と顕名性

①　議事の動画・録画

全ての野次を網羅し、発言者を明確にする、「野次録」が求められている。実際、現在の議会においては、TV放送・インターネット中継などがなされているし、動画を録画し、音声を録音することは、しばしばなされている。集音が完全ではなくとも、相当の野次が収録し得る。冒頭で紹介した「セクハラ野次」も、音声付き動画が存在し、それが何回もインターネット上で再現され、その存在が確認されていた。

為政者は自ら街頭に監視カメラを設置して人々の行動を監視しているが、為政者の行動を監視する「監視カメラ」こそが、議場で稼働すべきである。動画機能を充実により、「野次録」に大きく近づくであろう。

②　**野次録**

野次は、正規の発言ではないから、誰が野次るかは必ずしも明らかではない。もちろん、結果的には、誰が野次ったかは分かる場合もある。しかし、分からない場合もある。特に、議場が騒然としてくれば、また議員の数が多ければ、分かりにくくなる。あるいは、誰が野次ったのかが大体は見当がつくにしても、本人が自首でもしない限り、野次の張本人は確定しにくい。野次は基本的に匿名である。

野次は「匿名の烏合の衆」であるから可能である、という見方もあろう。気楽な立場の発言ゆえに、大胆かつホンネの発言も可能になり、それだけ内容も豊富になる。いわば、野次の匿名性が、言論の自由と議会の活性化をもたらす。実際、議場での正規の発言は、ほとんど原稿の棒読みになっているのは、顕名で議事録が残るからである。しかし、内容はありきたりの角のとれたものになり、議論は沈滞する。匿名性の利点を重視すれば、野次を全て採録するのはよいとして、野次者を特定しない方がよい。

しかし、議員たる者、選挙で個人名を明らかにして議員になっている以上、匿名の存在ではない。匿名性が確保されるべきは、投票をする有権者の方であって、議員ではない。問責者が匿名であり、答責者は顕名である。した

(22)　議事録には、例えば、「……(発言する者、離席する者多く、聴取不能)……」「……(発言する者多く、議場騒然、聴取不能)……」「……(聴取しがたし)……」「……(何ごとかいう人あり)……」「……(私語する者あり)……」「……(その他発言する者多し)……」などとなる。

(23)　特に、議事録作成が職員の速記者によるのではなく民間委託されるようになると、「速記者」は単なる録音機の番人になり、実質的かつ政治的に意味のある「筆耕翻訳」という「速記」をしなくなる。

(24)　そもそも、議事録は音声を「そのまま」文字化＝テープ起こししているのではなく、「反訳」において「整文」してある。高丸圭一＝木村泰知「栃木県の地方議会会議録における整文についての基礎分析」『宇都宮共和大学都市経済研究年報２０１０年』79―86頁、野村稔＝鵜沼信二『地方議会実務講座第３巻』(ぎょうせい、１９９６年)、日本速記協会『発言記録作成標準』(２００７年)。

がって、匿名に紛れた野次は、単なる騒音にすぎない。野次は顕名でなければならない。

小括

論者によっては、そもそも《正しい野次》は存在しない、とすることもあろう。本節の言う《正しい野次》は、むしろ、「声援」「激励」「かけ声」と呼ばれるかもしれない。しかし、《正しい野次》には、発言者に対する同調したり後援したりするポジティブなものも含むが、発言者に対する批判、反論、異議、不満など、ネガティブなものも含む。むしろ、簡潔かつ速攻の反対・異論の意思表明こそ、《正しい野次》の中核をなす。その意味で、《正しい野次》とは、「声援」「激励」などの定義替えしたものではない。

発言者が、非難囂々《ごうごう》の怒号を含む野次のなかで発言するか、声援や拍手や起立賞賛のなかで発言するかは、やはり意味が違う(25)。もちろん、怒号が発言者の発言を封殺してはならない。しかし、あまりに気に入らない内容まで、拍手や賞賛をする必要はない。また、静粛に「ご高説」を拝聴する必要もない。議会の活性化のためには、議員は《正しい野次》をする研鑽を深める必要がある。

第4節　議員の類型

はじめに

2000年の分権改革によって、自治体の自律性の可能性が制度的に高まることが想定された。しかし、分権改革は必要条件であって充分条件ではない。国からの他律性は弱まるが、自治体自身の自律性は高まらず、結果として、自治体は無律性に陥る可能性を秘めている。分権型社会においては、国による他律性の後退の空隙を埋めるべく、自治体による自律性の発揮が求められると言えよう。

1　自治体の自律メカニズム

住民全体の一体の民意は首長に対して示されやすく、首長側が優位する傾向がある。こうして考えると、自治体の自律性を担うのは首長となりやすい。これに対して、首長に対する統制はどのように図るかという問題が生じる。

二次元的公選職制の下で、首長・議員の討議するフォーラムが代表機能を担う討議広場代表制論の本書の立場からすれば、首長を統制するには、討議広場《フォーラム》のなかでの首長への問責が重要である。その意味で、首長に対する議会・議員の監視機能が重要である（図3―1）。

議会の監視機能は、議会の一元代表制論で描くこともできる。す

図3―1　統制の類型

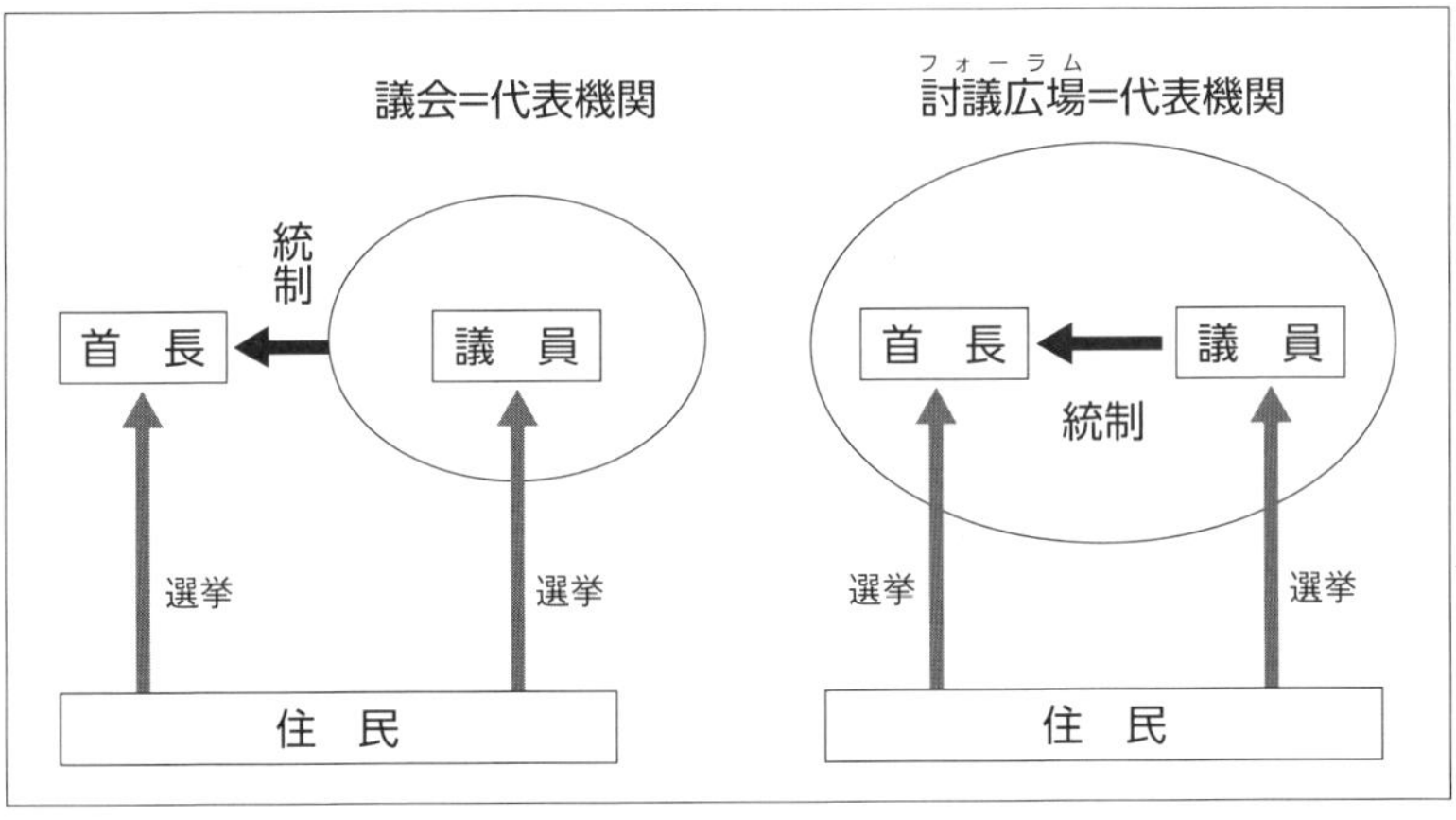

なわち、住民代表機関は議会のみであって、首長は代表機関ではない。それゆえ、議会が政策を決定し、首長は議会で決定した政策内容に拘束され、議会の決定を忠実に執行し、議会によって事後的に統制されるという、議会優位論である（図3―1）。この場合には、議会が一方的に首長を統制する。もちろん、このモデルは、現実の権力関係から言って、およそ非現実的である。それだけではなく、議会における決定が首長との討議を排除する意味で、適切とは言えない。

(25)　ここでは、終戦直後の1946年7月13日招集の福岡市の臨時市会の市長候補推薦の審議の議事録を先例として引用しておく。嶋田暁文・九州大学教授のご教示による。議長の発言の途中からである。
「（前略）それで、動議に対して皆さんに御異議がなければ、次に進みたいと私は宣言しております。

（「進行、進行」の声起こる）――（その他発言する者多し）
○十番（松本一）私は今議長不信任案の動議を出しておりますから、賛成があるかどうか尋ねてみてください。動議を採決してください。
○五番（渡辺進）ただ今の松本議員の動議には絶対反対であります。われわれは今日の議長としては、貞方議長を名議長として信頼しておるものであります。絶対多数が名議長として信頼しておることを、ここに確言してはばかりません。
（「そうだ」「進行、進行」等発言する者あり）
○議長（貞方藤次郎）それでは投票用紙を……
（「動議を諮ってみてください。議長十番、十番」と呼ぶ者あり）

……さっきの宣言を進行致します。

（「言論を封殺するのか」「民主主義ではないではないか」「議長辞めろ」「議長十番」「一党一派の議長ですか」等しきりに発言する者あり）
○議長（貞方藤次郎）皆さんにお諮りしたことを進行して、その後から……
（「動議を提出しておりますよ」「一党一派の議長ですか」と呼ぶ者あり）
○四十番（永江隆三）ただ今、投票用紙が配られたのでありますが、どういう方法でやるかということを説明してください。

○議長（貞方藤次郎）ただ今お手元に配布致しました投票用紙には、御覧のように六十七号議案に示してあります二方の名前が印刷してありますので、この二方のいずれかを我が福岡市の市長候補者として推薦したいと思われます方に○印を付けてくださって、投票していただきたいと存じます。
○六番（落石榮吉）片一方は何も付けんでいいですか。
○議長（貞方藤次郎）片一方は付けんでいい。はっきり分かるように願います。それでは満場御異議がないようでありますから投票に進行致しますが、さっきも言いましたように最多数の人を一名にするということは御承知の通りでありますが、もし得票が同数の場合は、抽選によるということに規定がなっておりますから、あらかじめご承知おき願います。
○四十番（永江隆三）抽選によるということはどこにありますか。
○議長（貞方藤次郎）これはお互い議員の選挙とは違いまして、市制第五十五条第二項の法令によりまして、はっきり同数の場合は抽選の方法によるということになっております。議員の選挙の場合は年長をもって採ることになっておりますが、その点が違っております。
○二十七番（山本与三郎）この投票施行に当たりまして、二名の立会人を推薦せられたいと思います。人選は議長に一任したい。各位の賛同を得たいと思います。
（「賛成、賛成」の声起こる）
○議長（貞方藤次郎）投票立会人として三苫欽英議員、石橋正作議員のお二方にお願いします。
（午後二時五十九分投票開始）

皆さん投票はお済みになったでしょうか――。本日の出席議員四十四名でありますので、投票用紙を配布した数は四十四枚であります。

（午後三時五分開票終了）

ただ今から開票の結果を御報告致します。二十三票　三好弥六さん、二十一票　河内卯兵衛さん以上の通りであります。よって二十三票の三好弥六さんを最多数を得た人として――。これをもって市会多数の御意思がはっきり致しましたので、提案致しております二人に名前を書いております案を撤回致しまして、ただ今の一名の修正案を原案として再提出致したいと存じますが、御異議ございませんか。

（「異議なし異議なし」の声起こる）

満場異議がないようでございますから、そのように決定致します。それでは念のため重ねて申し上げますが、さっき言いましたように案の提出は口頭でもよい、差し支えないということでございますので、ただ今申しましたものを原案として再提出の案に皆さん満場御異議ございませんか。

（「異議なし異議なし」の声起こる）

では、そのように決定致します。もう一度同じようなことでありますが、事務局の考えもありますので、ただ今の口頭で申しました原案を採決致します。これに対し御異議ありませんか。（「賛成、賛成」の声起こる）

――それでは確定いたします。（後略）」

2　他律性のなかの自律性へ

(1) 他律性の残存・拡大

現実には、2000年以降の自治の営みは、むしろ、分権改革のベースキャンプからの迷走とでも言うべき現象が続いている。しかし、自治体が国の他律性の下に置かれていることは、自治体での自律性の拡大の必要性を減らすものではない。むしろ、国からの他律性を打破するためにも、自治体の自律性の伸長が求められる。いつのどのような状況においても、自治体の自律性を確保する営みは求められている。

(2) 自治体の自律性と首長

自治体が自律性を発揮するとすれば、実態的には、首長以下執行部が重要である。しかし、首長が自治体の自律性に向けて、どのように機能するかは、自明ではない。職員の自律性への試みを、首長が抑圧し、結果的には国の他律が貫徹することもある。また、首長が自律性を発揮することが、自治体の自律性につながるという保証もない。むしろ、首長の強権と暴走による無律性に陥る可能性も否定できない。職員の諫めを聞かずに首長が指示を強行する場合、無律性が起きることもある。もっとも、職員の諫めが、単に国の他律を再生するだけのこともある。

自治体の自律性のためには、自律性の方向に向けて、首長を統制することが必要である。一方では、他律に甘んじかねない首長を叱責して、自律性の発揮のために向けさせる。他方では、暴走を始め、自治体を無律状態に陥れかねない首長を押しとどめ、正しい自律性に向けて制御する。

(3) 監視のための自立性

行政を監視できるのは、執行部から自立した存在のみである。行政職員は言うまでもないが、外部監査人も、執行部から依頼されるから、行政監視は困難である。コンサルタントも同様である。監査委員も首長による任命であって、首長を監視することには限界がある。議会事務局職員や監査委員事務局職員も、実体的には、人事異動において首長の下に置かれているので、首長以下の執行部を監視できない。

自治体に関して、首長から自立しているのは、国（中央省庁）・裁判所・議会・住民しかない。このうち、国に依存する監視は集権的・他律的で望ましくない。裁判所も国の機関ではあるから、国による他律の一種である。住民は、究極の民主的統制主体であり、行政を監視するべき存在ではあるが、日常的に監視ができるとは思えない。そこで、自治体の自律性の正しい発揮のために、自治体議会の監視機能が求められている(26)。

3　議会・議員の資質改善

(1) 監視客体としての議会像

世間一般で「自治体議会の監視機能」という論題を提起したならば、「自治体議会によって首長以下執行部を監視する」という意味ではなく、「議会に対して誰がどのように監視するか」という話と思われるだろう。議会は監視をされるべき存在であり、他者を監視できるような立場ではない、ということである(27)。首長や行政職員の実

(26) 佐々木信夫『地方議員の逆襲』（講談社現代新書、2016年）

(27) 江藤俊昭『議会改革の第2ステージ―信頼される議会づくりへ―』（ぎょうせい、2016年）

感からしても、無理難題を言うのは議員の方であって、議会・議員が行政を監視するようになっては、行政の規律が崩壊してしまう。むしろ、行政側が議会・議員を宥め、議会が暴走しないように統御している、と思うかもしれない。これは、首長側からの「議会対策」である。

実際の自治制度も、議会を規制することの方に傾いている。例えば、議会の招集権は首長に与えられているが、議会が自動暴走しないように、首長が開始ボタンを押さなければ起動しないようにしている。あるいは、議決事件が限定列挙なのも、議会が余計な案件に容喙《ようかい》することを避けるためである。また、慣行上・解釈上、議会には予算の増額修正権がないという理解が根強いのも、議会が予算を増額し始めたらきりがないという懸念があるためであろう。このように、自治体議会は、監視する主体ではなく、監視される客体である。

(2) 多様性

① 議員の多様性

議会不信のなかで監視機能を果たすには、議員は首長・職員以上に襟を正すことが必要になる。しかし、そうはいかない。議員は多人数であるから、多様な特性を持った人が議場には登場し得る(28)。それゆえ、首長以上に問題がある存在になる可能性を秘めている(29)。

② 首長・行政職員の多様性との比較

首長でも「火をつける」ようなキャラの立った暴走的人物もいるが、首長の場合、その「異形」なキャラクターも、住民の直接選挙で相対多数を獲得した民主的正統性がある。ある程度幅広く住民に訴えかけるためには、特別に「尖った」だけでは当選できない。この点、首長よりは相対的に小さな比率の得票のみで当選し得る議員は、ニッチな存在でもあり得る。およそ幅広くは了解されないとしても、一部住民の力で議席を得られる。一般には首長より議員は、珍しい人物が登場し得る。それゆえに、襟を正せないような人物も議員には紛れ込む。

行政職員は議員以上に多人数であるから、個々人レベルで見れば、議員以上に多様性と個性の溢れる人間集団になり得るだろう。しかし、職員の場合には、「おかしな」人物は、採用試験で排除されるし、仮に排除されなくても昇進できない。議員のような多様性は篩《ふるい》にかけられてしまう。正体は「変わった」人がいても、出世に関わるので、本性は公式の場では見せない。匿名で政治的に中立であり、「吏員道」を持つ場合にも、「個性」は押し殺すだろう。これに対して、制度的な上司のいない議員は、我が身を節制する契機に欠けている。

③ 議員の突出性

このように見ると、議員とは極めて多様な人間集団であり、多様であれば、およそ行政を監視するような資質を持たない人物も含まれるだろう。むしろ、多人数である議会は、ひとりである首長と比べ、多様性を反映することが重要なのである(30)。そうなれば、監視のための資質を改善することは、極めて困難である。

---

(28) 自治体の場合、首長よりも議員の方が障碍者やＬＧＢＴに開かれている。斉藤りえ『ありのままに。筆談議員ママ奮闘記』（ＫＡＤＯＫＡＷＡ、２０１５年）、石川大我『ボクの彼氏はどこにいる？』（講談社、２００９年）。もっとも、女性議員の過少性をはじめ、社会に存在する多様性を反映しているのかと言えば、大いに疑問はある。

(29) 逆に言えば、多様性を否定する方向にも、「尖った」議員を生み出すという「多様性」も存在する。セクハラ（性差別）議員・ヘイト発言議員などは、その典型である。

(30) 相川俊英『トンデモ地方議員の問題』（ディスカヴァー・トゥエンティワン、２０１４年）

それに加えて、議会とは平均的市民の多様性を社会学的に反映していない。議員とは、平均的住民に比べれば、「堅気離脱」の人の比率が高い。なぜならば、平均的住民は日常生活に勤しんでおり、政治家になろうなどと思わない。家業としての政治家の血統・家系・閨閥であること自体が、平均的住民とは異なる。また、世のため、人のため、地域のために働こうと思う、「公共性」を持った志こそが、すでにして平均人ではない。さらに、議員の仕事は気力・体力を要するから、平均的住民に比べて精力絶倫になりやすい。

要するに、議員は突出した人なのである。それは、よい面で現れることもあれば、悪い面で現れることもある。悪い面が顕現した場合、行政を監視する資質が疑われる事態となる。

(3) 議会の自己規律

① 議員への他律

議員集団の資質向上を図るときに、執行部に監視させるのでは意味がない。監視客体が監視主体を監視するのでは効果がない。また、国が議員の資質向上を求めることも不適切である。自治体の自律性を確保するために議員の資質が必要であるという根底を掘り崩し、単に他律を強化する。

議員を監視すべきは住民である。しかし、平均的住民は議員を監視するような、時間と労力と情報と意志を持たない。そもそも、自らが行政を監視しなくてよいように、議員を選出する。議員を監視する閑があれば、行政を直接に監視した方がよい。したがって、住民が議員を監視するとすれば、マニアックな議員不信に基づいて議員を監視する情念に基づく。但し、この情念も平均的住民とはかけ離れる。

②　議員の相互監視？

結局、潜在的に多様かつ尖鋭な議員集団で資質向上を図るとすれば、議員同士の相互監視となる。もっとも、議員同士の相互監視も虚心坦懐に行われればよいが、単なる政争や面子争いになりかねない。議会は多数決制であるから、多数会派による少数会派への横暴になりかねない。例えば、多数会派の議員の不穏当行動は懲罰対象とはならなくても、少数会派の議員へは懲罰がなされることがある。議員の相互監視は、政局的に揉めることであり、それ自体が議会の不祥事であり、議会・議員の資質を疑わせることもある。

議員を対象とした政治倫理条例や、近年の議会基本条例などの議会改革は、議会の自己鍛錬の努力である。もっとも、議員のなかには自己規律したくない人もいる。このような議会では、議員の面従腹背が横行し、名目的な議会改革の看板が掲げられる。そもそも、平均的住民は議会・議員の自己規律・自浄を求めているのかも、疑わしい。例えば、会派ぐるみで政務活動費の違法・不当な使用をめぐる不祥事が起きても、選挙がなされれば同じ会派の議員が議会に登場する。一部の議員辞職・引退という「トカゲの尻尾切り」で、議会・議員の資質は向上しない。

4　権力分立としての「不徳をもって不徳を制す」

(1)　議員の資質向上の困難性

議員が相互監視によって、議員が首長・職員以上に襟を正すことは、まず期待できない。また、議会が自己規律によって、行政への監視主体に相応しい資質を得ることは、想定することは難しい。したがって、首長・職員を監視できるような立場ではないとも言える。

それゆえ、我が身の臑《すね》の傷を知る「大人」の議員は、首長・行政職員の問題点を大目に見て見逃す。これが、政治であり、保身である。行政と議会という関係者の閉じた世界においては、行政と議会の馴れ合いによるウィン・ウィン関係の構築になりやすい。これでは行政に対する監視機能は果たせない。

(2)「我が身を棚に上げる」必要

上記のような「大人」の対応は、部分最適であっても全体最適ではないこともある。行政と議会の間の調和を乱しても、自治体あるいは住民全体にはメリットがある場合がある。議会による行政への監視は、大きな世界におけ る役回りにすぎない。それゆえ、議員は我が身の汚さを棚に上げて、首長・職員という行政を監視する立場である、と割りきることが必要となる。

当然、追及すれば我が身に跳ね返ってくる。例えば、行政に対して厳しく監視すれば、「お前こそ、そんなことを言えた義理か！」と陰に陽に反論・反発あるいは反感を持たれる。それに対して、気にしないという「鈍感力」が議員には必要である。行政監視をする議員にとって重要なことは、「自分に甘く他人に厳しい」というダブル・スタンダード（二重基準）である。議員の言動は、自己矛盾だらけであり、一貫性がなく、その場・その場あるいは立場・立場でのご都合主義によって彩られなければ、議会が行政を監視できない。

(3)「不徳をもって不徳を制す」

上記の特性は、平均的市民の社会常識や道徳では、通常、「徳のなさ」「子供っぽさ」「我が儘」を表す。端的に言って、呆れられるような人間である。しかし、行政を監視するためには、議員にはそのような資質は不可欠である。「徳をもって不徳を制す」という「徳治主義」ではなく、「不徳をもって不徳を制す」なのである。

もっとも、「子供」のような「徳のない」人物は、政治家に相応しくないのかもしれない。平均的に見れば「大人」の政治家が多いと言えるだろう。しかし、近年、政治家に「大人」らしさが失われつつあるので、我が身を棚に上げて行政に対して監視機能を高める可能性はある。但し、現時点では、政治家たちはその類い稀なる才能を、行政の暴走には生かしても、行政監視には生かしきれていないようである。

5　「不徳」による監視

(1)　「不徳」の許容範囲

「子供っぽい」政治家は、首長にも現れている。政治家の「子供っぽさ」はそれ自体では「不徳」であるが、社会的に有用な機能を果たし得るのは、行政を監視するときだけである。ところが、行政のトップを占める首長が「子供っぽさ」を発揮するのは、社会的に有用な効果はない。それは、単なる首長暴走でしかない。議員が「不徳」のまま許されるのは、執行権を持っていない限りである。執行権を持たないから、それを私的・恣意的に差配する可能性がない。

(2)　「不徳」な「与党」議員の問題性

議会による行政への監視機能の点からは、「与党」会派には問題がある。議員が「与党」的立場に入り、議員と行政が相互に利益調整をしてしまうと、議員が行政を追及するやいなや、行政から「あなたにも便宜を図った」と反撃を受けるからである。したがって、「大人」の「与党」系議員は、行政を監視できない(31)。

「子供っぽい」「与党」系議員は、全くのダブル・スタンダードであるから、自分自身は便宜供与を受けながら、行政に対しては監視をする。その限りでは、行政への監視機能を果たし得る。ところが、当該議員自身も行政の一部に関わっているから、この部分は監視が行き届かない。それどころか、「子供っぽい」理屈と「与党」系議員の権力とによって、自己の利権獲得は「正当」だと言い張る。監視機能のためには、議員は「野党」的立場でなければならない。

(3) 政策サイクル論の限界

同様に、「与野党」の立場を否定して、議会として自治体の政策サイクルに関わる議員も、問題を孕む。この政策サイクル論では、首長と議会は機関競争主義として、相互に政策の立案・決定・執行・評価に競争的に関わるので、あらかじめの役割分業は存在しない(32)。政策サイクルの豊穣化には寄与しよう(33)。しかし、政策サイクルに議会が能動的に関わることは、政策サイクルの立案・決定・実施・評価において、執行部と協働・競争する。この場合には、行政への監視という立場は確保されない。議会も自ら執行部と同じく、行政・政策に浸かってしまう。そうなれば、議会と執行部が担う政策を、別の主体が監視しなければならない。

議会も執行部と同じく政策サイクルに能動的に役割を果たすのであれば、資質と「徳」の低い議会・議員のままでは許容されない。議会・議員は行政に対する監視役で、政策過程に消極的・受動的に関わる限りにおいて、今の程度の資質・「不徳」でも許容される。

(4) 監視という退屈

行政に対する監視機能を果たすならば議員は「不徳」でもよい。しかし、その逆は自明でもない。「不徳」の議員が、必ずしも行政に対する監視機能を果たすとは限らない。政治家にとって、政策・行政に反映しない立場では、仕事をする意義を感じないであろう(34)。監視機能とは、行政に対して受動的に対応して、批判・否定・拒否をする。結局、政策の手柄は首長に取られてしまう。仮に、首長の素晴らしい業績が、議会による監視機能によって選果されたものであったとしても、監視の作業は見えない。自治体・住民のためには監視機能は必要だとしても、それの担い手にやる気が生じない。

政治家がやる気を感じるのは、第1に、執行部の利権差配に与れることである。これは議員自身の利権確保のこともあれば、支持者あるいは住民一般の利益のために行動することもある。ともかく、政策に影響を及ぼさなければならないので、執行部への監視どころか、執行部と協調をしたがるであろう。

第2は、議員自身の信ずる、ときに偏った、思想・信条・イデオロギー・大義のために活動することである。これは、政策として実現しないでも、思想・信条を流布すること自体が快感である。さらには、執行部の、しばしば偏ってない、思想・信条・イデオロギーや個別施策に、差別・憎悪・敵愾心をあおりながら噛みつく。「与党」系であれば利権配分に与れるが、「野党」系になると、イデオロギー的活動くらいしか存在意義がなくなる。行政に

---

(31) 音喜多駿『東京都の闇を暴く』(新潮新書、２０１７年)
(32) 江藤俊昭『自治体議会学』(ぎょうせい、２０１２年)
(33) 江藤俊昭・石堂一志・中道俊之・横山淳・西科純『自治体議会の政策サイクル―議会改革を住民福祉の向上につなげるために』(公人の友社、２０１６年)
(34) 村松岐夫・伊藤光利『地方議員の研究』(日本経済新聞社、１９８６年)

対する監視機能というより、行政の暴走を刺激・促進する機能を果たす(35)。

議員には行政監視する資質はなくとも、行政監視はできる。しかし、議員は行政を監視することに魅力をあまり感じない。行政に与するか、行政を暴走させるかが、議員にとっての魅力である。

6　監視型議会の可能性

(1)　少人数監視型議会

①　監視型議員

監視機能に熱意を持って取り組める議員の人員は、多くはない。行政監視をする議員の「なり手」は、今以上に少ない。仮に、行政監視の機能に議会が特化するならば、少人数監視型議会とならざるをえない。行政に与することや、イデオロギーを唱道することに魅力を感じている人間は、もはや監視型議会を目指すことはない。監視型議会の議員を目指す人間は、権力欲に富んだ政治家ではなく、権力監視を重視する、政策や行政遂行には受動的な人間である。自治体議員は、為政者集団への登竜門ではなく、為政を指向しない者の集まりとなろう。

監視型議員に相応しいのは、口うるさいが、自ら動かない人間である。もちろん、このような「口先だけで腰が重い」人間は、社会常識的には嫌われる。政治家はまずフットワークが軽くなければならないという発想もあろう。しかし、「腰が軽い」人間は、すぐに権力や利権の魔力に取り憑かれ、行政を監視できない。監視型議員は、住民・地域のために何かをしたいという能動性を満たすことは困難である。「まちづくり」の市民活動をする人には向かない。「まちづくり」の活動家は、行政と協働という名の結合を図るので、行政に対する監視が強化されては困る。また、行政からサービスを期待する平均的住民も、必ずしも監視型議員に期待しない。当然、監視型議会に対する無関心は進行していく。

たまに問題が起きるときだけ、監視機能不全を追及される。日頃は行政によって便宜を図ってもらう政治家・団体・一般住民も、問題が発覚すると、行政を中心とする政策推進体制を批判したくなる。しかし、自らもその体制の一員であるから、行政批判はできない。そこで、監視型議会に批判を転嫁する。

②政治に関心ある人間のリクルート

監視型議会は、政治に関心ある有為な人々を、議員職に惹き付けることはできない。議員活動では積極的な「まちづくり」はできないからである。広く政治に関心のある者のリクルートにも、監視型議会は役に立たない。結局、政治や政策・行政や地域の実践に関心ある人間は、いきなり行政経験のないまま首長になるしかない。現状の全国の自治体議員は、国内の政治家人材の基盤である。しかし、監視型議会に特化する場合には、一国レベルの民主政治を支える基盤が掘り崩されてしまう。その意味で、監視型議会には大いなる限界がある。

③排除された議員

政治家である議員が、行政への監視機能だけに関心を持つことは難しい。提案を生かすための監視が好まれる(36)。大半の議員は積極的な自治体運営に関与しようとし、執行部の方針に賛同または妥協し、行政との融合を

(35) 野田数『都政大改革』（扶桑社新書、２０１７年）70―82頁。
(36) 土山希美枝『「質問力」でつくる政策議会』（公人の友社、２０１７年）

目指す。しかし、そもそも賛同できない行政運営の場合、あるいは、妥協には限界がある場合には、この路線が取れない。その限りで、当該行政への監視機能になる。

とはいえ、その監視機能は本来的に望んでいるものではない。執行部が方針を変えれば、あるいは、首長をすげ替えれば、以前の執行部に対しては監視をしていた議員は、現在の執行部に対しては「与党」系として「口利き」に勤しむ。いわば、行政監視が「成功」するやいなや、行政監視機能は「消滅」する。どのような執行部であれ、一貫して監視機能を追及し続けることは難しい。議会に常に行政監視を求めることは容易ではない。

(2) 議員の監視機能への適性

①「市民派」議員

繰り返し述べているように、多くの自治体議員は政治家として、執行部に影響を与えることを目指す。こうした議員からなる議会は、監視機能よりは、提言・要求・要望機能を優先させる。仮に議会に監視機能が付与されるとしても、それは要望と取引するための材料でしかない。議員は平均的には、監視機能には向かない。しかし、議員は多人数であるから、「尖った」人間も多様に含み得る。監視機能に適性を持つ「うるさ型」「市民派」議員(37)もいる。仮に議会が監視機能を果たす必要があるならば、ごく少数の例外的な「うるさ型」「市民派」議員に任せることが妥当である。また、実態もそのようになっている。多くの自治体議会では、「与党」系議員を中心に、実質的には行政への監視機能を放棄している。このような慣行を破る形で、「うるさ型」「市民派」議員が、行政への監視を行う(38)。

②「市民派」議員の議会内での封じ込め

監視機能は簡単には発揮できない。なぜならば、「うるさ型」「市民派」議員は、他の「口利き型」議員への監視まで始めるからである。「口利き型」議員は行政に要望して取引して実現するから、結局、行政と融合化していく。したがって、「うるさ型」議員が行政への監視を始めれば、必然的に、「口利き型」議員にまで追及が及ぶ。議会は多数決制で運営されているから、少数の「うるさ型」「市民派」議員を、数の力で押さえ込む。

そして、そのような議会慣行によって行政監視機能を押さえ込むと、「うるさ型」「市民派」議員は、行政への監視機能の前に、まず、「議会改革」を目指すようになる。そこでの「議会改革」の意味は、多数「与党」系議員の妨害なく、少数派議員に行政監視の機会を付与すべきということである。ところが、議会改革には、議会の多数派工作をしなければならない。議会改革は、「口利き型」「与党系」議員の思惑で緩和される。

また、「うるさ型」「市民派」議員は、執行部にとっても迷惑である。執行部と「与党」系多数派の「口利き型」議員の利害は一致する。例えば、「うるさ型」議員の質問最中に、「与党」系議員が騒音を飛ばすことで、「用心棒」となる(39)。こうして、執行部は「口利き型」議員を「与党」系議員にする議会対策をして、「うるさ型」「市民派」議員を押さえ込む。逆に、監視や調査が実現するときには、議会対策が失敗した政局状態のことも多く、それ自体で住民の不信を招き得る(40)。

---

(37)「市民派」と言っても平均的住民を代弁しているという意味ではない。
(38) 寺町みどり・寺町知正・上野千鶴子（監）『最新版　市民派議員になるための本―あなたが動けば社会が変わる』（ＷＡＶＥ出版、２０１４年）
(39) 柳ヶ瀬裕文『東京都庁の深層』（小学館新書、２０１７年）
(40) 吉田利宏『地方議会のズレの構造』（三省堂、２０１６年）、１０２頁。

(3) 監視のための意志

① 監視へのインセンティブ

監視には意志と能力が必要である。意志があれば、能力を高める努力をすることが期待される。意志がなければ、能力があっても、それは錆び付いていくだろう。議員には行政を監視する意志は通常は生じない。議員に監視意志を持たせるには、十全な監視をしない場合に、議員本人に不利益が起きないとならない。監視によって議員本人にメリットが生じることはほとんどない。したがって、プラスのインセンティブは期待できない以上、マイナスのインセンティブを活用するしかない。

② 住民訴訟

住民訴訟の責任を、議会または個々の議員たちが負うようにならなければ、議会の監視機能は向上しない。住民監査請求・住民訴訟とは、住民のなかのごく一部の人が監視への意志を持てばよい制度である。住民の多数が行政監視の意志を持つことなど、通常は期待し得ない。この点、住民監査請求・住民訴訟はひとりでも提起できる。もちろん、監査委員に対する住民監査請求は機能しない。なぜならば、首長に選任される監査委員に、行政への監視を期待することは難しいからである。しかし、裁判所は、自治体執行部から自立しているので、住民訴訟は行政監視にはより適合的である。とはいえ、この現行の仕組では、議会には何のやる意志も与えない。

議員も首長と同様に住民訴訟での責任を負うようにすれば、監視への意志を持たざるを得ないだろう。つまり、議会の承認を得て政策決定したことに伴って、財務会計行為として違法となった場合には、首長個人に責任を負わせるだけではなく、賛成した個々の議員たちも行政監視を怠ったとして責任を負うべきなのである。そのようにしてはじめて、個々の議員の集合体としての議会も、行政監視の意志を持つだろう。もっとも議員の責任が重くなれば、さらに「なり手不足」が起きるかもしれない。鞭の方策だけでは、議会全体の機能低下を招く。

小括

行政への監視機能の強化を議会に期待することは難しい。そもそも、平均的住民の多数も、議会に監視機能を求めていない。住民が求めているのは、自分に有利な取扱である。監視を受ける執行部も、議会による監視は、ホドホドでよいと考えていよう。

その意味で言えば、行政に対する監視機能を議会の役割の中心に据えることには、大きな限界がある。政策サイクル論は、こうした限界を背景に、行政監視に特化することなく、政策立案から評価までの全過程において、行政と議会の競争と協調を期待している。そして、実際の政策運営に影響を与えれば、議員個人にとっても意味があるので、プラスのインセンティブにもなる。行政監視よりもはるかに現実的とも言えよう。

しかしながら、政策運営に影響を与えるのが目的であれば、「与党」系会派の「口利き型」議員として振る舞うのが、最も簡便であろう。とするならば、政策サイクルを構築しようとする議会のなかの議員の足並みは乱れ、個別議員の抜け駆け競争が起きる。結局、議員間は首長側に分割統治され、簡単に議会対策が実現してしまう。政策に影響を与えることは、議会にとっては容易ではない。

こうして、議会は政策形成機能に重点を置き切ることもできない。政策形成に役立たないことから、行政監視に期待が向けられる。しかし、行政監視にも限界がある。こうして、議会機能は「自分探し」を続ける。

第２章　議会と職員

第１節　議会事務局の実情

はじめに

議会を助ける補佐機構が議会事務局である。議会が期待される機能を果たさないのは、議会事務局が弱体であるから、という説明がされることがある。「二元代表制」論からすれば、首長と議会という機関は対等であるが、首長を助ける首長部局職員の規模と、議会・議員を助ける議会事務局職員の規模とでは、相対的に前者が圧倒的に大きいことが問題視される。したがって、議会改革論としては、議会事務局の組織・人員・機能の強化が提唱されることが普通である。

しかし、この改革論議はなかなか実現しない。そこで、このような理念と実態が乖離する状況が生じる背景を探る必要がある。本節では、そもそも数少ない現在の議会事務局職員は、一体誰のために仕事をしているかの検討から始めることにしたい。結論的に言えば、議会事務局職員は、必ずしも議会・議員のために仕事をしているのではない。したがって、議会を活性化する視点からも、議会事務局の強化は、仮に実現したとしても、必ずしも意味があるものではない。建前論としての議会事務局強化論は建前としてだけ存続し、実態においては、首長部局の都合で、首長側にとって適度な規模と機能の事務局が維持されている。

1　忠誠の対象――議会と議員と議会多数派――

(1) 全議員に等しく補佐？

制度的に考えれば、議会事務局は議会及び議員を補佐する。しかし、現実には、議会事務局によって全ての議員が公平に処遇されているわけではない。一応建前では、議会事務局に職員が異動してきたときなどには「全員の議員が上司だと思って仕事をしていただきたい」「それぞれの議員には何千（数字のけた数は自治体の規模によって異なる）の住民がバックに付いており、その代表であるという認識と、議員はそれぞれに平等であるという自覚を持って仕事をするように」などという訓示を受けるかもしれない(1)。しかし、議会事務局職員は、実際に仕事を進めていくうちに、ひとりの議員が純粋に「定数分の1」ではないということを学んでいく。

---

(1) なお、「議会事務局は議会や議員の下僕・私僕ではなく、広い意味での自治体、さらには、住民全体のために仕事をするのであって、議員の下働きをするものではない」という訓辞がなされることもあろう。規範的な意味で、議会事務局職員に限らず地方公務員は「住民全体の奉仕者」である。とはいえ、眼前の議員や議会全体には補佐しなくてよいという正当化事由になり、結果的に、事実上人事権を持つ首長に対する忠誠を生み出す可能性もある。しかし、「住民全体の奉仕者」であるから、首長に対する従属を相対化することも可能になる。首長・議員の討議広場《フォーラム》のなかに住民代表機能が存在するという本書の立場は、この発想に親近する。つまり、議会事務局職員は、議員・議会でも首長でもなく、その両者を包括する討議広場《フォーラム》の公僕であって、議事の活性化に忠誠を誓うべきことになる。

(2) 議会運営側勢力への偏った補佐

さて、実際の議会事務局職員の配慮や注意は、誰に向いているのであろうか。議長は、制度的にも議会のトップであり、議会事務局職員の任命権者であるから、当然に最も重視される。しかし、それだけではなく、長老議員・有力議員、議会運営委員長、各会派代表者・役員などは、事実上の問題として、丁重に処遇する(2)。有力議員の調査依頼には即座に対応し、意見や要望は可能な限り受け入れる。根回しが必要な場合は真っ先に、場合によっては部局長が自宅を訪問してまで根回しをする。このような議員が議会事務局に来たときには、局長室に通し、局長が対応する。議員が電話で呼びつければ、局長が即座に対応するのであり、会派控室に出向くこともある。ところが、これが例えば1期生議員や非交渉会派の若手議員だと、事務室内の打合せテーブルに通して、担当職員かせいぜい課長レベル職員が対応して済ませてしまう。また、根回しが必要な場合にあっても、事前の根回しがなされないこともある。

議会は多数決制と当選回数年次制などをもとに、本来は平等の権限を持つはずの個々の議員間に、不平等な権力配分をする。不平等な権力関係を反映して、期数、所属会派、役職等によって、議会事務局職員もその待遇に歴然とした差を付ける。その結果、定数分の1以上に処遇される議員と、それ未満（時には事実上のゼロ）に処遇される議員の間には、議会事務局からの補佐サービスにも歴然とした格差が生じる。議会事務局職員は、有権者とは全く関係のないところで、「死票」をつくる。有権者の1票は、有力議員に投じられた場合には重く取り扱われ、無力議員に投じられた場合には、実質的に価値のない「死票」になってしまう。但し、議会事務局職員が官僚制的に格差をつくっているのではない。議員たち自身が多数派工作などによって序列と格差をつくる。しかし、それは住民たる有権者には、何の関わりもない。有権者からすると、常に固定した多数派が存在しているのは、少数派議員への１票が常に「死票」になる。

2　議会事務局による支援への議会内在的制約

(1) 政策法制支援機能への期待

議会事務局に期待される機能には、①議会運営という手続・過程の支援と、②政策討議に資する政策内容への支援とが考えられる。議会事務局は最低限でも①は有している。②の政策法制支援は必ずしも必須ではない。それゆえに、議会事務局強化論は、政策法制支援機能の強化を提言するのが普通である(3)。

(2) 個々の議員への支援は可能か？

議会の政策立案・審議能力の向上のために議会事務局を強化するという提言は、全くと言っていいほど、生かされない。競争関係にある独立した自営業者である個々の議員にとって強化したいのは、公設秘書・政策秘書のように自分を補佐する機能であり、議会全体を補佐する議会事務局ではない。しかも、議会事務局職員の総数は議員数より少ないことが普通であり、個々の議員をマンツーマンで支援できない。

---

(2) 有力と判別する基準は、議事運営を円滑に進める際にプラスあるいはマイナスに作用する力を有するか否かである。丁重に処遇しないことで議事運営が滞る、あるいは丁重に処遇することで議事運営が促進する、という経験の蓄積によって有力か否かが識別されていく。

(3) 自治体の政策は、条例という法務で実現する以上に、予算という財務で実現することが多い。その意味では、政策支援機能は予算・財務支援機能こそが重視されるべきかもしれない。しかし、現代日本の議会改革論では、議員提案条例制定が優先される傾向があり、それゆえに政策法制支援の強化が指摘されてきた。

議会事務局職員を共同のプール（「共通政策秘書」）として、各議員の政策立案・審議の支援に当たらせることはできる。議会事務局法制課・調査課は、こうした組織かもしれない。しかし、全ての議員に等しく支援をしなければならない。あるいは、特定の議員が「抜け駆け」的に議会事務局職員を手足のように使わないように、縛りをかける。特定議員に偏した職務遂行には一定の自制が働く。議員全員の共同政策シンクタンクは、職員にとっても仕事の仕方が難しく、また個々の議員にとっても使い勝手はあまりよくない。

(3) 議員間の底辺への競争

議会は、相互に激しく競争し合っている独立自営業者の集合体である。したがって、特定の議員が、議会事務局職員を「上手」に使いこなすことは、別のライバル議員にとっては脅威である。つまり、特定の議員が議会事務局職員を使いこなすことがない方が、むしろ望ましい。こうして、議員は、議会事務局の政策や調査へのサポートを全体として増加させる方向ではなく、全体として低下させる方向で、相互に「底辺への競争」をする。

議員間の競争はある。しかし、その競争は、政策的勉強を競うのではなく、支持者・後援会への親睦・懇親・慰安旅行や顔つなぎ、祭り、口利き、式典出席、駅頭・辻立ちなど、どぶ板活動である。したがって、議会事務局の強化の必要性は、議員の側からも感じられない。そして、こうした事態は、首長側・執行機関側にとっても好ましいから、自然と放置される。

3　議会運営側の総取り

⑴　議会運営側勢力

議会事務局が仕事を振り向けるのは、「総体としての議会全体」である。議会全体という観念的な人間は存在しないので、正副議長や議会運営委員長、多数「与党」系会派代表者など、議会運営に携わる多数派議員集団内の権力を持つ有力議員である。議会事務局を、議会運営の主導権を得た勢力が、「総取り」する。執行機関の事務組織を首長が「戦利品」として「総取り」するのと同様である。

但し、首長部局など執行機関の事務組織とは大きな違いがある。執行機関の職員は、政策内容と実現手続の双方とも支援をする。しかし、議会事務局は基本的には後者だけである。議長などの議会運営側は、議会運営をする手続あるいは過程のマネジメントの役割であって、特定の実体内容のある政策実現を掲げてそのポストに就くのではない。なぜなら、議長職などは、全ての議員の意見を「中立」的に取り扱って、「公正」な議事運営をする「行司役」として観念されているからである。もちろん、実際には議会運営側にも、隠然とした政策選好の思惑はあるが、それを公然にすることがはばかられている。したがって、議会事務局も、特定の政策内容への関心を持たない。つまり、議会事務局が全体としての議会を支援するときには、①議事運営支援機能についてだけであり、②政策内容（法制・財務など）支援機能は必ずしも必須ではない。

⑵　二重の忠誠問題

①　議会運営側と首長側

議会全体、すなわち議会運営側のプロセス管理に忠誠を尽くすのが、議会事務局議事課の職員である。しかし、このことは、議会事務局職員の人事上は難しい問題を孕みかねない。というのは、一般に議会事務局職員といえども、速記者のような専門職ではないため、議会に採用されて定年まで議会事務局にいるのではなく、自治体という団体に採用されて、単に人事ローテーションで議会事務局に異動する。数年経てば、議会での経験をキャリア形成に活用しつつ、首長部局に戻って仕事をするのが普通なのである。したがって、基本的な忠誠対象は、職員全体の事実上の人事権を握る首長、あるいは、当該自治体という人事集団全体である。

②《滞りのない議会運営》への補佐

つまり、議会事務局職員は、二重の忠誠対象を持っている。一方は議長等議会運営側勢力であり、他方は首長あるいは首長部局側勢力である。「二元代表制」論に基づいて、議会事務局職員が、議会による首長部局への牽制を補佐する方向で仕事をすることは、極めて困難である。議会事務局職員の忠誠が矛盾しないのは、①首長部局が進める政策を、②議会運営として滞りなく進める、ことしかない。議会事務局職員にとっての二元代表制論とは、このように機能を棲み分けて補佐する対象を矛盾しないように調整することを意味する。

①②が両立する《滞りのない議会運営》とは、粛々と議事日程が進み、首長側提案を円滑に議決していく状態である(4)。首長側を牽制する厳しい質疑や議会調査が順調・活発に進むという意味ではない。議会事務局にとっては、議会は政策的にも政局的にも活性化しては困る(5)。むしろ、そのような状態は、議会審議が「紛糾」し、「円滑な運営」がなされなかった、という位置付けになる。議会事務局にとっての議会の工程（プロセス）管理とは、ベルトコンベアーのように遅滞なく議決を粛々と期限厳守《ジャスト・イン・タイム》に大量生産することである。

③ 首長反対派による議会運営側の掌握

議会が少数「与党」状態にあり、議長以下議会運営の主導権を首長反対派が占めれば、議会事務局職員の忠誠は難しい局面に立たされる。しかし、そのような局面を乗りきるのもまた、練達した議会事務局職員の「楽しみ」と「腕の見せどころ」になる。

首長を厳しく追及する多数「野党」系議長の下で忠実に仕事をした職員は、首長部局に戻るとき意趣返しをされるかもしれない。議会事務局の局長以下を左遷するように、首長側は圧力を掛けてくるだろう。「野党」系の議長は、対抗圧力を掛ける必要がある。さもなければ、議会運営側のための補佐をする事務局職員がいなくなる。こうして、議会事務局職員の人事と仕事は、首長側と「野党」系議会運営側との抗争の舞台となる。議会事務局職員は、政治的綱渡りと調整を強いられる。このためには、公務員の「中立性」を盾にしつつ、議会運営に関する法令・執務知識で理論武装することが必要になる。

（4）もっとも、議会運営があまりに滞りなく進行すると、議会運営側勢力の政治的な存在意義も低下してしまう。首長側に対して議会運営側が「恩」を売れるのは、議会審議が紛糾する可能性があればこそ、である。したがって、議会運営側としては、ある程度の慎重審議、厳しい質疑という「議事妨害」の圧力がなければ、自らも困る。つまり、議会運営側ではない少数会派・議員や、議事運営側＝多数「与党」系であっても「うるさ型」の議員の存在は、一定程度に収まるのであれば、むしろ望ましい。こうして、これらの会派・議員がある程度活躍できるような配慮が、多数「与党」系が議会運営の主導権を掌握していても、生じることになる。議会とは、ある意味で「マッチ・ポンプ」である。紛糾事態を引き起こす議員が一方に存在し、かつそれを押さえ込める議会運営側の営みが成功するときに、議会は全体として果実を得る。ただ、その果実は議会運営＝多数「与党」系に集中する。少数「野党」系議員は、「生かさず殺さず」という程度の扱いを受ける。こうして、そもそも議会というものが「生かさず殺さず」という位置付けを受ける。つまり、議会は活性化はしない、しかし廃止もされない。

（5）小前提として、議会運営側の有力議員が議会の活性化を望まないことがあり、中前提として、首長や執行機関側職員が議会の活性化を望まないことがあり、大前提として、制度・政策を企画立案する制度官庁・政策官庁が議会の活性化を望まないことがある。

「二元代表制」論に基づけば、議会多数派側＝議会運営勢力が、首長側と協調体制に立っていないことは、むしろ、抑制・均衡や牽制・監視や政策競争にとっては、好都合のはずである。議会事務局長の人事権が議会議長にあるという法制とも、整合的である。そのためには、実質的な意味でも、議会事務局職員の人事権を議会側が掌握しなければならない。しかし、現実には、議会事務局職員は、首長側に人事権を握られており、議会・首長への二重忠誠状態にある。それゆえに、議会事務局職員は、議会と首長が衝突をしないように、智恵と工夫を発揮する。そのために必要なのが、「中立性」や「住民全体の奉仕者性」という、脱政治的な政治性なのである。

④ 首長＝議会多数「与党」の協調体制

しかし、通常はこのような難しい局面に、議会事務局職員が立たされることはない。通常は、議会は多数「与党」系が議会運営側を牛耳るからである。首長側は議会対策として、多数派「与党」工作を行い、それなりに成功する。その場合には、議会運営側に忠誠を尽くして、粛々と議事進行が進めることは、結果として、首長の政策が議会の賛同を円滑に得て推進されることを補佐することにつながる。こうなれば、議会事務局職員として議会運営側に忠実であることは、首長に忠誠を尽くしていることと同じであり、もっと言えば、首長側の議会対策の最前線の職員となる。そして、議会事務局職員の経験は、議会運営側の有力議員や「野党」系の「うるさ型」議員との人脈を蓄積した調整力のある頼もしい職員として、首長部局でのエリートコースにもなり得る。

小括

議会事務局とは、実態においては首長部局によって議会に置かれた「支所・出張所」である。国でも、各省は国会内にそれぞれの連絡事務所を出先的に置いている。また、ある程度の規模の自治体は、国の動向をつかむために東京事務所を置いている。同様に首長側は、議会に対して、議会事務局という「議会内事務所」を置いている。そして、当の議会自体は、各議員は相互に足を引っ張り合う。議会運営側を握った多数派は、「中立」「公正」な運営を演出するために、議会事務局の議事運営補佐機能を必要とする。

こうして、議会事務局を強化するという議会改革アイデアは、奏功しない。仮に実現したとしても、首長側の「議会内事務所」を強化するので、議会機能の強化ではなく首長機能の強化になる。そして、こうした機能は、議会対策担当課の強化でも、あるいは各所管課の強化でも、ある程度は対処できる。

首長側が組織・定数を配分する際には、実際には議会事務局を含めて、仕事量の配分を想定して意思決定を行う。そして、そのバランスが、現在の首長部局と議会事務局の職員数の相対比である。首長が予算・定数査定をしている限り、首長優位で事務局の体制が形成され、首長が人事権を握っている限り、首長優位で人事異動がなされる。この構造の下では、議会の補佐機能を、議会事務局を通じて強化することは容易ではない。

第2節　議会事務局職員の仕事

はじめに

現代日本の多くの議会事務局が、首長側の「議会内事務所」である議会事務局は、基本的には首長側のために仕事をしている。本節では、それを掘り下げて検討してみたい。

1　議会事務局の3つの機能

(1) 総務系

議会事務局の機能は、より細かくは、議事系、総務系、調査系に分けることができる(6)。議会事務局の中核は議事系である。議事系については2以下で扱うので、ここでは簡単に後二者に触れる。

総務系はいわゆる庶務である(7)。報酬・政務活動費・資産公開などの金銭面を扱う。また、福利厚生を担うので、議員野球・ゴルフ大会などの「お世話」をし、現職議員が亡くなれば「葬儀係」に変貌する。広報を担当していることもある。通常の局部課と異なり、総務系が筆頭右翼ではないところが、議会事務局の特徴である。また、総務系では議員連盟の事務局をしているが、調査系と共同のこともある。議員連盟は多種多様で、政策活動のこともあれば、実態としては議員の福利厚生的な「部活動」のこともあるためである。

(2) 調査系

調査系は、近年の政策立案・審議機能重視のなかで重視されている。毎日、議員が欲しがる新聞記事をスクラップし、議員の調査依頼を受けて執行部に依頼したり、自分で調べたりして回答する。ときには、本会議・委員会の質問の原案を作成する。また、議員提出条例案の素案を作成する。但し、議会事務局内では重視されていないので、「新聞（またはネット情報）を切り貼りしているだけ」という陰口もあるようである。

議会は政策立案に関しては一枚岩というより、会派ごとに活動している。そこで、会派担当制をとることもあるが、会派と議会事務局とのスタンスのとり方は難しい。議会のメンバーたる議員からの公務としての依頼なのか、会派あるいは議員個人の政務調査または政治活動という政務なのか、判然としないからである。調査系職員には、特定の議員・会派にどっぷり浸かることに抵抗がある人も多い。単に建前論としての公平性や、公務の中立性・正性の問題だけではなく、人事異動慣行から執行部に戻ることを予期しているからでもある。

２　議事系の機能

(1) 先例踏襲

議会運営は偉大なる先例踏襲である。新しいことを好まないのは、有力議員だけではなく、議会先例を熟知し、いろいろなパターンの議事進行シナリオを組み合わせて、会議や委員会の次第を作成している議会事務局議事系職員もである。なぜならば、用意されている議事進行シナリオから外れるイレギュラーな事項が生じると、新たにシナリオをつくらなければならない。それは新たな事務作業と調整を必要とするので、議会事務局職員としては避け

(6) 衆議院事務局の場合には、①会議運営事務—議事部・委員部、②調査事務—常任委員会専門員・調査局、③一般事務、庶務管理事務—秘書課・庶務部・管理部・国際部、④議会政治の歴史資料等に関する事務—憲政記念館、⑤日本国憲法に関する調査等の事務—憲法審査会事務局、⑥情報監視審査会に関する事務—情報監視審査会事務局、⑦速記及び会議録の編集等に関する事務—記録部、⑧議院警察等に関する事務—警務部、があり、この他、⑨法務—法制局がある。さらに、国立国会図書館には、⑩調査及び立法考査局が置かれている。概ね、③④⑥⑧は総務系、②⑤⑨⑩が調査系、①⑦が議事系、ということができよう。

(7) ２００４年の地方自治法改正により、議会事務局の役割を「庶務」から「事務」に改めたので、庶務とは議会事務局の機能の一部である。

たい。議事運営は、いつも既存のシナリオを組み合わせて次第をつくっているため、新たに一からつくるのは、議事系職員は苦手なのである。

既存のシナリオは、議員が納得した経験のあるプログラムであるが、新たにシナリオで議員たちが収まるか全く予測がつかない。階統制はトップの決裁で新しいことを実施できるが、合議制には革新性は作用しない。議会を「回し」ているのは、議会事務局議事系職員である。議会運営委員会や正副議長は、議会事務局のシナリオに沿って、「役」を演じる。合議制機関の下にある官僚制機構は、最も保守的に作動する。

(2) 紛糾事態の収拾

① シナリオの作成

先例踏襲の議事運営の保守性を前提とすると、過去のシナリオを組み合わせて議事運営を粛々と進めることが、まずは、議会事務局議事系職員に求められる当然の基礎的能力となる。「何事もなく進んで当たり前の世界」である。しかし、保守性とは、常態・現状が崩壊・瓦解しかねない局面でこそ求められる。議事系職員は、議会運営が紛糾したときに、どう収拾シナリオを組み立てるかを本来の仕事の場と感じる。これが応用能力である。

今まで経験してきたシナリオを抽出して組み立てて対処できる場合もあるが、紛糾して待ったなしのときにいちいち、以前つくったひな形を探している余裕はない。大体、議会が紛糾すると、まずは議会を「止めて」しまった当事者の所属する会派代表者や庇護する有力議員同士の折衝が始まり、議長が仲裁に入るなどして、議事運営側が事態の収束に努める。その際に、事態収拾の臨機応変なシナリオが必要となるのが、代表者会議、議会運営委員会、本会議である。それぞれのシナリオを事態の収束を予測して、ある程度双方の面子の立つ「落としどころ」の見当をつけて、大抵はほんのわずかな間に、その場において手書きで作ったりする。

②議事系職員の仕事観

議会事務局議事系の職員は、議会が粛々と進んでいるときは、極端に言えば何もすることがない。事前に準備は完了している。しかし、何か事が起こったときこそが、練達の議事系職員の「腕の見せどころ」であり、それこそがやりがいを最も感じる。それは、「楽しさ」というよりは、「満足感」「達成感」に近い感覚という。

議事系職員は、考えている内容や目指す状態は保守的であるが、意思決定スタイルは即断即決的であり、執行部のように必ずしも上司に諮るとは限らない。実際の議事運営中の紛糾事態では、上司に諮っていては停滞してしまうので、このような慣行は自然である。議事運営の現在進行中でなくとも、こうした傾向がある。第１に、議事運営は既存のシナリオのシステマティックな職人技的組合せであり、上司の判断を要さない。第２に、上司がいるとすれば、それはラインの局・課長ではなく、議会運営側の議員である。例えば、「委員長がこう言っていますので」とヒラ議事系職員が言えば、上司はそれに従わざるを得ない(8)。

---

(8) このため、議事系職員は、執行部に戻ると意思決定プロセスが「まどろっこしい」と感じるようになり、強引に事を進めたり、あるいは議会に戻りたがったりする。また、こうした特性もあって、調査系職員と議事系職員は仲が悪い。議事系は、議事運営側議員の意向を最大限に尊重して、理屈に合わないものでも、内容的には先例踏襲的・保守的に、しかし手法的には即断即決で進めていく。調査系は、執行部に戻っても通用する政策的・法制的理屈を重視し、内容的には、ときには革新的に、しかし手法的には保守的に段階的に進めていく。

3　議会先例の保管・利用

(1) 先例というルールの支配

議会運営は先例踏襲であり、それを議会先例としてまとめ、運営のよりどころとする。没主観的・非人格的に文書化されたルールによる支配こそが、官僚制の特徴である。先例踏襲の議会はひとつの官僚制である。そして、そのルールを管理しているのは、議会事務局である。議会先例に熟知し、これを自由自在に操っているのは、議会事務局職員である。議会事務局が、議会運営の「仕切り」ができるのは、先例などによる合法的支配である。

議会事務局職員にとって、法令・規則・条例・先例をまとめた『議会提要』はバイブルである。議会運営ではいろいろな事件が生じ、突然議員に取扱や根拠を聞かれたりする。職員はその全てに対応できるよう、独自に工夫してインデックスを付けたり書き込みしたりして、『議会提要』をぼろぼろになるまで使っている。

(2) 先例のメンテナンスと利用

議会先例は、実際の議会運営に伴って変化するから、適宜これを見直して更新する維持補修《メンテナンス》も必要である。一般的に、議会先例の見直しを行うときは、議会事務局が、議会先例に収録すべきもの、削除すべきものを精査した上で起案し、議長までの決裁をとる。必要に応じて会派への根回しを行う。但し、非交渉会派への根回しは行わないようである。議長決裁をとった後は、議会事務局から全議員に改正後の議会先例を配付する。議会先例は、例えば、4年ごとなどに改定され、洗練され、議員に「周知」される。

議会先例を熟知している議員は、あまりいない。議会運営上、何らかの判断が必要となった場合には、議会事務局職員が収録されている法令・議会先例を繰って、議会運営に当たる有力議員に助言する。新人議員から見れば、議会事務局職員が議会運営を牛耳っているようにも見えるが、古参議員たちの思考と行動原理の精髄《エスプリ》を具現化しているだけである。古参議員は、経験が長いため、議会先例をある程度は体得しており、場面によってはそれを有効に活用する。こうなると古参議員の年功序列的支配に見える。

4　人事異動の特徴

(1) ローテーション人事

議会事務局の職員も、他の執行機関の部課の職員と同様に、定期的な人事異動がある。異動対象となる勤続期間は一概には言えないが、ジェネラリストの自治体職員のローテーション人事からすると、3年ないしは5年で異動する職員が多い。当然、議会事務局職員も、「いずれは執行部に戻る」という意識を持っているのが普通である。議会事務局職員のなかには、議会の水が合ったのか、「ずっと議会にいたい」とか、執行部に戻っても「議会に戻りたい」という人が少なからずいる。特に、議事系の職員経験者に多いようである。

議会事務局職員の任命権者は議長なので、「忠誠心」の厚い職員から議会事務局を構成すればよさそうなものであるが、必ずしもそうはならない。職員の人事権は実態として、執行部の人事当局が握っている。そして、ずっと議会事務局にいられない以上、職員は執行部に戻ったときのことを考えて、議会事務局でも仕事をする。つまり、議会にどっぷり浸かることは自制する(9)。こうして、ただでさえ少ない議会事務局職員は、議員のために一生懸命に働くわけではない。

(2) 議会色の傾向

とはいえ、議事系職員は、議会色に染まる度合いが高い。議員と接触が多く、域外調査などで「同じ釜の飯」を食うからである。議員は大量の有権者から票を集められるだけあって、個人としては人間的には魅力があるのが普通であり、接触しているうちに、当該議員のために尽くしていこうという気になる職員も生じる。

議会事務局も幹部人事となると、有力議員や議長など議事運営側の意向が反映するので、「相思相愛」的に忠誠心の厚い「出戻り」議事系職員が就任することが多い。人事上も議事系が最も優遇されている。

5　執務知識の習得

(1) 理論武装

議員は、1期4年という期間が、仕事のサイクルの基礎単位となるが、議会事務局職員は、勤務期間の長短にかかわらず、通常は自分より長い期間を議会に関わっている当選回数を重ねた議員と、対等さらにはそれ以上に渡り合えないといけない場合も出てくる。

自分よりも経験の長い相手と渡り合うためには、議会事務局職員は、先輩・上司から耳にたこができるくらいに、「まずはきちんとした理論武装をしろ」と指導される。経験・体験による知識に対して、理論によって対抗する。議会運営に瑕疵があってはいけないから、議会運営に関して問題が生じたとき、あるいは議員から質問があったときは、まずは地方自治法、会議規則・委員会条例と上位規範から順に見てきて、最後に先例や議会運営の原則を見るように指導されるという。こうして、議会先例の保管・運用につながる。

例えば、議会事務局経験のある職員によれば、異動直後には、中島正郎著『会議規則・委員会条例・傍聴規則逐条解説』（ぎょうせい、１９７５年）(10)を読めと言われ、その次には野村稔(11)（地方議会研究会）著『議員・職員のための議会運営の実際』（自治日報社、各巻）という実務書を読まされたという(12)。当然、当該自治体の会議規則、委員会条例、傍聴規則、先例集も、「よく読んで頭にたたき込むよう」に指導されたという(13)。

(9) 例えば、調査系の職員は、議員になり代わって議会質問を作成するが、その際には、執行部が困らないように質問をつくってしまいがちである。すると、議員から「首長と議会と、どちらを向いて仕事をしているのか」とクレームを受けるようになる。もっとも、議員の側も、職員が執行部に帰ることは知っているので、あまり大きな期待をしているわけでもない。

(10) 中島正郎には、このほかにも議会運営関係の多数の実務書がある。『新版Q&A議長・委員長必携［増補］』（ぎょうせい、２００４年、初版１９９１年）、『新しい議案の見方・考え方［改訂版］』（ぎょうせい、１９９５年、初版１９８１年）、『請願・陳情ガイドブック』（ぎょうせい、１９９２年）、『地方議会痛快ゼミナール―あなたならどうする』（邑心文庫、１９９０年）、『地方議会百条調査の実務』（学陽書房、１９８６年）、『議会運営実例問答』（三成書房、１９８４年）、『議員の発言の仕方・考え方』（学陽書房、１９８１年）、『詳解議員提要』（ぎょうせい、１９７５年）、『逐条解説―会議規則・委員会条例』（帝国地方行政学会、１９６９年）、『詳解本会議・委員会運営』（帝国地方行政学会、１９６８年）、『議員―地方議会運営百般［改訂版］』（帝国地方行政学会、１９６３年）など。

(11) 野村稔にも議会関係の多数の実務書がある。『地方議会日誌地方議会の活性化へ向けて』（自治日報社、パート1～7、１９８８年～２００７年）、『議会改革の条件』（ぎょうせい、２００７年）、『地方議会改革宣言』（ぎょうせい、２００３年）、『地方議会への26の処方箋』（ぎょうせい、２０００年）など。『地方議会実務講座』（ぎょうせい、１９９６年）の分担編著者でもある。

(12) 正式には地方議会研究会が著者となっているが、同会の代表者は野村稔である。第1巻が１９８５年に刊行されて以降、２００９年には24巻が刊行されている。なお、地方議会研究会『地方議会の議事諸説1』（自治日報社、２０１２年）。詳しくは、自治日報社ホームページ。http://www.jichinippo.co.jp/guide.html

(13) なお、こうした書物で理論武装するのは、「勉強熱心」な議員も同様である。理論の出所が同じである場合、ともに理論武装した議会事務局職員と議員とは、議会の円滑な運営という方向での執務知識を共有することとなる。

(2) 経験による体得と人事異動

とはいえ、書物を読んで理論武装してもすぐに使えるわけではない。新人職員は、議員に質問されても即答できずに苦慮することもしばしばである。やはり、経験による執務知識の体得が必要である。通常の職員の異動サイクルが3年ないし5年であるとしても、議会事務局には勤続期間の長い職員がいる必要がある。古参・中堅議員が昨日のことのように10年前の話をするときにも、即座に対応できる職員は、やはりその場面を知っている在職期間の長い職員である。

また、議員の任期の基礎単位が１期４年であるため、それぞれの１年は全て同じではない。行政の通常の仕事は1年で1回転するが、議会は４年で１回転する傾向が強い。例えば、４年間のうちの1年目と4年目の予算委員会の進め方は違ってくる。また、常任委員会は２年で再編される自治体もある。議員の１期４年のサイクルを同じく経験しない限りは、４年間を単位とした流れをつかめない。

このように見てくると、議会事務局の職員を強化するには、４年以上のように、異動年限を柔軟にすることが必要になる。しかし、多数の職員を議会事務局に留め置くことはできない。こうして、議会事務局には、少数の「生き字引」のような10年を超える長期在職職員が滞留したりする。

6　議事運営の潤滑油

(1) 「休憩」

議会事務局の基本的な仕事は、議事運営を滞りなく進めることである。議会審議の質や活性化の程度、あるいは審議の結果、決定される政策の実体内容などには、ほとんど関心がない。その意味で、手続の事務職員に徹する。

「休憩」は、内容的問題に関して議員間の合意形成をしたいときだけではなく、議事運営が滞ったときや事案の取扱に苦慮する手続的問題が発生したときにも効果的に使われる。例えば委員会運営で、突発的事態が生じると、議会事務局職員は委員長に目配せをし、またはメモを入れて「休憩」を宣言させ、その間に取扱を協議する。

(2) ガス抜きと議員間調整

また、議会事務局は、「ガス抜き」としての機能も果たす。会派同士の調整や会派内の調整がうまくいかないとき、議員は、他の会派や他の議員に対する不平不満を直接相手にぶつけるのではなく、議会事務局に対してぶつける(14)。本当に対立している議員同士が言い合えば、ますます調整は困難になる。そこで、一応立場が別の議会事務局職員に間に入ってもらう。しかも、公選職である議員は、補佐職員である議会事務局職員に対しては、「上から叱責」するスタイルをとることができる。これは、議員の面子を守るには重要である。

議会事務局は間に立って議員の不平不満を聞き、代わりに政治的な調整

図３－２　「蜂の巣」構造

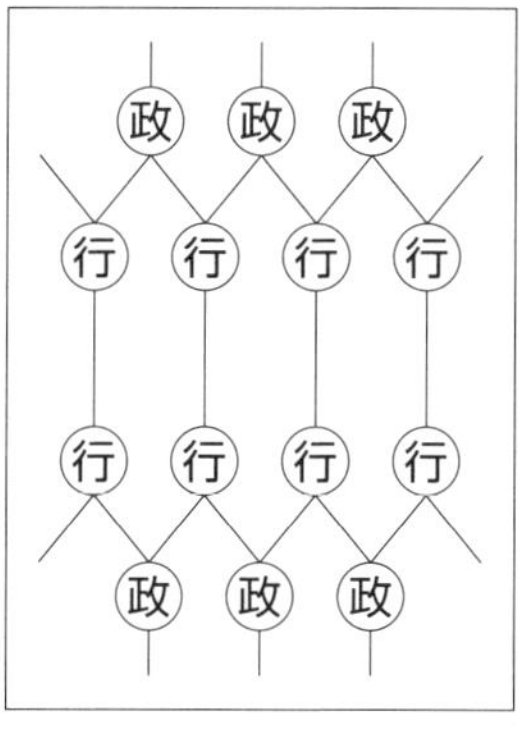

(14)　政治家同士の意見対立の調整を、立場の異なる行政職員に委ねる形態は、「蜂の巣」構造（図３―２）として、理解されてきた。逆に、行政職員あるいは行政部局同士の意見対立の調整を、行政職員・行政機関ではない立場の異なる政治家に委ねる現象も存在する。政治家である首長は、首長部局のなかの意見対立を最終的に決裁できる。政治家である首長と議会の意見対立を調整するのも、このように考えると行政職員・行政機関となる。これが、議会対策を担当する部課（財政課・法制課・総務課など）であり、各所管課であり、そして議会事務局である。なお、もっと激しい対立の場合には、都道府県や総務省・各省の行政職員が、法令の解釈を示すようなスタイルで登場してくる。

を行う。本来、会派同士、議員同士が直接やり合えばよいが、それでは議会の和が乱れてしまうので、「議会事務局の仕切りが悪い！」などと訳の分からない難癖をつけられて、議会事務局が代わりに怒られ、会派同士、議員同士の和を保つ。もちろん、議会事務局職員に鬱屈した感情をもたらしうるが、議事運営の円滑化のために多少のことは我慢する。

(3) 親睦・協調

親睦・協調も、議員同士だけに必要なのではない。例えば、委員会の域外調査・視察も、現地に行って実際に見るということが建前の目的ではあるが、隠された最大の目的は「同じ釜の飯を食って親睦を深める」ことである。それは、議員同士だけではなく、議員と議会事務局職員の距離を近くし、ひいては委員会運営を円滑に進める。議会事務局は住民から「慰安旅行」と言われないように、一生懸命に頭を使って調査のプランを練り、事後報告書を仕上げる。域外調査は「親睦」ではあるが、決して議会事務局職員にとっては心休まるものにはならない。それどころか、気を遣って苦労する。

小括

このように、議会事務局の仕事とは、なかなか厄介な代物である。ただ言えることは、現状のような首長・首長部局・議会有力議員の行動原理を前提にすれば、議会事務局を強化しても、議会運営の手続・行程の側面での支援は増すかもしれないが、議会の政策の実体内容に関わる政策形成能力は高まらないことである。

第３節　議会事務局のあり方

はじめに

　議会事務局の強化はしばしば主張はされるが、百年河清を俟つがごとき状況が続いている。自治体レベルでも予算・人員はつかないが、国レベルで強化するという制度構想も具体化することはない。その在り様を少し見てみよう。

１　角の立たない建前論？

(1) 議会事務局強化論

　議会事務局強化の建前論は、国レベルでも一般的に広く見られる。例えば、総務省が設置した「地方議会に関する研究会」の最終報告書『地方議会に関する研究会報告書』（２０１５年3月、以下、『報告書』という）も、第29次地方制度調査会答申を引用する形で、議会事務局強化論のスタンスに立つことを示している。しかしながら、『報告書』によれば、実際はそのようには進んでいないという。

(2) 非現実的な議論

　議会事務局に充分な人員を割けないのは当然である。行政改革で定員削減をしているさなかに、議会事務局の増員に実現性があるとは思えない。また、執行部局に比して議会事務局が充実することはあり得ない。常に、執行部局の所管課に職員は多くが振り向けられるのであって、個別行政分野の専門知識において、議会事務局が執行部局に太刀打ちできるはずはない。つまり、議会事務局の強化を主張することはほとんど意味がない。

意味のない建前論の意味をあえて考えれば、「議会の支援機能は強化したくないが、強化しないと直言すると角が立つので、できもしない提言を述べることで、強化を進めない」という程度のものであろう。

２　研修と異動

⑴　職場外研修

『報告書』は、議会事務局のサポート機能の充実を図るために提案をしている。その第１が、全国研修機関などによる研修によって事務局職員の専門性の確保を図る方策である。議長の全国的連合組織（三議長会）、市町村職員中央研修所（市町村アカデミー）、全国市町村国際文化研修所（国際文化アカデミー）などの研修機会の積極的な活用が期待されるとしている。専門性が研修で身に付くかどうかに関しては、いろいろな議論がある。特に、仕事をしながら身に付けるというＯＪＴ重視の立場からすると、職員の職場外研修への期待は薄い。

⑵　人事異動の問題

せっかく研修をしても、すぐに別の部署に異動になってしまうのであれば、職場外研修は効果的・効率的とは言えない。加えて、ＯＪＴ重視の立場からも、議会事務局に長く勤務することが能力を高める。しかし、『報告書』は、「多様な行政分野を経験させるという職員の育成面での課題」などがあると指摘している。結局、短期人事ローテーションで執行部局に戻る現状を追認するのが、『報告書』の現実的なスタンスである。

なお、「多様な行政分野を経験」することは、短期人事ローテーションでも簡単ではない。役所人生40年としても、一職場４年とすると10職場しか経験できない。脈絡のない職場間の異動をするジェネラリストは、自治体の政策分野を総合的に経験できない。政策分野全般を見渡せる職場は、財務・総務・企画など限られた部署でしかない。所管課に配属されれば、その課係の業務には習熟せざるを得ないが、限られた穴だらけの行政分野をパッチワーク的に経験するだけである。むしろ、議会事務局は、全ての行政分野の議案に触れるという意味で、数少ない「多様な行政分野を経験」できる職場である。議会事務局に長くいることにより、幅広い行政分野に通暁できる。

３　その他の方策

(1) 議会事務局の共同設置

『報告書』の第２の提言が、議会事務局の共同設置である。２０１１年の地方自治法改正により、議会事務局及びその内部組織・補助職員の共同設置が可能になった。そこで、例えば、法制担当職員を各議会事務局でそれぞれ置けないとしても、共同でならば置ける。もっとも、『報告書』自体が、各議会によって議会運営手法が異なり、また、開催時期は同時期であるため、共同設置すると実際には難しいことに直面するとも指摘している。議員の支援をする議会事務局（特に議事系）が、共同で遠方にあるのでは、支援の便宜は悪い。

(2) 議会図書室

『報告書』の第3の方策は、議会図書室の問題である。実際の機能は、予算、蔵書数、職員・スタッフなどによって大きく異なる。司書資格を持った専任職員を配置すれば強化される。また、『報告書』では、ＩＣＴ活用によって、機能共有があり得るし、全国共通課題では三議長会の調査研究の活用なども可能であるという。

蔵書が限られている場合にも、検索データベースを通じて、相互貸借すれば問題は解決する。今日では、古典的な紙の蔵書・資料が配置・配架・所蔵されている図書室イメージを超え、いかにデータを検索できるかの方が重要であろう。他の自治体の先進事例などは、インターネットで検索するのが最も迅速かつ簡便である。そうしたデスクトップ調査を踏まえて、その上で必要に応じて電話調査をしたり、資料請求をしたり、訪問調査をしたりすればよく、検索や調査を助けてくれる人材が必要なのかもしれない。

また、通常、自治体は公立図書館を持っているので、独自の議会図書室が必要かは、検討の余地があろう。むしろ重要なのは、自治体の行政文書・公文書、さらには、逐次更新される過去のホームページなどの蓄積を、きちんと保管する公文書館機能かもしれない。

小括

議会事務局を強化すべく、人員の増強や、人事異動の配慮、職場外研修の強化、議会図書館の充実などが、提唱される。しかし、こうした議会事務局強化論は、実際にはあまり実効性のあるものではない。それゆえに、首長部局行政職員との関係が重要な問題となるのである。

第４節　首長部局行政職員と議会

はじめに

「二元代表制」論の観点からは、議会事務局機能を執行部側に依存することは、問題も指摘されよう。しかし、執行部職員にいかに支援させるかが、現実的な意味での議員の支援機能の強化に重要である。執行部職員を議会・議員の支援に振り向けさせる政治力学と運用の手練が問題である。

1　執行部局所管課による議員支援

(1)　総説

政策実体内容に係る案件（調査機能）では、執行部局所管課の支援が決定的である。なぜならば、執行部局の所管課の人数の方が圧倒的に多く、政策分野別に分業が進んでいるので、政策実体内容や執行実務の知識は、圧倒的に所管課が優位する。わずかばかりの議会事務局調査系の機能強化では、挽回できない。

(2)　各省庁と国会議員

①　政官接触

国政では、各省庁官僚は、政治家に「ご説明」に足を運び、議員会館の間を「根回し」に走り回り、党本部の勉強会に出席する。もちろん、衆議院事務局・参議院事務局や国会図書館調査及び立法考査局にも、それぞれの調査系機能が強力に存在し、政策的支援をしている。しかし、実際の政策・法案・予算の検討や立案に重要なのは、各省庁所管課の官僚である。国会議員は、官僚の支援を受けられる限りにおいて、機能を強化できる。

もちろん、執行部局側の行政職員が議員を支援することには弊害もある。端的に言って、「族議員」化である。つまり、官僚は国会議員を支援しているのではなく、国会議員を説得し、味方につけ、国会議員が官僚を支援させている。これは、支援ではなく、包摂・取込みである。しかし、官僚との接触なくして、国会議員が官僚に望ましい政策をさせることもできるはずはない。官僚と政治家の接触は、議員機能の支援のための充分条件ではないが、議員機能の支援のための必要条件ではあろう。

②　与党偏重

国政レベルで各省庁官僚が支援するのは、もっぱら与党議員である。野党議員に全く支援をしないわけではないが、ほとんど形ばかりである。議院内閣制の場合、内閣＝与党が官僚制の「上司」に当たるから、与党議員への支援は、広い意味では「上司」に対する補助機関として当然となる。しかし、野党議員は、広い意味での「上司」ではない。したがって、与党議員を支援するとしても、国会議員または国会の機能を、官僚は支援しない。

(3) 自治体における可能性と限界

① 二元代表制論との関係

二元代表制論に立つ場合、執行部職員が議会議員を支援することは、微妙な問題を孕む。もちろん、自治体でも国政と同様に、「与野党」的行動原理は存在するので、「与党」議員に対しては、執行部局の行政職員が支援をすることは、充分に可能である。とはいえ、首長制論または二元代表制論の観点からは、「与党」議員といえども、広い意味では執行部職員の「上司」とはなり得ないので、執行部職員と自治体議員の距離は遠い。執行部所管課が、自治体議員を支援するのは、国政レベルよりは期待薄であろう。

しかし、このことは逆のメリットがある。国政では、与野党への支援の差別が生じやすい。しかし、自治体では「与野党」議員の差異は、流動的である。また、政局によっては、オール「与党」のこともあればオール「野党」のこともある。その意味で、議会全体として執行部行政職員に支援をさせるのに工夫の余地があろう。

② 支援の困難性

とはいえ、首長部局の行政職員は、首長の補助機関である。首長部局の行政職員に対する人事権は首長にある。このような実態を前提にすれば、首長部局の行政職員が、議員の政策立案・審議をサポートし、立案業務に携わり、あるいは議会の決定した政策の執行を忠実に行うことは、ほとんど不可能である。行政職員には、首長ではなく議員に対して忠義を果たすインセンティブがない。

③ 陰ながらの支援

もっとも、現実的には、議員の政策形成や議員提案条例の作成途上では、非公式に首長部局の職員が議員に対して知恵を出し、あるいは、支援をしていることは、ないわけではない。行政職員としても、議員の要望を無下に断ることはできない。議員の機嫌を損ねれば、後から議会対応で嫌がらせをされる危険があるからである。

また、結果として議会主導の政策や条例が決定されるのであれば、行政職員の目から見て、より良いものをつくる方が望ましい。執行困難な政策・条例を決定されてサボタージュするよりは、執行可能な政策・条例、あるいは、理念的に「骨抜き」または「骨だけ」にした政策・条例を決定してもらった方が、ありがたい。しかし、非公式の水面下の支援は、あくまで限定的である。首長の機嫌を損ねてはまずいからである。

2　二元的人事権と討議広場代表制

(1) 二元的人事権

行政職員の忠誠を議会・議員にも向け、議員の政策立案・審議や実施作業を支援させるには、議会が首長と、実質的な意味で人事権を共有しなければならない。副首長は制度的にも首長と議会多数派の双方の信任を得なければならない（副首長二元的信任制）。副首長に対しては、首長と議会多数派とが、二元的人事権を有している。副首長以下の補助機関である一般の行政職員の任命権は、法制上は首長に専属している。それゆえに、一元的人事権になっている。しかし、事務職員としてのトップでもあることが多い副首長の人事が、首長と議会の双方に負うとするならば、行政職員も広い意味では首長と議会の双方から人事権を受ける構想も、あり得ないわけではない。

実際、議会・首長の政治的力関係によっては、事実上、有力議員が幹部職員人事に影響を有している場合は、ないわけではない。幹部職員は、議員への根回しをし、議会答弁に立つから、有力議員の受けが悪くては仕事にならない。その意味で、幹部職員に関しては、事実上の二元的人事権になっている。

もっとも、このような事態は、議員が「公平」「中立」「能力主義」であるべき職員人事に容喙して、行政運営を歪めていると受け取られることが普通である。しかも、こうした人事に影響力を奮うような有力議員は、どちらかと言うと、古典的な「ボス議員」であり、議員提案条例などに熱心なタイプではない。他方、議員による政策・条例提案に熱心な議員は、また、議員の政策形成や立法を推奨する有識者・市民なども、どちらかと言うと、職員人事に介入するような「古風」な議員スタイルに違和感を持っている。しかし、議員提案条例を実効的にするには、議会は行政職員の人事に影響力を行使できなければならない（図3－3）。

(2) 討議広場《フォーラム》

本書は、通説的な二元代表制論には与しない。住民の代表機能は、議員と首長とが討議するフォーラムそのものに存在する。その意味で、行政職員が補佐すべき、公選職からなる代表とは、討議広場《フォーラム》そのものにある。つまり、議員と

図3－3　二元的人事権と討議広場《フォーラム》

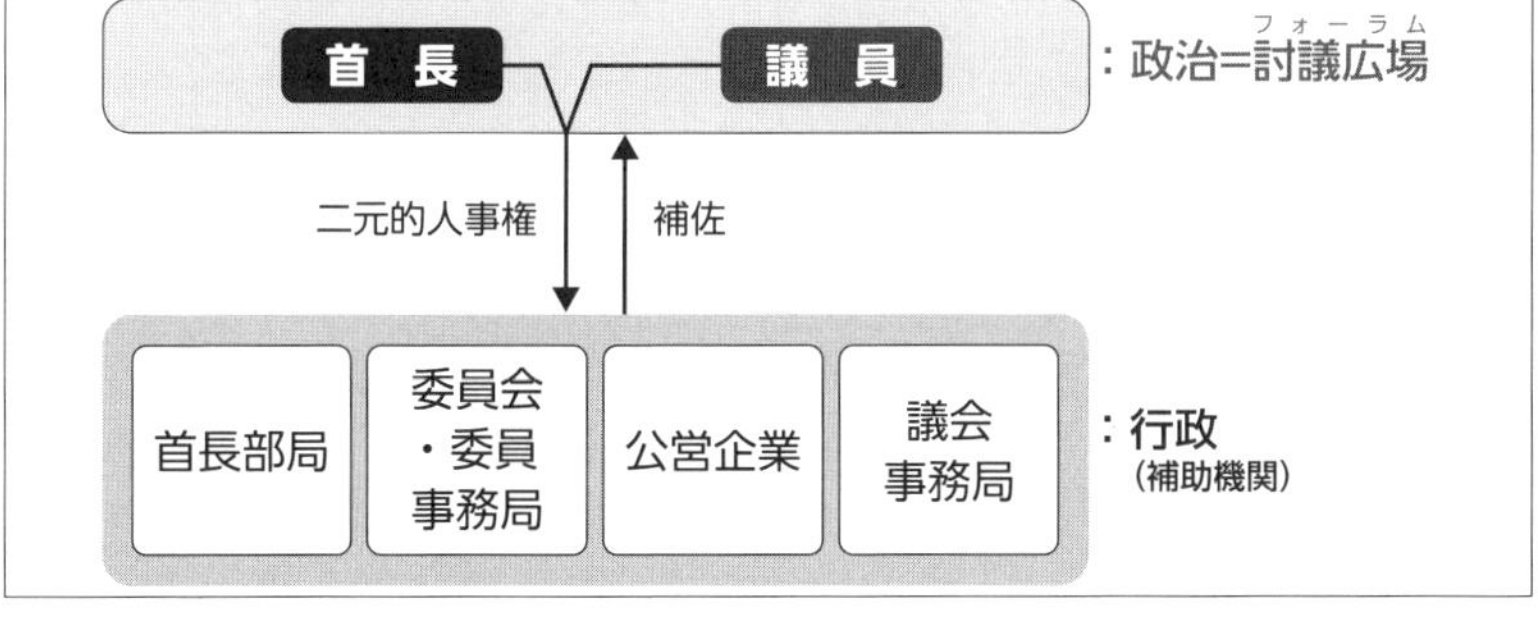

首長からなる討議を補佐することが、行政職員の任務であり、それは、首長部局であれ議会事務局であれ、違いはない。議員の政策活動に関して、執行機関の行政職員が支援をすることは当然である。

すでに繰り返しているように、首長の人事権に服する行政職員は、議員への支援活動をすることは容易ではない。それゆえに、首長のみが行政職員の人事の全権を握ることはあってはならない。そもそも、首長が行政職員の人事を自由に、政治的・裁量的に、差配してよいということではない。資格任用職である一般職公務員の人事は、中立公正でなければならず、それは「住民全体の奉仕者」であることを保障する必要がある。それゆえ、法制上、首長の任命権は、代表を僭称する首長に、人事の専制権を付与したものではない。もちろん、議会多数派「与党」の有力議員に、ごり押し的な人事の容喙権を認めたものでもない。フォーラムに集う全議員・首長の大まかなコンセンサス的な了解のなかに、職員人事権は服さなければならない。

小括

議員提案条例など、議員の政策活動の促進を本当に真面目に考えているのであれば、行政職員は、首長と議員の双方へ同じように補佐・支援をしなければならない。つまり、首長部局職員は執行機関である首長の補助機関である、という法制上の位置付けを額面どおりに受け取ることでは妥当ではない。むしろ、首長及び議会・議員からなる討議広場《フォーラム》あるいは政治機関の全体に対して、補助機関として機能しなければならない。

この場合、首長のみを唯一のトップとするピラミッド組織型の命令一元化原理は貫徹できず、最低でも首長と議会議長というツー・トップになるし、さらには、首長と各議員という多数の上司が存在することになる。これは、ある意味で想像を超える事態でもあるが、ある意味では非公式な実態になっている。

第3章　議会と住民

第1節　自治の分業と協業

はじめに

(1) 分権改革の経緯

① 団体自治への道

1990年代からの地方分権推進、2007年からの地方分権改革、引き続きの2009年からの「地域主権」改革（地域自主性・自立性改革）などは、自治体が国の意向から自立して、自主的に政策決定をして、地域の実情に合わせた行政を行うことを目指している。この広義の分権改革の流れは、第2次安倍政権においても公式的には継続している。地方分権改革有識者会議において、2014年6月24日に「個性を活かし自立した地方をつくる～地方分権改革の総括と展望～」を取りまとめ、改革提案を自治体などから募る「提案募集方式」を導入した。こうした改革は、国と自治体の関係の改革であり、団体自治の改革である。

② **団体自治の迷走**

しかしながら、団体自治の確立はベースキャンプから迷走している。特に、２０００年代前半の構造改革によって、地方財政は大幅に圧縮され、経費削減のために市町村合併や集中改革プランなどが推進された。三位一体改革では、自治体間の財政力格差は拡大した。税・社会保障一体改革での消費税の増税も、社会保障にほとんど吸収され、自治体の厳しい状況は変わらなかった。

そのような苦境のなかで、国が「地方創生関連交付金」（実態は個別補助金）を得るために、自治体は国に対して忠誠競争をすることになる。また、「ふるさと納税」という、自治体間で財源を奪い合う狡猾な仕組が導入され、富裕層＝多額「ふるさと納税」者の「ネット通販」を惹き付けるために自治体間でゼロサム競争を繰り広げている。住民に対して望ましい政策やサービスを行うために自治の創意工夫を発揮するという理念は迷走し、国や「ネット通販」者の歓心を得るための創意工夫に転落してしまった。

⑵ 住民自治の重要性

自治体為政者が住民の意向に従って適切に自治体を運営することが大事である。これが住民自治である。自治体は、団体自治と住民自治とが相まって、初めて意味のある存在となるのである。住民自治のためのひとつのカギとなるのが、自治体議会である。本書ではこれまでの各章において、自治体議会の現状を分析するとともに、あるべき処方箋を探ってきた。

1　住民自治における分業と協業

(1) 住民自治の本旨

近年の自治体の現場では誤解されていることも多いようであるが、住民自治とは、地域住民が自分たちで汗水垂らして仕事をすることそれ自体ではない。もちろん、自分たちで活動して、地域課題の解決などを図ることはあるが、それは地域住民の自主的活動であり、民間の非営利・公益活動のサードセクターである。これに対して、住民自治とは、自治体政府において、自治体を民主的統制する活動であり、非営利・公益活動ではあるが、民間サードセクターに関わることではなく、政府セクターに関わることである。

地域課題の解決を住民の自主的活動だけ、さらに言えば、住民個々人だけで、対処するとは限らないのは、ある意味で当然である。世の中とは、分業と協業で成り立っている。

(2) 自治における住民

住民自治とは、多くの住民が分業と協業をする社会のなかで、政府セクターのひとつである自治体を少数の為政者だけに任せるのではなく、自治体の適切な運営において住民も分業と協業に関わることである。しかし、住民自治における分業と協業の基本は、首長、議員、行政職員という3種類の役割と住民の関係である。

住民はひとりでできることは限られているから、当然、多くの他の住民と協力することで、より望ましい公共サービスの実現を目指す。そのための基本的な団体が、自治体である。自治体とは、住民が自分ひとりではできない公共サービスを、市場セクターやサードセクターではできない公共サービスを、他の住民と分業と協業を行って実現するための機構（装置・仕掛け）である。

2　住民と行政職員

(1)　実働の担い手

住民が自治体に仕事をさせるには、実際に労働する人が必要である。これが行政職員である。住民自治の基本とは、地域住民が自ら働くことではなく、行政職員に働かせることである。では、住民は自ら仕事をしないで、ただ行政職員に要求だけしていればよいのであろうか、という行政依存でよいのであろうか、という疑問はあろう。

(2)　労働させるための実働

行政職員が住民の期待に沿った労働をしないときには、住民が自ら実働せざるを得なくなるかもしれない。しかし、これはおかしな話である。住民がすべきは、仕事をしない行政職員に代わって自ら仕事をすることではなく、仕事をしない行政職員に労働させる仕事である。これが住民自治である。この仕事は行政依存ではできない。住民自治とは、住民が主人として、公僕である行政職員に、仕事をさせることである。行政依存とは、仕事をさせる仕事もせず、行政職員に仕事をしてもらうことを願う状態である（「陳情請願」）。

3　住民の任務

(1)　経営管理の難しさ

住民自治における住民の任務は、自ら行政職員の代わりに実働することではなく、行政職員に労働させることである。これは、実は結構難しい。「出来の悪い部下に仕事をさせるより、自分で仕事をした方が早い」などという話は、企業でもよく耳にする。しかし、上司は、部下の能力を向上させ、部下にバリバリ仕事をさせるように持っていかなくてはならない。自治体でも同様である。行政職員が仕事をしないで困っているならば、住民は「上司」（使用者）として、行政職員に仕事をさせなければならないのである。

これが大変に難しい。上司として行動するのは、そもそも一般的に難しい。経営能力・管理能力がなければならない。そのような難しさには、様々な原因があるが、自治体の住民にとって特有な典型的理由は3つである。

(2) 住民にとっての難しさ

第1に、住民は通常、他に仕事や家事・育児・介護などをかかえ、多忙である。住民は、全ての時間を、行政職員の上司として行動している暇はないし、するべきでもない。しかも、小さな町村でさえ行政職員の数は多数であり、とても、ひとりで監督できるものではない。ましてや、市や都道府県になればなおさらである。

第2に、個々の住民は、個人として行使できる権限がない。住民は、行政職員の仕事ぶりにいろいろ不満を持つことはあるので、それを正していくことが住民の任務である。しかし、苦情や要望をしても、個々の住民は各行政職員や所管部課、さらには、自治体組織全体の上司ではない。だから、行政職員が住民の意見や苦情に耳を傾けることはあっても、住民は命令できない。個々の住民が上司ではなく、住民全体が一体として行政職員の「上司」である。権限があるのは、住民全体（あるいは有権者団）である。

第3に、住民全体という存在は、多人数であるから意思決定が難しい。住民が行政職員に仕事をさせるためには、多様化する住民ニーズを反映しつつ、住民が一体としての意思を持たなければならない。意思決定と合意形成は至難の業である。住民意思が明確にならなければ、行政職員は従うべき「上司」が不在と同じなのである。

４　公選職政治家の任務

(1) 首長と議員

忙しく、明確な権限を持たずに、多数で意思を明確に形成しにくいのが、住民の特徴である。①忙しい住民に代わって、かなりの時間を割く人が必要である。②部下である行政職員に明確に指示を出せる権限が必要である。③多数の住民の多種多様な意見を反映しながら、④最後はひとつの住民意思にまとめていくことが必要である。このような任務を果たすべき役割をつくることが、住民自治である。このための制度が、首長と議会である。そして、その機関を担う人間として、住民から直接選挙で選ばれるのが、首長と議員という公選職政治家である。

(2) 首長

行政職員の上司として、住民に代わって行政職員を監督する任務を負っているのが、首長である。①首長は、潜在的には、24時間３６５日、休む間もなく仕事をする。②首長は執行機関として、補助機関である行政職員に指示を出す。③首長は、選挙や各種の住民との意見交換、さらには、議会審議などを経て、住民の多様な意見に傾聴する。④その上で、最後は独任制執政首長として孤独な決断をする。それが任務である。

(3) 議会・議員の任務

① 潜在的常勤

議会・議員の任務も、基本的には首長と同じである。行政職員の「上司」として、住民に代わって行政職員を監督する任務を負っている。議員は、潜在的には、24時間３６５日、仕事をすることが期待されている。夜寝ていても、宴会に出ていても、プライベートな休みであっても、いつでも有事には仕事に戻れる態勢でなければならない。消防士・小中学校教員などと同じであり、出動・出勤していなくとも休んでいるわけではない。

②　基本的権限

議会は執行機関ではないから、議会事務局を除き、行政職員に直接に指示を出す権限は、法制的にはない。首長をはじめとする執行機関を通じて行う。しかし、全体としての議会は、条例や予算の審議・議決など、行政職員が仕事をする際の基本となる権限を持っている。その意味で、住民とは異なる。このほかにも、調査権や監査権などの権限を持っている。もちろん、実際にうまく使いこなせているかどうかは別である。間接的であるからこそ、なお一層、行政職員に議会が仕事をさせるには、それなりの手練手管が必要である。

③　住民意思反映

議員は、選挙や各種の住民との意見交換、さらには、議会審議などを経て、住民の多様な意見に傾聴しなければならない。議会は多数の議員から構成されているから、多種多様な住民意見を反映するには、首長より有利である。首長ひとりでは、反映できる民意におのずと限界がある。首長は、住民の相対多数派を代弁する傾向があるから、少数意見にまでは気を配れない。そこにこそ、議員の存在価値がある。

しかし、行きすぎれば、議員は相対少数の既得権益集団の代弁ばかりして、サイレント・マジョリティの幅広い利益を無視しかねない。また、議員は、住民のなかに伏流するヘイト的水脈を反映し、過激な相対少数意見を代弁しすぎることもある。そこで、相対多数の穏健な意向を反映する首長と議員との相互抑制も重要である。

④ **最終決断**

その上で、最後は議会として、議決という決断をする。しばしば、首長の決定に最終的に了承を与えるのは議会の任務である。最後まで、多様な意見を多様なまま放置することはできない。なぜならば、決断しないことは、行政職員の「上司」が存在せず、やりたい放題になってしまうからである。これでは住民自治は実現できない。

5　再び住民の任務

(1) **代表民主主義**

首長と議員とからなる代表によって、自治体の行政職員に仕事をさせる発想は、代表民主主義という。忙しい膨大な数の住民が集まって、ひとつの意思を形成して、行政職員に仕事をさせるのは現実的には困難だからである。住民全体は、首長・議員がしっかり行政職員に労働（＝公務労働）をさせるように、任務（＝公務経営）を果たしているかを、監視・統制する任務がある。しかし、住民全体は、①忙しく、②監督権限も欠けていて、③多種多様な意見を反映しつつ、④ひとつの意思を形成しなければならないという困難がある。

(2) **監視機能の循環**

自治体を住民が監視するために、住民は首長・議員を選挙する。これは分業と協業の仕掛けである。しかし、選んだ首長・議員を監視する任務は、なお、住民全体に残されている。しかし、監督の任務を現実に果たすことは簡単ではない。簡単ではないから首長・議員という公選職を選ぶ。こうして、監督の任務はグルグル回ってしまう。

選挙・リコールの投票とは、住民が監督任務を果たすための手段である。①投票は比較的に短い時間で済む。②有無を言わさずに当落が決まる明確な権限がある。③選挙に当選しようと思えば候補者は住民の多様な意見に耳を傾けざるを得ないし、議会の場合には多数の議員を選べるので、多様な意見を反映できる。④首長選挙の場合には、最終的には一人を選出するので、住民意思をひとつに集約・統合するのに便利である。

小括

投票以外に住民全体が首長・議員に仕事をさせる仕組が乏しい。このため、行政職員に仕事をさせるべき首長・議員が仕事をしない状態も生じやすい。住民からの不信を招く原因にもなる。選挙における幻滅は、首長・議員の双方にあり得るが、特に、少数派の既得権益の代弁者でも当選しやすい議員に対して起きがちである。しかも、行政職員に対する直接の指揮監督の権限を議会・議員は持っていないから、住民は議会・議員が任務を全うしているという実感を持ちにくい。住民全体は、議会・議員に仕事をさせるという監督の任務がありながら、なかなか機能せずに欲求不満を持ちやすい。

そのため、議会・議員不信や行政職員不信を持った住民は、議会・議員をバイパスして、住民自ら決定し、労働する方向に向かいがちである。しかし、それは、住民自治を全うすることにはならない。議員に仕事をさせるのが、住民自治における住民の任務なのである。

第2節　敵役としての議会

はじめに

現代におけるテレビドラマなどの時代劇は、過去の史実を再現するとは限らず、舞台を過去に設定した上での現代の政治経済などを投影した現代劇でもある。しかし、江戸時代に議会や議員を投影するものは、なかなか見つからない。役人に関しては、比較的に投影する存在を見つけるのは簡単である(1)。村寄合などの会議体はあるが、どちらかというと住民参加型の懇談会・協議会などを想起させよう。では、議会や議員に相当するものは時代劇には存在しないのであろうか。

1　浪人の末裔としての議員

(1)「先生方」

時代劇には、「悪代官」(あるいは「お代官様」)と「悪徳商人」(名前は「○○屋」のことが多い。口入れ屋(人材派遣業者)や高利貸し(サラ金など)のこともある)が出てくることがある。これは、行政と経済界の結託・癒着を投影したものである。そして、「お代官様」と「○○屋」が、料亭や代官屋敷などで、別に口に出して言わなくてもいいのに、「百姓・町人」という民衆の利益を損なって、自分たちの私利私欲を肥やすための陰謀についてい

(1) 例えば、水谷三公『江戸の役人事情』(筑摩書房(ちくま新書)、2000年)。

ろいろと密談をしたり、謀略の成功を自画自賛したりする。

その決まり切った台詞は、
代官「……〇〇屋、おまえもワルだな……」

〇〇屋「お代官様ほどでは………」

という具合である。

そこに、「世直し」を目指す「正義の味方」が乱入してくる。そこで、「先生方」なる雇い入れた用心棒としての浪人などに対して、代官は「であえーい、であえーい!!」などと招集を掛ける。「先生方」が登場すると、
代官「先生方、やっておくんなさい」

などと号令を掛ける。こうして「先生方」は、「百姓・町人」や「正義の味方」に対して刀を振り回して、これらの「暴徒」を鎮圧しようとする。「先生方」とは、武士身分の一員である点では代官と同じであるが、「侍（サムライ＝侍る＝仕える）」として「仕官」できないのが浪人である。浪人は仕官先がないときに、個人として「用心棒」として侍る。

(2)「先生」という職

「先生方」とは、自治体実務で「先生」と呼ばれている種族の投影である。代表的に2つあって、専門家と議員である。専門家と議員とは、個人としての技能を買われて官界・行政界や業界・経済界に「雇われ」て、行政界および経済界の意向に反する抵抗を示す住民勢力を、その技能によって鎮圧する。もちろん、全ての「浪人」が「お代官様」や「〇〇屋」に雇われた用心棒になっているわけではないように、全ての専門家や議員が「先生方」にな

るわけではない。しかし、こうした「用心棒」の役割をしている「先生方」もたくさんいる(2)。「先生方」を招集するのは、当然ながら「お代官様」の側である。「先生方」が勝手に出てくるのではない。今日でも、議会の招集権は首長側にある。なぜならば、「先生方」は「お代官様」側の都合によって招集すべきであって、「先生方」が勝手に徒党を組むことは、ロクなことがないと考えられるからであろう(3)。

2　議会という装置

(1)「与党」議員の仕事

首長や行政職員、さらには当該自治体に食い込んでいる様々な利益団体にとって、議会・議員の存在意義は、「先生方」の役割である(4)。首長・行政にとって議会とは、単に憲法・地方自治法で必置されているという消極的

(2) 本書は、議会・議員をテーマとしているので、専門家という「先生」については特に取り上げることはしない。しかしながら、審議会・行政委員会などでは、「用心棒」役の専門家が動員されることはよく見られる現象である。また、議会の参考人などとしても登場する。その意味で、一部の専門家は、「与党」議員と同じ「先生方」の機能を期待され、また実際に果たす。このような専門家を批判した蔑称が「御用学者」である。しばしば審議会の会長に学者が就任することがあるが、こうした「先生」としての機能を行政側から期待されていることが容易に推察できる。もっとも、このような期待が常に実現するとは限らない。「用心棒」として雇ったはずの学者が、何と反対派住民と組んでしまって、事務局＝行政側やその他の団体代表などの「御用委員」と激論を交わし続けるという事態も起きたりする。「先生」は気まぐれなのである。なお、マスコミ関係者も、専門家の「先生」と同じような機能を期待されるが、しばしばジャーナリストは、専門家・玄人としての「先生」と自認するより、むしろ素人代表あるいは「世論」を僭称していることが多い。

(3) 浪人の末裔である議員は、当然ながら「お上」に抵抗する「野党」的な存在になることもある。そもそも、明治初期において、不平士族の反乱から自由民権運動に転換したように、浪人こそが壮士＝党員＝議員＝政治家の起源でもある。執行部側から見れば、浪人は「用心棒」になるどころか、もっとも危険な要求を繰り返す反乱分子にもなり得る。

なものではない。むしろ、住民の不満を鎮圧するための積極的な存在意義を持っている。このような議員は、当然ながら「与党」議員である。行政職員も、ヒラのときには議会や議員の存在理由が実感できないかもしれないが、管理職などの上層ポストに昇進するにつれて、議会・議員の存在意義を否が応でも体感できるようになる。

自治体の行政運営は、上手に行っても、住民の全てを満足させることはできないし、そもそも下手を打てば、住民からの大きな不満が登場する。そのようなときに、首長や行政職員が、「用心棒」としての「与党」議員の助けを借りて、対処措置をとることもよく見られる。「与党」議員は多数派であることが望ましい。議会という浪人の巣窟において、「先生方」と頼む「与党」側が多勢に無勢であれば、意味が半減する。「与党」議員の仕事は、反対派住民に対して、威武または慰撫することである。

(2) 警察・裁判所・議会または警察官・法律家・議員

住民の実力を行使した抵抗には、警察力＝実力を行使する。裁判における抵抗には、法律家を通じた法力を行使する。政治における抵抗には、議員という「先生方」が活躍する。議場で「与党」議員と「野党」議員が実力行使をするときには、「与党」議員も警官隊と同様に体を張る。それだけでは足りないときには、警官隊の協力を得る。反対派住民が議場の入口を封鎖したり、議場になだれ込むときにも、同様である。警官隊と「与党」議員の仕事は紙一重である。議会における揉め事が裁判になることも少なくない。法律家と「与党」議員の仕事も似ている(5)。

首長・行政の政策運営に反対があったり、首長の資質・政治倫理などに不信があったりする場合には、反対派はいろいろな方法で声を上げる。最も基本的には、「悪代官」の張本人に異論を表明するが、首長・行政側が聞く耳を持つとは限らない。「恐れながら」と「お白洲」という「出るところに出る」こともあるが、「お上」の一員である裁判所が、必ずしも反対派住民に対して好意的であるとは限らない。ということで、一番間口が広そうな議会に声を届けようとする。住民は署名を集め、陳情請願を行い、条例制定改廃や意見書採択を求める。ここで登場するのが、議事運営を握る議会多数派「与党」議員である。

例えば、首長・行政の空港建設などの政策方針に重大な不満が出たり、首長に癒着・汚職や政治倫理上の問題が発生したとする(6)。その場合には、反対派住民や「野党」議員は、議会での真相究明を求めて質疑を繰り返したり、百条委員会の設置を要求したり、住民投票条例や政治倫理条例の制定を求めたりする。これらの提案が、首長・行政側にとって呑めないときには、首長・行政側はそれを阻止したい。こうした一部住民の要求が、一般住民

（4）なお、配役を入れ替えることも可能である。「○○屋」は、業者や地元有力者であることは変わりがないとして、「お代官様」こそが個々の有力議員という位置付けも可能である。そして、何も知らない「お殿様」が首長であり、本来は「お殿様」の威令の下で気持ちよく仕事をできるはずの「百姓・町人」が行政職員となる。そして、「善良」なる「百姓・町人」であるところの行政職員に無理難題を吹き掛けて苦しめるのが「お代官様」である議員となる。少なくとも、行政職員から見た配役は、このような風景に見えるようで、本節のような配役構成には見えていないようである。ただ、このような行政職員から見た配役の場合には、「お代官様」の手先となる「先生方」の位置付けは特段には存在しない。あるいは議員とは、行政側の意向を実現すべく住民を鎮圧するというよりは、住民や地元有力者・業界の声を増幅し、行政側に圧力を掛ける存在である。別の見方をすれば、「○○屋」に雇われた用心棒稼業としての「先生方」であり、議会での議決という「力づく」によって、無理難題を吹き掛ける存在とも言える。いずれにせよ、このように位置付ける限り、議員や議会とは行政側にとっては百害あって一利なしの存在となる。

（5）裁判という司法を通じた「準暴力」（伊藤大一『現代日本官僚制の分析』（東京大学出版会、１９８０年）、82頁。筆者は暴力や実力と区別して、「法力」と表現する。拙書『行政学講義』（ちくま新書、２０１８年））としての抵抗には、やはり行政側代理人としての「先生方」＝弁護士が活躍する。用心棒としての「先生方」が、敵方の住民及び住民に雇われた「素浪人」（＝住民代理人側弁護士）をバッサバッサ斬り捨てるのは、行政側から見ると快感である。しかし、こうした「怖い先生方」は、翻って行政側にも強烈な凄みを効かせることもある。石津廣司「自治体訴訟法務の課題」『自治体訴訟法の現状と課題』（日本都市センター、２００７年）

（6）高崎啓子『議会という装置』（長征社、１９９９年）、牧野たかお『住民投票はなぜ否決されたのか』（ぎょうせい、２００２年）。

世論の一定の支持を集めそうなときには、簡単には却下しにくい。首長・行政としては、自ら処理するには極めて危険な事態に至る。

「先生方」である「与党」側議員は、こうした事態に対して、議会での質疑や慎重審議によって威武と慰撫に努める。首長・行政が直接に手を汚せないことに体を張って行うことにより、首長・行政側に「恩」を売り、その後の利益誘導への原資とする。首長・行政側は、多数派「与党」議員の政策的・専門的知識や人格見識にあまり重きを置いていなくとも、政局的対処において頼みにする。そして、ある程度の便宜供与に応じる。

3　敵役としての議会

(1)「用心棒」の仕事

「○○屋」と結託した「お代官様」を護衛する「用心棒」たる「先生方」は、当然ながら危険な仕事である。特に「お代官様」の苛政・悪政または堕落・腐敗が著しければ、その危険は高まる。首長反対派の動きが住民世論から相当の支持を集めそうなときに、簡単に反対派を鎮圧することは、かえって住民からの不満を招きかねない。そこで、反対派の声を入れつつ、何とか首長・行政の「用心棒」としての仕事を全うするように努力する。これが、多数派「与党」や議事運営側の手腕である。もちろん、議会事務局議事系の支援も不可欠である。

例えば、百条委員会の設置が求められれば、簡単には設置しない議事運営する。しかし、ある段階では、設置には応じざるを得ない場面も出てくる。その上で、あまり大きな危害をもたらすような調査結果が出ないように、委員会運営で懐柔や骨抜きを図る。あるいは、一部「野党」側議員や住民から直接請求が出された住民投票条例案や政治倫理条例案などに関しては質疑を繰り返し、多数派「与党」側から珍しく多数の質問を浴びせる。こうして慎重審議をして、継続審査に持ち込む。自治体議会の場合、細切れの年４回の定例会制なので長期連続の会期がなく、「継続」に持ち込むことは容易である。１回から数回持ち越しているうちにほとぼりが冷め、一般住民の世論動向を見極めながら、否決や廃案に持ち込むことができる。こうして、「先生方」は見事にその職責を果たす。

(2) 鎮圧のパターン

こうして、多数派「与党」議員という「先生方」によって、住民や反対派の抵抗は鎮圧される。ここが時代劇との相違である。「悪代官」＝「悪徳商人」＝「先生方」が居座り続けて、「観客」の不満は鬱積する。そして、その矛先は、真の張本人である「悪代官」や「悪徳商人」に向かわず、雇われ「用心棒」の「先生方」に向かう。こうして、議会は敵役として、住民からはますます期待と信任を失う。

(3)「一揆」の可能性との関係

ちなみに、住民の矛先が張本人たる「悪代官」そのものに「一揆」として向かうことがある。これが「一票一揆」としての首長解職（リコール）投票や首長選挙である。戦後の自治制度は、「一揆」を正統なものとして制度化した。この場合には、議会は出る幕はない。議会が登場するのは、住民が解職投票や首長選挙で首長をすげ替えられないときである。つまり、反対派住民が劣勢のときである。そして、そのような地域権力構造を反映すれば、反対派住民の意向が議会で通る可能性は初めから低い。議会は、「一票一揆」に成功しない反対派住民が、最後の望みを掛ける場なのであるが、そのような期待は幻滅に終わることが多い。

議会には、行政監視の役割も期待されている。そして、重大な案件が起きれば起きるほど、住民からの期待が高じる。しかし、そのときには首長・行政側からも、「用心棒」役の議会に対しては「反乱鎮圧」という期待が高まる。議会は、その両者の力関係と情勢を見ながら、どのような事態収拾を図るのかを模索する。そして、しばしば「用心棒」として首長・行政側を守る。こうなると、住民が議会に期待していたがゆえに、議会に対する幻滅と失望も大きくなる。マスコミや専門家も、こうした議会不信論に与することが多い(7)。

それは結果的に、首長・行政側という張本人を守ることにつながる。議会不信とは、議会に対する期待の高さの現れでもあるが、そうした理想と現実のギャップを広げることでもあり、「野党」側議員への住民からの支援をも減らし、結果として首長・行政と多数派「与党」議員との連携関係を強化する結果に終わることもある。

小括

議会多数派「与党」議員という「先生方」は、基本的には「用心棒」として期待され、「お手当」で雇われ、必要に応じて呼び集められる。但し、常に従順な「用心棒」であり続けるとは限らない。住民からあまりに支持されない首長はいずれ「一揆」によって交代させられるので、そのような首長に忠誠を誓い続けるのは得策ではない。場合によっては、「用心棒」の側から「お代官様」をすげ替えるように凄む。時には反対派・住民側に翻意してしまう。また、各議員の動きによっては多数派「与党」が崩壊することもある。

こうして、時には百条委員会で行政の責任が厳しく問われ、あるいは住民投票条例や政治倫理条例が制定されたりする。しかし、こうした事態が稀に生じても、それは反対派住民から見れば「当然のことをしたまで」ということで、必ずしも信頼を高めることにはつながらない。議会は、「正しく」行動しても評価されず、「悪く」行動したときのみ批判される。こうして多くの議員は、結局のところ、首長・行政側に擦り寄りがちである。

議員は、首長や行政職員からも、住民や利益団体からも、マスコミや研究者からも、正統に位置付けられることの少ない敵役である。議員は信頼も尊敬もされない。ただ、体よく活用されるだけである。そのような鬱屈した職業観から、議員は首長側に対して経済的・心理的代償を求める。そして、それが成功すれば住民の嫉妬心をあおり、住民から遊離する。住民代表であるはずの議員が、信頼の低い職業となるところに、自治体議会改革の難しさがある。

第３節　討議広場《フォーラム》としての議会

はじめに

住民からの議会不信は根強い。住民が議会を信任できないので、住民が直接に意思決定に関わることを求める。多くの自治体では、住民が直接参加する会議体を構成し、徹底的に議論を深めることも多く見られる。そこでは、旧来型の審議会とは異なり、行政側が委員を選定するのではなく、公募住民がそのまま加わることもある。あるい

(7)　マスコミや専門家の「議会批判」は、結果的に首長・行政の権力を助ける。そして、そのことは、マスコミ・報道界や専門家・学界というセクターの利害に反しない。というのは、すでに述べたように、ジャーナリストや専門家も、「先生方」や「世論」代表として行政側に雇われることがあり得る存在だからである。マスコミや専門家による議会批判は、マスコミ・専門家と議会というセクター間の利害関係の付置状況から考えるに、「用心棒」＝「先生方」という「同業者」間のシェアをめぐる争いの一種とも言えるだろう。

は、住民投票を求める動きもある。住民による直接民主主義を求めるうねりに対して、議会はいかにあるべきかが、現下の非常に重要な課題である。こうした情勢は、議会不信を背景としているが、同時に、議会改革の好機でもある。

1　議会不信への対処

(1)《代表としての議会》を目指して

住民の間には、議会が住民全体の意向を正確に反映していないという議会不信がある。もちろん、ある住民個人の意見を議会が取り上げないからといって、議会が住民全体の意見を反映していない、とは言えない。しかし、多くの住民が反対する案件——例えば、大規模箱物建設——であるにもかかわらず、議会があっさりと可決をすることも見られる。そうなると、議会は住民の平均的な世論を代表していない、という評価になる。

議会不信が広がれば、住民はいろいろな要望をしだす。第1は、議会を、真の意味での《代表としての議会》に改革する運動である。議会傍聴や情報公開請求などにより、本会議での言動や議会討論への参加状況や賛否表明をチェックするなど、議員の活動を監視し、議会活動の改善を目指す。当の議員自身は、「自分たちは、すでに真の《代表としての議会》だ」という自負があるので、しばしば議会改革には抵抗する。

(2)《代表としての議会》に期待しない

そこで、第2に、住民は議会改革には期待をせずに、議会をできるだけ軽微なものにするように求める。議会・

議員に使う財源は無駄である。議員定数削減や議員報酬・政務活動費削減が「自治体議会改革」だと思われることがあるのは、こうした状況を反映している。これを究極まで進めれば議会廃止論になる。

議会に期待しない場合には、首長のリーダーシップに期待することもある。従来はおよそ許されなかったような首長の「暴走」が許容されているのは、議会不期待を背景とする。さらに、住民による直接参加が求められる。直接民主主義的な住民投票だけではなく、いろいろな局面への住民の直接参加が増えている。

2　議会の防衛的反応と悪循環

(1)　譲歩の悪循環

こうした住民の議会不信・不期待に対して、議会・議員側はどのように対応するであろうか。

第1に、議会不期待におもねって、定数削減や報酬・政務活動費削減をすることで、住民の不信・不期待を一時的にでも免れようとすることもある(8)。しかし、これは「お金をあげるから（＝報酬・政務活動費削減）、あるいは、人身御供を差し出すから（＝定数削減）、許してください」というようなもので、本質的な対策ではない。むしろ、人数と活動資金が減少するから、ますます議会・議員全体としての活動は不活発になり、議会機能は低下す

(8)　なお、領収証の1円単位までの添付・公開による政務活動費の使途の透明化は、活動資金を減らすわけではないので、議会・議員の活動を減らすわけではない。むしろ、議員活動に関係のない活動に回りかねない資金源を封じることで、議員活動の総量を増やすことが期待される。もっとも、会計経理のための手間が増えることで、かえって活動がしにくくなるという側面はある。役所の予算執行が、様々な規則・縛りによって使い勝手が悪いのと同様である。しかし、公金である以上、ある程度の透明性と説明責任の確保は、やむを得ないことである。

る。こうなれば、住民からの議会不信・不期待はさらに増えて、悪循環が生じる。

⑵ 拒絶の悪循環

第2に、《代表としての議会》の地位が脅かされることへの面子的・本能的な抵抗を見せる場合もある。改革論自体が、議会不信・不期待を表明するバロメーターになっているのだから、それを認めない。議会・議員にしばしば見られる反応は、住民参加嫌い、住民投票嫌い、対等な「二元代表制」論への固執、議会軽視への反発、などである。

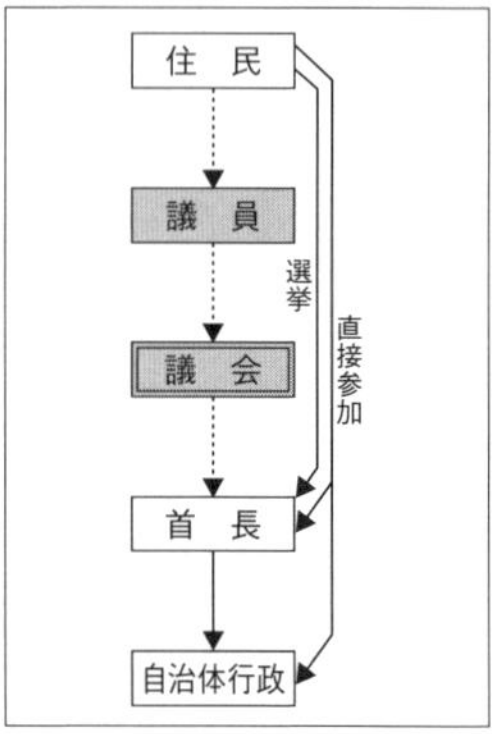

図３－４　中抜きモデル

いずれも、《代表としての議会》の地位と役割が跳ばされることへ、強い嫌悪感と恐怖感が見られる。「住民↓議員↓議会↓首長↓行政」という議員が考える代表経路のうち、議員・議会が「中抜き」されてしまうからである（「中抜きモデル」図３―４）。だから、「中抜き」をさせないように、住民による直接参加という経路を絶ちたいのである。

こうなると、「特定の利益集団や一部住民の代弁者」という個々の議員のあり方を超えて、議会自体が既得権益集団になってしまう。こうしたことは、住民によるさらなる議会不信・不期待を増やす。このような不信・不期待の悪循環は、なかなか解消されない。むしろ、関係者が相互に悪循環のスパイラルに安住するという安定均衡が存在している。首長や住民は、議会・議員を抵抗勢力（悪役）に仕立てて、自らを改革勢力に見立てる自己満足を続ける。議会・議員は、表面的な議会「改革」によって、「中抜き」をさせないという形で、既得権益を維持し続ける。いずれもが、議会改革・活性化を標榜しながら、実態としては、議会・議員の機能を向上させる動きにはつながりにくい。

3　議会改革への発想改革

(1) 一元代表制モデルと二元代表制モデルを超えて

こうした議会不信・不期待の輪廻的な悪循環から脱却するには、関係者が発想の転換をする必要がある（図3―5）。まず第1に転換されるべき発想とは、「住民→議員→議会→首長→行政組織・職員」という民主的統制回路である。これは、「一元代表制モデル」である。もっとも、二元代表制論が広まった今日において、こうした古典的な一元代表制モデルに固執している人は少ないだろう。

しかし、第2に転換されるべき発想とは、「二元代表制モデル」である。この二元代表制モデルも、議会・議員の「バイパス」への恐怖感から、面子的・本能的抵抗を生み出すからである。ひとつには、住民が直接に自治体行政につながるという「バイパス」の恐怖である。いまひとつは、住民が代表を期待する経路が首長を通じるものに独占され、議会・議員の代表機能が開店休業状態になることである（「バ

図3―5　議会に関するモデル

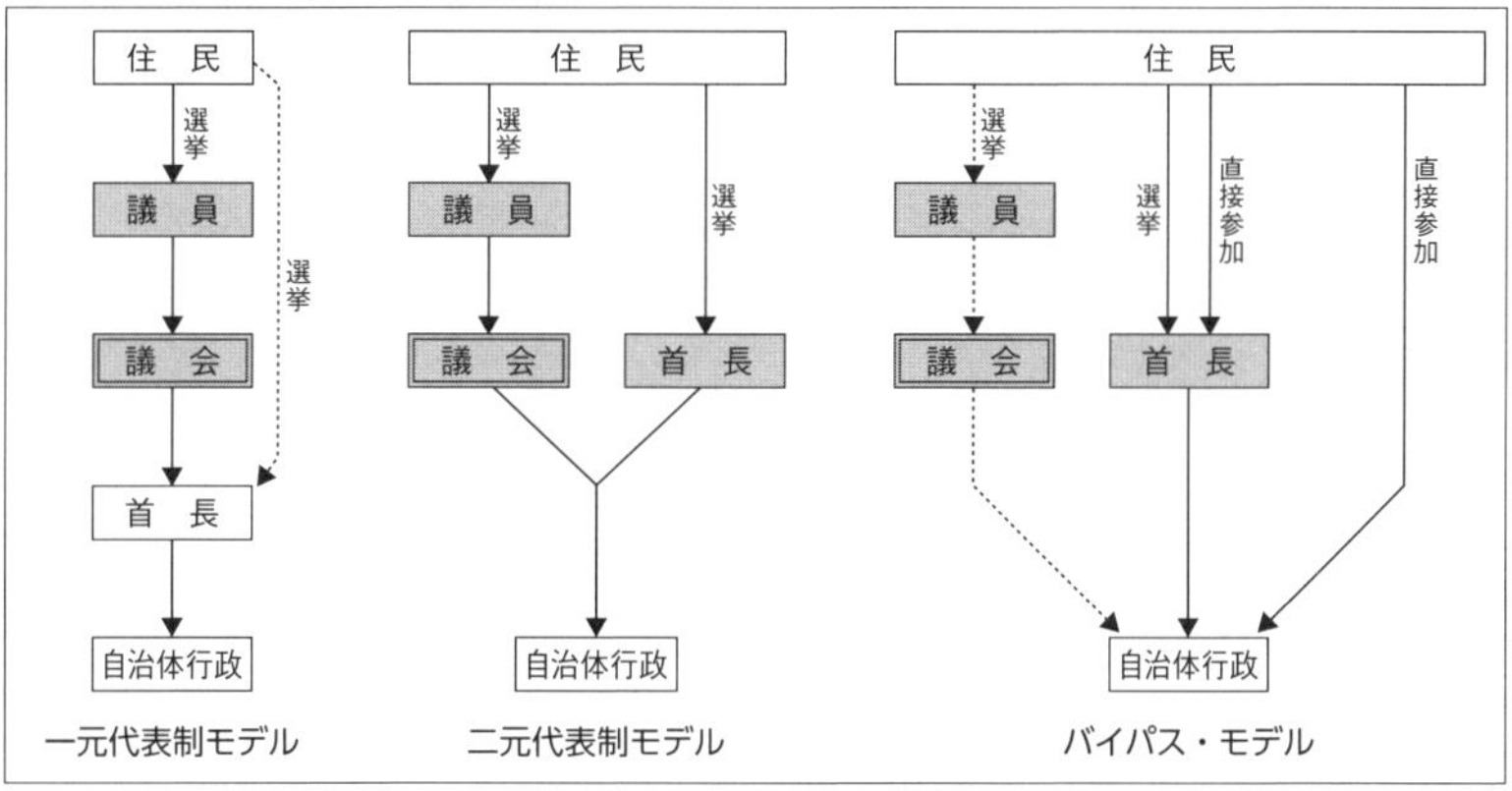

イパス・モデル」)。

(2)《代表としての議会》を超えて

不信・不期待の連鎖から抜け出るためには、議会は住民による直接参加の期待を吸収する必要がある。議員が「中抜き」や「バイパス」の恐怖に苦しむのは、議員自らだけが住民の代表であり続けようとするからである。つまり、いずれも《代表としての議会》に呪縛されている。

発想を転換して、議員は《代表としての議会》に拘泥しなければ、もっと伸びやかに行動できる。そもそも、議員が、住民の十全な代表であり得るはずがない。住民は膨大な数であり、利害関心もニーズも様々に異なる。それを数人から数十人でとらえきれるはずがない。住民・団体の多様な個々の意見は、個々の住民や団体が、直接に声を上げるべきである。首長や直接参加する住民に、議員は嫉妬する必要はない。

住民の発想転換は、議員のみに住民の代表としての仕事を期待しないことである。議会不信・不期待を高じつつある住民は、すでにこうした発想転換をしつつある。住民による直接参加の流れである。

首長や執行部が議会を迷惑と思いつつ尊重しているのは、下心があるからである。《「用心棒」としての議会》を期待して、住民から不満の出そうな施策を、住民代表であるはずの議会の承認を得たことを盾に、強行する思惑である。と同時に、住民から圧倒的に支持されそうな施策のときには、議会をバイパスするポピュリズムも厭わない。首長や執行部は、その時々の思惑で議会を使い分ける。この下心がある限り、《(エセ)代表としての議会》を首長や執行部が、実は期待している。こうした首長や執行部の思惑に乗せられていたのが、《代表としての議会》に固執する議員のこれまでの姿なのである。

4 《討議広場《フォーラム》としての議会》へ

(1) 議会への参加者

《代表としての議会》という発想から抜け出したときに、議会・議員の役割は消滅するかと言えば、そうではない。議会は、《代表としての議会》から《討議広場《フォーラム》としての議会》へと、役割と発想を転換することが必要である（図3－6）。議会には、自治体の各種の関係者が参加して、議論と合意形成をする。

関係者の第1は、首長や執行部側の幹部職員である。自治体の施策の方針を説明する責任を負っているからである。関係者の第2は、個々の住民や団体である。議会では、首長以下執行部側と、参加する住民・団体が直接に質疑や議論をすることが望ましい。あるいは、参加している住民・団体間の相互でも議論が起きるだろう。実際、今日でも、活性化している住民参加の会議体では、行政職員と住民が、あるいは住民相互間で、本音ベースの率直で活発な意見が闘わされ、合意形成が進められている。

(2) 討議広場《フォーラム》の設営

議会の主宰者は、幅広い関係者が参加して、活発な関係者の議論をできるように、討議広場《フォーラム》を設営するのが仕事である。現在の住民参加の会議体

図3－6　討議広場《フォーラム》としての議会（参画の経路）

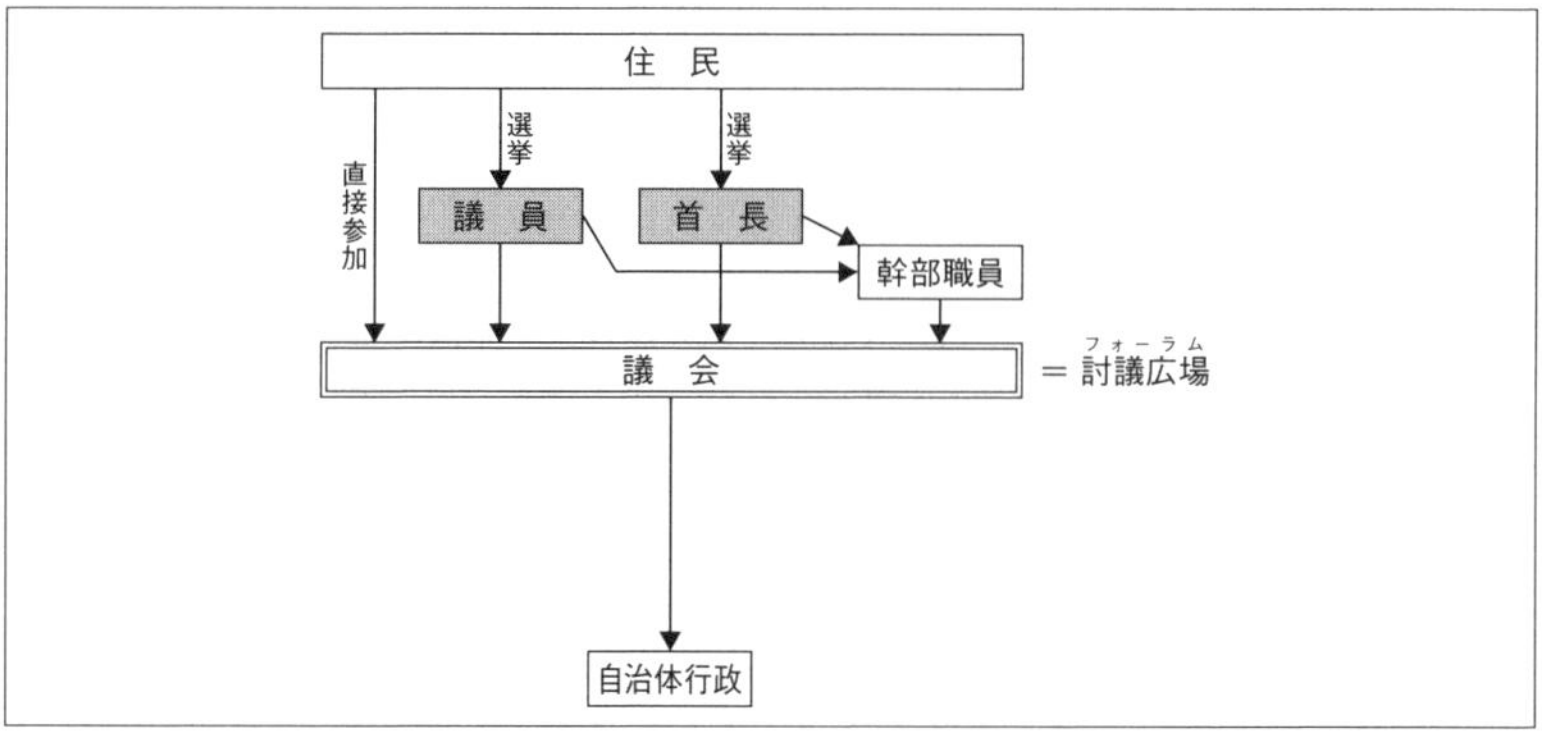

は、首長や執行部側が主宰・委嘱しているため、行政側の都合で開催されたり、されなかったりする。これでは、真の意味での《討議広場《フォーラム》》にはなり得ない。首長・執行部側も、参加する当事者として、議会に登場すればよい。

議会の主宰者である議員団は、全体として、議論の行司役・進行役でありつつ、審判あるいは聴衆でもある。首長以下執行部側と、参加住民が直接に議論する様子を聴いて、その是非を判断する。個々の議員は行司・審判であり、議会は全体として審判団の役割になる。基本的な力士・選手は、あくまで住民と首長・行政職員である。

これまでの議員は、自身が《代表としての議員》であり、自らが力士・選手として、土俵・競技場《フィールド》（議場）での質疑や、議場裏での口利き・根回しに登場しようとしてきた。だからこそ、住民が直接に登場することへの嫌悪感があった。また、「議会改革論」として肩肘を張ると、議員同士での議論や政策形成や議員提案条例への強迫観念に苛まれる。しかし、現実の限られた人数の議員には荷が重い。《代表としての議会》にこだわる限り、議会の活性化はできない。むしろ、審判役に徹することで、住民が議場に直接参加して発言をすることを促進しつつ、首長・行政職員と住民との議論を公正で効果的なものにしていくことが可能となる。

小括

《討議広場《フォーラム》としての議会》は、既存の関係者の発想の転換を必要とする。すでに直接参加している住民は、こうした発想の萌芽を持っているが、しばしば、こうした住民はこれまでの議会を信用していない。これは、今までの議会のあり方が、住民の意見表明に非常に消極的であったことも反映していよう。

首長・行政職員は、議会の議決・同意を得ることで、住民の総意を得たと称したいという思惑があるので、なかなか発想の転換ができないかもしれない。しかし、実態として住民参加の会議体を主宰しているように、住民の直接参加が必要かつ有効であることは理解している。とはいえ、議会の招集権を執行部が手放したがらないように、会議体を自分の都合で開催したいというこだわりが強い。こうした、行政側の都合での会議開催という発想を転換できない限り、公平で公開された《討議広場《フォーラム》としての議会》にはなり得ないだろう。

そして、《討議広場《フォーラム》としての議会》には、何よりも、議員など議会関係者の発想の転換が不可欠である。《代表としての議会》の機能を実現する「議会改革」もひとつの方策である。しかし、議員が政策の勉強をし、住民の多種多様な意向を反映しなければならないなど、ハードルは高い。ハードルが高すぎるために、多くの議会関係者は防衛的反応に終始する反動ないし抵抗方策に籠もりがちである。

《討議広場《フォーラム》としての議会》は、第3の道である。議員に求めるハードルは高くはない。「中抜き」や「バイパス」を恐れる防衛的な抵抗をして、住民からの議会不信・不期待を増進させる懸念もない。もちろん、《討議広場《フォーラム》としての議会》のなかで、議員個人もひとりの力士・選手として、住民・首長・行政職員と対等の立場で、議場での議論に参加できるし、望ましい。特に、直接に参加する住民の意見に耳を傾けるとはいえ、マイノリティの「声なき声」や「サイレント・マジョリティ」の代弁者は必要である。また、首長の見解にも、いろいろな偏りが見られるかもしれない。したがって、これまでどおり、質疑を行うことは当然である。しかし、心構えが違う。議員だけで住民全体を代表しようという無理な発想に立つ必要はない。多様な意見に傾聴した上で、最後は、行司役として《討議広場《フォーラム》としての議会》を運営すればよい。

第4節　「改革」と議会

はじめに

１９９０年代後半から、日本は「改革」の時代に突入した。自治体レベルでも、いわゆる「改革派首長」が多数登場した。そして、自治体にとっても大きかったのが、村山政権で開始された分権改革である。ところが、この「改革派首長」の時代も、分権改革も、実質的には執行部（首長側）を中心に展開されている。もちろん、自治体側は分権改革に際しては、地方六団体として足並みをそろえた。「国と地方の協議の場」も同様である。しかし、実質的に自治体側の意向をリードし、国に対して反映していったのは、執行部側であった。例えば、三位一体改革の地方案の作成は、実質的には全国知事会がとりまとめた。また、地方分権推進委員会のような審議機関にも、首長（経験者）が参画するのが普通であった。こうしてみると、「改革」における議会のプレゼンスは低い。そもそも、議会とは「改革」に適合した存在なのか、という根本的な問いも浮かんでくる。

1　分権改革による環境変化

世紀転換期の分権改革は、基本的には法的権限を拡充し、財政・人員・組織資源を縮小した。戦後成長期の自治体は、法的権限は押さえられていた反面、財政・人員・組織を膨張させていたが、バブル崩壊以降、自治体を取り巻く資源の分布は全く様変わりした。財源・人員が制約されている基調となった。しかも、常に国からは法的権限の制約への動きが継続している。一般に、国が政策課題に取り組むと、自治体への法的規律が強化される。「改革」

の時代では、国も次から次へと新たな政策課題に取り組み、様々な政策的取組みや新規立法がなされている。したがって、法的権限も予断を許さない。

そして、自治体にとって、政治的資源の分布と獲得は、最も重要な事柄である。「地方分権推進」や「国から地方へ」という標語が唱えられたころは、基本的には自治体側は政治的資源を得ていた。そのなかで、国・自治体のそれぞれが「改革」シンボルをめぐって競争をしてきた。「改革」は政治的資源である。ゆえに「改革」に乗らざるを得ない面もあり、似而非改革派を抱える。また、「改革」に乗りきれずに、「改革」への抵抗勢力・守旧派を内側に抱える。

2　自治体議会の環境順応の作戦

(1)　理念条例制定の時代——ウワツラ路線

人員・組織・財源には限りが見えるならば、条例制定権の有効活用がひとつの答えになるのは、至極当然である。条例制定権は、従来、首長、もっと言えば、職員のものであった。しかし、制度的には、条例とは議会の議決を要する。そして実際に、議員提案条例も増加する傾向にある。今日の自治体の環境状況を想定するならば、議会が条例制定に関心を高めるのは、極めて論理的である。

もちろん、細かい事務作業を実施する組織を持たない議会には限界がある。条例を定めても、執行機関は、「予算がない」「人員が足りない」などの怠業ができる。また、議会事務局などの補佐組織が弱体であるため、細かいところまで精査した条例は制定できない。そして、合議制のため会派間・議員間の合意形成の難しさに直面する。

こうして、予算・規制などの具体的事務の伴わない抽象的理念条例になる傾向がある。しかし、このことは実は大きな意味がある。《具体的利害に関わる陳情を執行機関側に口利きして実現へと仲介する》ことを仕事としてきた議員にとって、活動の画期的変容でもある。具体的利害（つまり損得利害計算）以外に、抽象的な政策方針という価値を見いだす。

(2) リストラの時代――ジリ貧路線

財政危機のなかで、自治体は首長部門を中心に、自主的行政改革を進めた。環境状況に対応して、財源・組織・人員を圧縮していく動きである。そして、「行政改革」という標語が示すとおり、「改革」という政治的資源をめぐる営為でもある。量的には執行機関が中心になるが、議会にも同様の圧力がかかる。議会側も「改革」という政治的資源に少しでもありつくために、一定の議会リストラに踏み込む(9)。

議員定数削減は最も基本的なリストラ策である。法定上限定数より何人か下げることで、一定のリストラ努力をアピールできた。また、合併は最大の議員削減の手法である。人口規模が大きくなると、住民一人当たりの議員数は小さくなる。合併後、定数を大きいまま維持できる在任・定数特例などの制度があるが、これを利用すると、非常識に過大な「マンモス議会」が目立つこととなり、住民・マスコミ・識者からの批判圧力にさらされる。

また、議員に使われる資金の削減も、もうひとつのリストラ策である。「議員は仕事の割に議員報酬が高い」という世論に迎合して、ポピュリスト的に「改革」をする。例えば、月額報酬と「二重取り」になっている日当・旅費的な費用弁償・報酬を、どちらかに一元化（削減・廃止）する。あるいは、非常に大きな問題となっているのが、「政治とカネ」の問題の典型である政務活動費の多寡・使途の問題である。

一定のリストラで、抵抗・守旧派の既得権益集団であるというレッテルを議会は多少は免れる。これまでより少ない人数と低い報酬で、これまで以上の活動をする必要がある。そして、世論から見れば、まだまだ不充分であると、常に監視される。したがって、永遠のリストラの圧力に晒され、議会はジリ貧になる。

(3) 議会「改革」の時代――オモテ路線

政治的資源としての「改革」をめぐって、前向きに環境適応する場合が、ときには見られる。議会不信への危機感をバネに、正面から対策を採ろうとする。これが、いわゆる議会「改革」運動である。代表的な議会「改革」メニューには以下のようなものがある。

・情報発信の充実　例）議会広報の充実、ＣＡＴＶ・ネット中継、傍聴「取締」規則の緩和、議員同士の政策討議・合意形成の活発化
・方式の改善　例）対面式議場、一問一答式など
・条例制定の充実　例）議員提出条例、条例審議の実質化、議会基本条例の制定
・自己規律の強化　例）議会情報公開、政務活動費使途公開、マニフェスト選挙
・議会事務局の強化　例）政策法務担当

いわゆる「先進的自治体」の議会「改革」の報告では、こうしたメニューへの取組状況が広く紹介される。本節の関心は「改革」メニューそれ自体(10)ではなく、およそ「改革」とは無縁に見える自治体議会でさえ、「議

(9) 公選職政治家からなる機関である議会に対して、「行政改革」という表現はおかしいので、本節では単にリストラと称している。

会改革」をしている場合があるという状況そのものである。それは、上記のとおり、「改革」が政治的資源となる自治体全体を取り巻く状況がある。そして、個々の自治体議会にとっては、「改革派首長」が存在することが重要である。首長が「改革」的であるときには、ある程度議会側も「改革」というシンボルをめぐって競争しないと、政治的プレゼンスが維持できない。議会「改革」とは、まさに「改革派首長」への抵抗手段のひとつなのである。「改革派首長」が退場すれば、議会は「改革」をする差し迫った必要はなくなる。

3　自治体議会の環境適応の作戦

(1) 準拠——コバンザメ路線

「改革」の時代という環境の荒波に、執行部サイドは対応を余儀なくされた。議会側は、首長制の庇護の下、苦心する執行部側を尻目に、執行部側にうまく寄生して生息してきた。

「二元代表制」論の建前は、議会側に首長と同等の取扱を求める論拠を提供してきた。また、地方自治・地方分権の建前は、議会・議員という観点から同等ということで、国会議員に認められる処遇や権限を自治体議員も要求する論拠を提供してきた。もちろん、このような準拠を求める論拠が、一般世論では必ずしも通用しないのであるが、自治業界では一定の影響はあった。そのため、報酬なども、首長・国に連動して確保されてきた。また、政務活動費なども、国会議員に認められた各種の財政的補償の自治体版という理解である。

小泉・竹中「構造改革」以降に見られる財政圧縮の情勢からすれば、こうした「モノとり」要求は、かなり無理をした制度化であった。そのため、近年ではいろいろと軋轢を生む。しかし、議会側の行動は、依然として、国会・首長への準拠を根拠として、各種の権益確保を目指しているようにも見える。

(2) 抵抗――ウラ路線

「改革派首長」の登場のなかで、多くの自治体議会は、何らかの意味で「抵抗勢力」になっている場合がある。政権への抵抗勢力も、こうした自治体・地方レベルの「抵抗勢力」の基盤なくしては、存立し得ない。そして、ポピュリスト的な「改革の時代」にもかかわらず、守旧派・抵抗勢力でいられることは、民意の多元性の証明でもある。このことは、自治体議会・議員の長所でもあり、短所でもある。

選挙制度改革は党執行部の党内支配を強化し、内閣機能強化は官邸主導の政治を可能にした。それは、萌芽的には小泉政権の官邸主導に見られ、第２次安倍政権の「安倍一強体制」に典型的に現れた。少なくとも国政の政治家は首相・党総裁に阿諛追従する傾向が強まった。それでもなお、２０１８年９月の自民党総裁選に見られたように、「地方」には一定の独立した基盤が生息し得ている。

長所としては、「首長暴走」「改革派首長」や国の政権の「構造改革」「一強」への動きに対して、一定の牽制機能を果たす水平的・垂直的な権力分立となり、政治的権力の多元性を確保する。これまでの各種の経緯や利害関係への配慮を行うことで、継続・安定性を保ちつつ、多様な利害関係を調整できる。しかし、短所としては、議会・議員は、「改革派首長」に現れた民意の多数派を反映せず、むしろ、特定利益の過剰代表である可能性がある。そして既得権益を守る。環境変動に必要な抜本的政策に抵抗し、守旧性を帯び、また、総花的な対応を生む。いうな

(10) なお、専門家の責務として、より良い「改革」メニューを考案することがあることを、否定するものではない。諸般の政治状況によってどうせ「改革」をするのならば、より良いメニュー（アイデア・方策）を蓄積しておいた方が、社会的には有意義だからである。

れば、「民意を反映しない代表」という自己矛盾になりやすい。

通常、議会・議員は、抵抗力を、首長・国からの果実を得る交渉材料に使ってきた。交渉型抵抗である。これは、旧来からの議会の口利きの基本的スタイルであり、上記の準拠の際の交渉スタイルでもある。真に抵抗するというよりは、抵抗の構えによって取引する。しかし、より鮮明に抵抗が見られるのは、「改革派首長」「首長暴走」への対峙である。最終的には、議会＝「抵抗勢力」の意に沿う人物を、新たに首長に据えることもある。抵抗に成功すれば、もはや抵抗する必要はなくなっていく。もっとも、議会側の抵抗が成功しない場合も多い。首長制の強さである。その場合には、嫌がらせや部分的抵抗にとどまる。最終的には、首長に擦り寄って、交渉型抵抗あるいは準拠になることも多い。

4　居直り――「悪役《ヒール》」の路線

(1) 失政責任追及の時代

一般に、学者やジャーナリストは、オモテ路線を称賛しがちである。これの対極が、敵役・悪役となることを引き受ける悪役《ヒール》の路線である。「悪役《ヒール》」の路線とは、議会を改革しない作戦である。議員職は忍耐である。

21世紀は大変な時代である。財政困難は続き、自治体経営の方針がそう簡単に見つかるとは思えないから、自治体では失政が起きる。失敗すると、誰が悪いのかと責任追及が起きる。

まず、自治体が失敗したのは、住民の自己決定・自己責任だ、という考え方がある。「地方創生」などはそうした発想である。住民自身が悪いと自己批判したら、住民はますますフラストレーションが溜まる。そのフラストレーションは首長に向かう。昔の首長が責任を問われる。失敗した首長は選挙で落ちる。あるいは、落ちなくても、末代まで顰蹙を買い続ける。

しかし、重要なことは、現職首長に悪いとは住民は言いにくいことである。現職首長の責任追及をしても、その人が首長職に就いている限り、悪口を言っても改善しない。現職首長にとにかく仕事をさせようと住民は思う。そうすると、現職首長を露骨に批判することはあまりない。もちろん、「一揆」的に首長交代になることもある。しかし、現職首長が、権力の地位にいる限りにおいて、宥《なだ》め賺《すか》して、とにかく仕事をやらせるしかない。

(2) サンドバッグとしての議員

そこで、失政の責任追及先を探していくと、サンドバッグとして登場するのが議員である。とりあえず議員を批判しておくと治まりがよい。議員は住民のフラストレーションの捌け口になる可能性が非常に強い。議員の役割は「口利きから捌け口へ」である。自治体が失政したときに議員は責めを負わされる。いわば議員の仕事とは、首長が失敗したときの不満のツケを、首長に代わって払う仕事である。「これでいい」と運命論的に諦める議員の意識改革が必要である。実際、すでに欲求不満の捌け口に結構なっている。議員を「抵抗勢力」として、捌け口にする。官僚・行政職員と異なり、仕事をしなくていい人はいくら叩いてもいいので、議員をいくら叩いても困らない。

(3) 議員の覚悟と玄人の理解

必要なのは議員の覚悟である。議員とは所詮は「悪役」である、と意識改革をする。時代劇でもプロレスでも、劇場には「悪役」「敵役」が必要である。議員は「悪者」であり、住民から顰蹙を買う。不当な利権構造をつくって、不貞不貞しい顔をして居直る。議員が「悪者」に見えれば見えるほど、首長が「善玉」に見える。そこで首長に頑張ってもらえば、住民のためになる。「悪役」になるのも議員の本懐である。議会改革をせず「三ない議会」(11)を続けて、議会は「無能」であるというイメージを演出する。そこで、《我々議員は住民からの責めを一手に引き受ける。我々議員を悪者にすることによって自治体がうまくいくのであれば、公益のために尽くしたことになる》と議員の多くが割りきれるかである。割り切っていないにもかかわらず、「三ない議会」を続けるのは望ましくない。議員が欲求不満になるからである。「悪役」に徹するなら徹するべきである。

これにはせめて、議会はわざと「悪役」として演技しているのだと、玄人の間では多少認識して、解説する必要がある。議会はわざと「悪役」をやっている。世の中には「悪役」は必要である。住民は不満・不信を持つから、議員は最後には糾弾される必要がある、と。

本当に悪い議員は、逃げきりたいと思っていよう。そもそも、自分のことを悪人とは思っていないだろう。しかし、住民はそうは思っていないし、それでいいのである。悪人はあくまで「俺は悪じゃない」と最後まで言い張らなければならない。とはいえ、それは住民の誰が見ても「悪役」である。それを割り切って、その役づくりができるか、である。こう考えると、議員は担い手不足になることが目に見えている。ヒーロー／ヒロインになりたい人が多い政治家のなかで、「悪役」になりたい人は少ない。

小括――「車の両輪」から「アクセルとエンジン・ブレーキ」へ――

「二元代表制」論の下では、《首長と議会は「車の両輪」》という比喩がある。自治体という「車」を前に走らせるには、両者の協調が必要という譬えであろう。もっとも、実態は、前輪である首長の駆動によって、後輪である議会は、追従するだけであったのかもしれない。あるいは、首長の側の車輪が大きすぎ、議会の側の車輪が小さすぎ、自治体はグルグルと空転するばかりだったかもしれない。

ところが、「改革」の時代に直面して、改革アクセルである首長に対して、「抵抗勢力」の議会はブレーキとして作用するようにもなったようである。それは、権力分立・抑制均衡・行政監視の観点からも、望ましいことである。しかし、「右肩下がり」の坂道を「加速」して転げ落ちる自治体にとって、議会が単純にブレーキを踏み続ける場合、ブレーキが焼きされて機能しなくなるかもしれない。あるいは、速度がそれほどでもなければ、ブレーキが効きすぎてエンストを起こす。

適度に「改革」の動力源にもなりながら、首長にもブレーキの機能を果たすエンジン・ブレーキのような議会が、求められていよう。《討議広場《フォーラム》としての議会》には、首長を含めた多様な関係者が駆動を期待して、参入する。《討議広場《フォーラム》としての議会》は、どの駆動力を採用し、また、どの程度のギアを掛けるかを選別する役割を負う。こうして、議会という討議広場《フォーラム》のなかに首長・議員の総体を巻き込み、討議活動のなかに住民代表機能が出現する。

(11) 修正・否決がない、議員提案条例がない、議員の賛否を明らかにしない、の「三ない」である。

終章　実践自治体議会学に向けて

自治体議会に関する研究には、大きく分けて、実態を解明する実証研究と、よりよい議会のあり方を模索する規範研究と、2つの指向性を持つ。もちろん、両者は無関係ではない。解明したいのは何かという規範的関心を抜きにして、実証研究を進めることはできない。研究対象が出て来ないからである。あるべき姿を探る規範研究は、当然ながら現状実態についての実証が大前提である。また、現状を生み出しているようなメカニズムについての実証研究を踏まえなければ、規範的提言は机上の空論になってしまう。さらに言えば、規範的な提言が、「議会改革」として、どの程度まで実態に反映したのかも、実証研究は含むものである。

自治体議会は、自治体の一部であるから、教科書・概説書のなかには、制度の説明や実態に関して、言及があることが多い(1)。二元代表制論などに立って、首長と議会をセットにした政府制度として議会に触れる場合と、議会・議員単独で記述する場合に、比重の置き方には違いは見られる(2)。さらに自治体／地方議会または議会首長間関係に焦点を当てた実証研究もある(3)。議会の実態を明らかにするには、参与観察、体験記、ルポルタージュ、暴露本／トンデモ本なども含めて、様々な分析が欠かせない(4)。

その上で、実践的に議会・議員のあり方を模索する規範研究がある。最も基本的なものは、法制度の解釈や指針を解説するものであり、さらには、議員や議会事務局職員のマニュアルが重要である(5)。また、議員選挙に立候補しようとする住民や、議会に働きかけたい住民への、指南や啓蒙のもある(6)。こうした系譜において重要な位置を占めるのが、自治体議会改革に関する規範研究である(7)。

本書も、自治体議会に関する実証研究を背景とした規範研究であるが、上記の系譜のいずれにも入らない。自治体議会の実態については、実地での観察調査及び聴査を中心とする、頑健な資料・データに基づかない非定形的な研究である。また、そこから得られる知見・考察をもとに、世間で流布している「議会・議員不信論」や「自治体議会改革」論とは異なる解釈をすることによって、ひとつの規範的な評価と実践的な処方箋を展開した。その記述は、ときに冷笑的・揶揄的に響いたかもしれないが、現状を誹謗して貶めるつもりもなければ、諦観に基づき現状を肯定するつもりも、議会・議員を黙殺して首長や住民や職員や国の官僚に偏った期待をするつもりも、毛頭ない。議会や議員は、我々住民を映し出す鏡であり、写った姿が醜いならば、我々が醜いだけなのである。

(1) 大森彌『現代日本の地方自治』（放送大学教育振興会、１９９５年）、新藤宗幸・阿部斉『概説日本の地方自治　第２版』（東京大学出版会、２００６年）、礒崎初仁・金井利之・伊藤正次『ホーンブック　地方自治　第３版』（北樹出版、２０１４年）、村松岐夫（編）『テキストブック地方自治　第２版』（東洋経済新報社、２０１０年）、柴田直子・松井望『地方自治論入門』（ミネルヴァ書房、２０１２年）、稲継裕昭『地方自治入門』（有斐閣、２０１１年）、北村亘・青木栄一・平野淳一『地方自治論』（有斐閣、２０１７年）、幸田雅治（編）『地方自治論』（法律文化社、２０１８年）、今井照『地方自治講義』（ちくま新書、２０１７年）。

(2) なお、その執筆者が議会・議員に関心が深かったとしても、行政学の観点から自治体にアプローチすると、議会の比重は小さくなることがある。例えば、大森彌『新版　分権改革と地方議会』（ぎょうせい、２００２年）との関係において、同『自治体行政学入門』（良書普及会、１９８７年）、同『自治行政と住民の「元気」―続・自治体行政学入門』（良書普及会、１９９０年）、同『自治体職員論』（良書普及会、１９９４年）、同『変化に挑戦する自治体―希望の自治体行政学』（第一法規、２００８年）、同『自治体職員再論』（ぎょうせい、２０１５年）、同『政権交代と自治の潮流続・希望の自治体行政学』（第一法規、２０１１年）、同『自治体の長とそれを支える人びと希望の自治体行政学』（第一法規、２０１６年）、同『人口減少時代を生き抜く自治体』（第一法規、２０１７年）など。行政学の観点からは、議会は行政を外在的・制度的・民主的に統制する数ある主体のうちのひとつとして、例えば、総合計画の策定過程のアクターとして、登場するに留まるからである。拙著『実践自治体行政学』（第一法規、２０１０年）、西尾勝『自治・分権再考―地方自治を志す人たちへ』（ぎょうせい、２０１３年）、など。新藤宗幸『地方分権　第2版』（岩波書店、２００２年）でも、事業官庁からの働きかけを受けて決議する程度の地方議会の実態が描かれ、議会廃止と町村総会への移行手続の整備が提唱される程度で、巻末の事項索引にも「議会」「議員」は挙げられていない（「町村総会」は挙げられている）。

（3）黒田展之『現代日本の地方政治家―地方議員の背景と行動』（法律文化社、１９８４年）、村松岐夫・伊藤光利『地方議員の研究―「日本的政治風土」の主役たち』（日本経済新聞社、１９８６年）、曽我謙悟・待鳥聡史『日本の地方政治―二元代表制政府の政策選択』（名古屋大学出版会、２００７年）、佐々木信夫『地方議員』（ＰＨＰ研究所、２００９年）、河村和徳『現代日本の地方選挙と住民意識』（慶應義塾大学出版会、２００８年）、馬渡剛『戦後日本の地方議会―１９５５～２００８』（ミネルヴァ書房、２０１０年）、砂原庸介『地方政府の民主主義―財政資源の制約と地方政府の政策選択』（有斐閣、２０１１年）、辻陽『戦後日本地方政治史論―二元代表制の立体的分析』（木鐸社、２０１５年）、佐々木信夫『地方議員の逆襲』（講談社現代新書、２０１６年）、砂原庸介『分裂と統合の日本政治―統治機構改革と政党システムの変容』（千倉書房、２０１７年）、田口一博『議会の？（なぜ）がわかる本―住民と議員の議会運営12か月』（中央文化社、２０１５年）など。

（4）吉田利宏『地方議会のズレの構造』（三省堂、２０１６年）、相川俊英『トンデモ地方議員の問題』（ディスカヴァー・トゥエンティワン、２０１４年）、相川俊英『地方議会を再生する』（集英社新書、２０１７年）、小田りえ子『ここが変だよ地方議員』（萌書房、２０１５年）など。

（5）松下啓一、今野照美、飯村恵子『つくろう議員提案の政策条例―自治の共同経営者を目指して』（萌書房、２０１１年）、尾崎善造『地方議会の12か月（1年の流れがわかる仕事のポイント）』（学陽書房、２０１２年）、廣瀬和彦『地方議員ハンドブック』（ぎょうせい、２０１３年）、香川純一・野村憲一『自治体の議会事務局職員になったら読む本』（学陽書房、２０１５年）、全国町村議会議長会『議員必携　第10次改訂新版』（学陽書房、２０１５年）、議会事務局研究会・高沖秀宣『先進事例でよくわかる議会事務局はここまでできる！』（学陽書房、２０１６年）、全国市議会議長会『地方議会議員ハンドブック　改訂版』（ぎょうせい、２０１７年）、清水克士『議会事務局のシゴト』（ぎょうせい、２０１７年）、土山希美枝『「質問力」でつくる政策議会』（公人の友社、２０１７年）、礒崎初仁『自治体議員の政策づくり入門―「政策に強い議会」をつくる―』（イマジン出版、２０１７年）、川本達志『地方議員のための役所を動かす質問のしかた』（学陽書房、２０１７年）、牧瀬稔『議員が提案する政策条例のポイント―政策立案の手法を学ぶ』（東京法令出版、２００８年）、牧瀬稔『型からスラスラ書けるあなたのまちの政策条例』（第一法規、２０１７年）、稲沢克祐『50のポイントでわかる地方議員予算審議・決算審査ハンドブック』（学陽書房、２０１８年）など。

（6）寺町みどり（他）『最新版　市民派議員になるための本～あなたが動けば社会が変わる』（ＷＡＶＥ出版、２０１４年）、三浦博史『地方選挙実践マニュアル―第2次改訂版―』（第一法規、２０１８年）

（7）江藤俊昭『討議する議会―自治体議会学の構築をめざして』（地方自治ジャーナルブックレット）』（公人の友社、２００９年）、同『地方議会改革―自治を進化させる新たな動き』（学陽書房、２０１１年）、同『自治体議会学―議会改革の実践手法』（ぎょうせい、２０１２年）、同『議会改革の第2ステージ―信頼される議会づくりへ』（ぎょうせい、２０１６年）、江藤俊昭（他）『Q&A　地方議会改革の最前線』（学陽書房、２０１５年）、江藤俊昭（他）『自治体議会の政策サイクル―議会改革を住民福祉の向上につなげるために』（公人の友社、２０１６

年）、廣瀬克哉『自治体議会改革の固有性と普遍性』（法政大学出版局、２０１８年）、廣瀬克哉・自治体議会改革フォーラム（編）『議会改革白書〈２０１６年版〉議会基本条例10年』（生活社、２０１６年）、中邨章『地方議会人の挑戦―議会改革の実績と課題』（ぎょうせい、２０１６年）、高沖秀宣『自治体議会改革講義』（東京法令出版、２０１８年）

初出一覧

序章　議会の意義

第1節　不信の構造

「自治体議会改革　第1回　自治体議会・議員不信」議員NAVI1（2007年5月）

第2節　議会廃止論

「ギカイ解体新書　第3回　議会廃止論」議員NAVI23（2011年1月）

第3節　議会の必要性――自治体議会がなかったなら何が起こるのか

「基調講演　自治体議会がなかったなら何が起こるのか」『「都市問題」公開講座ブックレット　自治体議会は必要か？』（後藤安田記念東京都市研究所、2015年）

第4節　信頼される議員に向けて

「『住民に信頼される議員』をめざして」ガバナンス72号（2007年4月）

第1部　議会と首長

第1章　二元代表制論を越えて

第1節　二元代表制論と首長制論

「自治体議会改革　第2回　二元代表制と自治体議会／議員」議員NAVI2（2007年7月）

第2節　首長・議会間の力学

「二元代表制を問う―名古屋市・阿久根市に探る―」地方議会人2011年5月号

「首長と議会の対立を越えて」ガバナンス112号（2010年8月）

第3節　二元代表制論批判——討議広場代表制論

「ギカイ解体新書　第10・11回　二元代表制論批判（上）・（下）」議員NAVI31（2012年5月）・同32（2012年7月）

第4節　議会内閣制論

「ギカイ解体新書　第4回　議会内閣制論」議員NAVI24（2011年3月）

第2章　議会と首長の相互作用

第1節　与党と野党

「自治体議会改革　第3回　与党と野党」議員NAVI3（2007年9月）

第2節　オール「与党」からオール「野党」まで

「ギカイ解体新書　第2回　オール与党からオール野党へ」議員NAVI22（2010年11月）

第3節　首長の反問権

「ギカイ解体新書　第6回　首長の反問権」議員NAVI26（2011年7月）

第4節　再議・専決処分・条例公布

「ギカイ解体新書　第13回　再議・専決処分・条例公布」議員NAVI35（2013年1月）

第2部　議会と運営

第1章　議会の起動

第1節　会期と招集権

「ギカイ解体新書　第12回　会期と招集権」議員ＮＡＶＩ34（２０１２年11月）

第2節　招集権をめぐる論点

「新・ギカイ解体新書　『地方議会に関する研究会報告書』について（その3）」議員ＮＡＶＩ（ＷＥＢ版）（２０１５年9月25日掲載）

第3節　通年議会と「拘束時間」

「ギカイ解体新書　第21回　通年議会の是非」議員ＮＡＶＩ43（２０１４年5月）

第2章　議会と条例

第1節　条例制定と議会

「自治体議会改革　第11回　条例制定と議会」議員ＮＡＶＩ12（２００９年3月）

第2節　議員提案条例

「自治体議会改革　第12回　議員提案条例」議員ＮＡＶＩ13（２００９年5月）

第3節　議員提案条例の困難性

「ギカイ解体新書　第5回　議員提案条例と行政職員」議員ＮＡＶＩ25（２０１１年5月）

第3章　議会と政策

第1節　予算と議会　　書き下ろし

第2節　決算・監査と議会　　書き下ろし

第3節　財政健全化法制と議会

「自治体議会改革　第7回　議会・議員と財政健全化法制」議員ＮＡＶＩ８（２００８年7月）

第4節　総合計画と議会
「自治体議会にとっての総合計画の現状と課題」地方議会人2010年8月号

第3部　議会と人間

第1章　議会と議員

第1節　議員間の対等性
「自治体議会改革　第5回　議会と議員⑴～議員間の対等性～」議員NAVI5（2008年1月）

第2節　議会役職と議会人事
「自治体議会改革　第6回　議会と議員⑵～議会役職と議会人事～」議員NAVI6（2008年3月）

第3節　野次と議会
「ギカイ解体新書　第23回　野次と議会」議員NAVI45（2014年9月）

第4節　議員の類型
「自治体議会の監視機能」『経済学論纂』第58巻第3・4合併号（中央大学経済学研究会、2018年3月）

第2章　議会と職員

第1節　議会事務局の実情
「自治体議会改革　第8回　議会事務局⑴」議員NAVI9（2008年9月）

第2節　議会事務局職員の仕事
「自治体議会改革　第9回　議会事務局⑵」議員NAVI10（2008年11月）

第3節　議会事務局のあり方

第4節　首長部局行政職員と議会
「『地方議会に関する研究会報告書』について（その8）」　議員NAVI（WEB版）（2016年2月25日掲載）
「『地方議会に関する研究会報告書』について（その9）」　議員NAVI（WEB版）（2016年3月25日掲載）

第3章　議会と住民
第1節　自治の分業と協業
「ギカイ解体新書　第1回　住民自治における分業と協業」議員NAVI21（2010年9月）
第2節　敵役としての議会
「自治体議会改革　第10回　敵役としての議会」議員NAVI11（2009年1月）
第3節　討議広場《フォーラム》としての議会
「ギカイ解体新書　第8回　住民の直接参加と《広場としての議会》」議員NAVI29（2012年1月）
第4節　「改革」と議会
「自治体議会改革　第4回　「改革」と議会」議員NAVI4（2007年11月）
「ギカイ解体新書　番外編　自治体議会・議員の役割と議会改革」議員NAVI27（2011年9月）
終章　実践自治体議会学に向けて　書き下ろし

索引（五十音順）

■ あ行

■ か行

■ さ行

■ た行

■ な行

■ は行

■ ま行

■ や行

■ ら行

■ わ行

著　者　紹　介

金井 利之（かない としゆき）

東京大学大学院法学政治学研究科教授

◇専門分野：自治体行政学、行政学、オランダ行政研究

◇略歴：群馬県桐生市生まれ。東京大学法学部卒・同助手、東京都立大学法学部助教授、オランダ国立ライデン大学社会科学部行政学科客員研究員を経て、2006年から現職。

◇主な著作：『自治制度』（東京大学出版会、2007年）、『実践自治体行政学』（第一法規、2010年）、『行政学講義』（筑摩書房、2018年）、『縮減社会の合意形成―人口減少時代の空間制御と自治―』（編著、第一法規、2018年）

サービス・インフォメーション

通話無料

①商品に関するご照会・お申込みのご依頼
TEL 0120(203)694／FAX 0120(302)640

②ご住所・ご名義等各種変更のご連絡
TEL 0120(203)696／FAX 0120(202)974

③請求・お支払いに関するご照会・ご要望
TEL 0120(203)695／FAX 0120(202)973

●フリーダイヤル(TEL)の受付時間は、土・日・祝日を除く9:00〜17:30です。

●FAXは24時間受け付けておりますので、あわせてご利用ください。

自治体議会の取扱説明書《トリセツ》

—住民の代表として議会に向き合うために—

2019年5月30日　初版第1刷発行
2023年7月10日　初版第4刷発行

著　者　金　井　利　之

発行者　田　中　英　弥

発行所　第一法規株式会社
〒107-8560　東京都港区南青山2-11-17
ホームページ　https://www.daiichihoki.co.jp/

議会取説　ISBN978-4-474-06738-7　C0032 (9)